Ashley Davis Prend

ErWachsen

Vier Schritte zu einer starken Persönlichkeit

Aus dem Amerikanischen übersetzt von Britta Wisser

mvg Verlag

Bibliografische Information Der Deutschen Bibliothek

Die Deutsche Bibliothek verzeichnet diese Publikation in der Deutschen Nationalbibliografie; detaillierte bibliografische Daten sind im Internet über http://dnb.ddb.de abrufbar.

Titel des Originals: Claim Your Inner Grown-Up
Aus dem Amerikanischen übersetzt von Britta Wisser

http://www.mvg-verlag.de

Umschlaggestaltung: Vierthaler & Braun Grafikdesign, München
Redaktion: exLibris•Vera Schneidereit, München
Satz: mi, M. Zech
Druck und Bindearbeiten: Himmer, Augsburg
Printed in Germany 73130/090301
ISBN 3-478-73130-5

Ashley Davis Prend

ErWachsen

Inhaltsverzeichnis

Dank

Mir ist natürlich bewusst, dass der Abschnitt „Danksagungen“ in einem Buch oft wie die endlose Dankesrede bei einer Oscar-Verleihung klingt, bei der man am liebsten eine Angel auswerfen und den Redner (oder auch den Autor) von der Bühne zerren möchte. Ich will mich also bemühen, nicht allzu sehr auszuschweifen.

Zunächst möchte ich meinen Co-Agenten von der Sanford J. Greenburger Associates Literaturagentur danken: Faith Hamlin und Nancy Stender. Dir, Faith, bin ich für deine Unterstützung und Dein unermüdliches Engagement sehr dankbar. Und Nancy, die grenzenlose Leidenschaft, mit der Du dieses Projekt begleitet hat, hat mich während des gesamten Veröffentlichungsprozesses bei Laune gehalten. Euch beiden vielen Dank!

Ich danke meinem Lektor, Gary Brozek, der dieses Buch elegant in seine jetzige Form schliff. Von seiner Sorgfalt und seinen hilfreichen Vorschlägen war ich wirklich beeindruckt. Ich danke auch den talentierten Leuten bei Plume von Penguin Putnam, die geholfen haben, dieses Buch zum Leben zu erwecken. Und besonderer Dank gilt Jennifer Dickerson Kasius, die eine wichtige Rolle dabei spielte, den ersten Kontakt zu Plume und Penguin herzustellen.

Ganz besonders möchte ich mich bei meinen lieben Familienmitgliedern bedanken, die mich mit ihrer Liebe und unermüdlicher Unterstützung bedacht haben, vor allem bei meiner Mutter, Peyton Lewis, meinem Vater, William Davis, und meiner Schwester, Rebecca Davis.

Mein Mann, dem ich das Buch gewidmet habe, war mein erster Leser, mein Cheerleader und mein Freund bei jedem einzelnen Schritt dieser Reise. Ich danke es ihm mit meiner uneingeschränkten Liebe. Ferner möchte ich hier auch meine Liebe und meine Anerkennung für meine drei wertvollen Kinder ausdrücken, die immer wieder das Beste aus meinem Erwachsenen-Ich herausholen.

Ein besonderer Dank geht an meine Kirchengemeinde, der South Church, die mich unterstützt und dieses Projekt von der ersten Idee bis zum Ende aktiv mit am Leben erhalten hat.

Ich möchte auch meinen Freunden und meinen vielen Gruppenmitgliedern danken, die sich geduldig all die monatlichen Fortschrittsberichte angehört haben. Und ganz besonderen Dank an Martha Nossiff, die eine außergewöhnliche Hilfe bei dieser Arbeit war – die Mala-Perlen waren eine echte Inspiration!

Ich möchte auch meinen Klienten meinen tiefsten Dank ausdrücken, denen aus der Vergangenheit und denen aus der Gegenwart, denen, die ich unter vier Augen gesprochen habe, und denen, die ich in Gruppen getroffen habe. Sie alle haben mir so viel über das Leben beigebracht. Es war für mich eine unglaubliche Ehre, einen Teil ihrer Lebensreise begleiten zu dürfen. Und ich danke all den anderen Klienten und sonstigen Menschen, die bereit waren, mit mir über das Thema Erwachsenwerden zu sprechen und mich großzügig an ihren Gedanken und Erfahrungen teilhaben ließen.

Und last but not least möchte ich zutiefst meiner Muse danken, dem edlen Geist des Universums, der mich nährt, mich anleitet und mir Halt gibt. Ohne einen solchen heiligen Einfluss wäre dieses Buch nicht möglich gewesen.

Einleitung

Die eigentliche Entdeckungsreise besteht nicht darin, neue Länder zu suchen, sondern mit neuen Augen zu sehen.
– Marcel Proust

Sie schaute zu mir hoch mit der schlichten Unschuld, die nur ein paar wenige glückliche Sechsjährige noch zu besitzen scheinen. „Mama, woran erkennt man den Unterschied zwischen einem Kind und einem Erwachsenen?" Natürlich musste ich lächeln. Das war genau die Frage, auf die ich in den letzten Jahren bei der Arbeit mit erwachsenen Klienten aller Altersstufen, eine Antwort suchte. Ich besitze eine psychotherapeutische Praxis, in der ich einzelne Menschen, Paare und Gruppen behandle.

„Warum fragst du?", entgegnete ich.

„Naja, Du hast Ohrlöcher und Klara aus meiner Klasse auch. Also woran genau erkennt man den Unterschied zwischen einem Kind und einem Erwachsenen?"

Mein erster Gedanke war, dass angesichts des Piercing-Wahns ein Ohrringloch nicht viel zu sagen hatte. Aber da es schon spät war und ich gerade versuchte, unsere übliche Zubettgeh-Routine zu Ende zu bringen, ganz abgesehen davon, dass sie nur eine einfache Antwort auf ihre Frage erwartete, antwortete ich kurz: „Es ist die Größe. Erwachsene sind größer als Kinder." Sie schien zufrieden, zumindest soweit, dass sie in diesem Moment nicht weiter nachhakte. Ich war außerdem erleichtert, dass sie die Löcher in meiner Logik nicht erkannt hatte, denn eine unserer jungen Babysitterinnen ist tatsächlich größer als ich. Soweit zu meiner Größen-Erklärung.

Was ich meiner Tochter nicht sagte, war, dass sich Erwachsene oft wie Kinder und Kinder oft wie Erwachsene verhielten. Ich erwähnte auch nicht die Probleme unserer Gesellschaft, die manche Kinder dazu zwingen, zu schnell erwachsen werden zu müssen und es manchen Erwachsenen gestatten, scheinbar überhaupt nicht erwachsen zu werden.

Den Erwachsenen in sich entdecken

Die Wahrheit ist, dass es heutzutage oft schwierig erscheint, den Unterschied zwischen Kindern und Erwachsenen zu erkennen. Diese Tatsache wurde mir eines Tages mit Schrecken bewusst, als ich unterwegs, Besorgungen machte und all das tat, was „Erwachsene" so tun. Ich hörte dabei eine Radiosendung, die landesweit ausgestrahlt und von Dr. Laura Schlessinger moderiert wird.

Ohne Frage ist Dr. Schlessinger eine umstrittene Persönlichkeit. Sie ist für ihre extrem konservativen Ansichten bekannt. Und es stimmt, dass sie eine schroffe, manchmal barsche Art hat, mit ihren Hörern umzugehen. Ich stimme mit ihren Antworten oder ihrer Art nicht immer überein. Aber ich muss zugeben, dass sie oft hervorragende Ratschläge gibt. Sie bringt ihre Anrufer dazu, sehr moralische Antworten zu finden. Sie fordert die Menschen so sehr heraus, dass sie sowohl die eigentlichen Anrufer als auch die Zuhörer dazu bringt, die Alternativen in ihrem Leben zu überdenken und bessere Entscheidungen zu treffen.

Ich fuhr also an diesem Tag mit lauter kleinen Erledigungen herum, irgendwo zwischen Bank und Reinigung, und da hörte ich in Dr. Schlessingers Sendung eine Anruferin, die ausdauernd über das und jenes jammerte. Ich weiß, ehrlich gesagt, nicht einmal mehr, worüber genau sie jammerte, aber ich weiß noch, dass ich so bei mir dachte: „Ach Gott, komm schon, hör damit auf ... Du hörst dich ja wie ein Baby an, so voller Selbstmitleid." Und dann dachte ich den Satz, der meiner bisherigen Therapieform als Psychotherapeutin eine völlig neue Richtung gab: „Dein inneres Kind läuft Amok; du solltest versuchen, den Erwachsenen[1] in Dir zu entfalten."

Dein innerer Erwachsener. Ich weiß noch, dass ich zunächst in mich hineinlächelte. „Das ist lustig", dachte ich. In den letzten Jahren waren wir geradezu besessen, das Kind in uns zu fördern – Wunden aus der Vergangenheit zu analysieren, den Schmerz anzuerkennen und das Kind im Inneren zu trösten, das verletzt worden war – aber wir haben vergessen, uns auf den Erwachsenen in uns zu freuen und Abspruch auf ihn zu erheben.

[1] Anm. d. Übers.: Ich werde im weiteren Verlauf dieses Buches wegen der besseren Lesbarkeit immer von „dem Erwachsenen" in uns sprechen, auch wenn in der weiblichen Form eigentlich von der Erwachsenen gesprochen werden müsste.

Nun, zunächst habe ich nicht weiter darüber nachgedacht. Wenn überhaupt, so überlegte ich, dann ist es lediglich ein lustiges Wortspiel. Aber dann gab es immer wieder Situationen, in denen ich dachte: „Oh, die müssten den Erwachsenen in sich entwickeln“. Es erinnerte mich an eine großartige Textpassage aus dem Film *Ein Schweinchen namens Babe*, der von einem Farmer handelt, der beschließt, sein ungewöhnliches Schwein in einen Wettbewerb mit Hütehunden zu schicken. „Farmer Hogett wusste, dass kleine Ideen, die ständig an einem nagten und einfach nicht verschwinden wollte, nie ignoriert werden durften, denn in ihnen lagen die Samen des Schicksals.“

Na gut, vielleicht ist „Samen des Schicksals“ ein bisschen zu dramatisch ausgedrückt; nichtsdestotrotz war ich, wenn man so will, von nun an besessen von der Idee des inneren Erwachsenen. Also erwähnte ich einigen Menschen gegenüber diese Idee und musste feststellen, dass sie, genau wie ich, zunächst darüber lachten. Es war eine lustige Umkehrung eines gängigen Konzeptes. Vielleicht haben Sie, als Sie den Titel dieses Buches lasen, selbst gelacht. Oder Sie dachten: „Oh ja, ich wüsste jemanden, der das bräuchte.“ Haha.

Dann aber habe ich über den Begriff „der Erwachsene in uns“ ernsthafter nachgedacht. Was bedeutet das? Es ist offensichtlich, dass wir in einer von Jugendlichkeit besessenen Gesellschaft leben, die häufig über die Vorstellung, erwachsen zu werden spottet. Denken Sie an Peter Pan, der Wendy davon vorsingt, wie er sich weigert, erwachsen zu werden. Für Peter ist das Erwachsenwerden ein Schicksal, schlimmer noch als der Tod.

Wie viele von uns fühlen insgeheim das Gleiche? Unsere Gesellschaft und die Medien drängen uns bewusst und unbewusst dazu, ständig nach dem sprichwörtlichen Jungbrunnen zu suchen. Denken Sie nur an berühmte Fernsehserien wie *Seinfeld* oder *Friends*, die das Leben von jugendlich wirkenden Erwachsenen überzeichnen, die fröhlich und sorglos durchs Leben hüpfen. Nicht, dass Sie mich falsch verstehen. Auch ich sehe mir diese Serien gerne an. Aber überlegen Sie doch nur einmal, welche Vorbildrolle diese Charaktere für uns reifere Erwachsene haben, ganz zu schweigen von der Botschaft, die sie an Teenager aussenden.

Warum wir dieses Buch brauchen

Viele Menschen empfinden es als Beleidigung, wenn man sie als erwachsen betrachtet. Gerade kürzlich las ich eine Anzeige für ein Auto: „Kichern Sie. Nein, lachen Sie. Nein, brüllen Sie vor Lachen, als wären Sie nie erwachsen geworden." Denn Erwachsene sind schließlich langweilig, spießig, fad und hoffnungslos überlastet mit der Bürde des Lebens – oder etwa nicht? Auch wenn viele junge Erwachsene die „reale Welt" der Arbeit und Verantwortung betreten, tun sie das mit kindlicher Einstellung. Wenn wir einer verbreiteten Vorstellung Glauben schenken sollen, wird unsere Kultur von einer Generation von Computerfreaks beherrscht, die in Jeans ins Büro kommen, Skateboard fahren und bezahlt werden, damit sie sich Videospiele kaufen und im Internet surfen können.

Und sehen Sie sich doch nur einmal an, wie die Werbung uns nicht nur dazu auffordert, jung zu bleiben – jede Creme, jedes Pulver, jede Lotion, die die Falten verdeckt und diesen schrecklichen Alterungsprozess verschiebt –, sondern wie sie auch zu kindischer Selbstverliebtheit aufruft. In einer beliebten amerikanischen Werbung für Kartoffelchips lautet der Slogan „Schnapp Dir Deine eigene Tüte!". Gott verhüte, dass man sich wie ein Erwachsener verhält und mit jemandem teilt!

Das wiederum erinnert mich an den letzten Schrei in der Selbstverbesserungs-Welt, den Trend zur schieren Selbstverliebtheit, genannt „Personal Coaching". Diese Coaches sind Fachleute aus verschiedenen Gebieten, die eine Reihe von Referenzen vorzuweisen haben und deren Aufgabe es ist, Sie aufzuheitern und Ihnen ein besseres Leben zu ermöglichen. Sie fragen, wie sie das machen? Sie geben Ihnen die Erlaubnis, sich in exzessiver Selbstpflege zu ergehen. Sie geben Ratschläge wie „Verwöhnen Sie sich", „Machen Sie ein Nickerchen", „Gönnen Sie sich eine Massage", „Tun Sie, was Sie wollen, und nicht, was Sie müssen", „Gönnen Sie sich Spaß" oder „Setzen Sie sich und Ihre eigenen Bedürfnisse an erste Stelle".

Also, ich bin absolut dafür, Spaß zu haben und sich um seine eigenen Bedürfnisse zu kümmern, *aber* dieser Coaching-Ansatz klingt verdächtig nach zu großer Nachsicht mit sich selbst und zu oberflächlich. Mit dieser Methode wird das Kind in Ihnen offenbar ermutigt, fordernd, verwöhnt und selbstsüchtig die Kontrolle zu übernehmen.

Wohin hat uns dieser ganze Wahn mit dem Selbst und der Jugend gebracht? Vor allem dahin, dass wir in der westlichen Kultur selbstzufriedene, kurzsichtige Gruppen von erwachsenen Kindern sind. Selbst das New York Times Magazine proklamiert in der Ausgabe vom 1. November 1998, dass eine neue Version der amerikanischen Konstitution folgendermaßen lauten könnte:

> *Wir, die relativ Unbetroffenen und gut Situierten halten folgende Wahrheiten für unbestritten: Nämlich dass viel Regierung, viele Defizite und viel Tabak schlecht sind, aber große Badezimmer und Geländewagen nicht; dass sich das amerikanische Engagement in Übersee auf Handelsabkommen, gegenseitige Zuschüsse und gegenseitige Besuche in Ferienorten an der Küste beschränken sollte; dass die Märkte auf sich selbst aufpassen können, so lange sie auf uns aufpassen; dass das Sexualleben eines Menschen niemanden etwas angeht, aber höchst unterhaltsam ist, und dass die einzigen Rechte, die wirklich wichtig sind, die sind, mit denen wir uns selbst nützen können.*

Eine narzisstische Vorstellung. Wollen wir wirklich so leben? Hat Narzissmus irgendjemandem von uns schon einmal wahre, dauerhafte Befriedigung verschafft? Hat unser Anspruchsdenken oder unsere Sucht nach postwendender Belohnung oder der ständige Nachweis ewiger Jugend irgendetwas dazu beigetragen, die existenzielle Leere in uns zu füllen? Ist es möglich, dass ein Leben als echter Erwachsener in Wirklichkeit eine positive Erfahrung und kein Dantescher Teufelskreis ist? Vielleicht.

Also dachte ich darüber nach, was genau der Erwachsene in uns sein müsste oder sein könnte – das innere Selbst, das weise, tapfer, stark, reif, selbstlos, liebevoll, spirituell, hingebungsvoll, verantwortungsvoll und bedeutsam ist. Es könnte unser bestes Selbst, wirklich unser allerhöchstes Selbst sein – das innere Selbst, das in der Gegenwart verwurzelt und sich der Zukunft bewusst ist, ohne durch das mühsame Gepäck der Vergangenheit behindert zu werden.

Leiden und Erwachsenwerden

Irgendwann erkannte ich, dass es dieses höhere Selbst, dieses absolut authentische Erwachsenen-Ich ist, das sich oftmals nach einem schmerzlichen Verlust herausbildet. In meinem ersten Buch *Transcending Loss: Understanding the Lifelong Impact of Grief and How to Make it Meaningful* geht es genau um diese Art von Veränderung, die nach einem großen Verlust möglich ist. Ich beschreibe dort die „Transcenders" als Menschen, die durch einen Verlust unwiederbringlich verändert wurden, aber so verändert, dass es am Ende bedeutsam und erlösend wirkte.

In jenem Buch habe ich vier Pfade zur Transzendenz aufgezeigt, vier Wege, wie Menschen ihre Verluste zu etwas Bedeutsamem machen können. Diese Wege werden durch das Akronym SAHR bezeichnet: Spiritualität, Wendung nach Außen, Haltung und Re-Investition. *Spiritualität* bezieht sich auf die intensive Veränderung des Schicksals, die ein Verlust mit sich bringen kann, ein Schicksal, das möglicherweise komplexer und weniger unschuldig, aber letztendlich stärker, reicher und tiefer wird. Die *Wendung nach Außen* bezieht sich auf eine Veränderung, die dadurch entsteht, dass ein Trauernder wieder mehr gibt, dass er sich entschließt, auf andere zuzugehen und erkennt, dass wir alle irgendwie verbunden sind. Diese Perspektive hebt den Betroffenen aus sich heraus. Mit *Haltung* ist die Einstellung einer Person zum Leben, zum Tod, zum Leiden, zur Welt und zu sich selbst gemeint. Der tanszendente Trauernde betrachtet die Welt durch eine andere Brille, wobei er sieht, was im Leben wichtig und was lediglich trivial ist. *Re-Investition* schließlich bezeichnet die Wege, in denen der Trauernde seinen Schmerz kanalisiert und wieder Verbindung zum Leben aufnimmt. Das kann sich so äußern, dass sich der Betreffende wieder einer Sache oder Mission zuwendet, sich beruflich verändert, ein neues kreatives Projekt beginnt oder sich wieder der Liebe und dem Leben hingibt.

Jeder dieser Wege ist letzten Endes eine Alternative. Trauernde verändern sich, weil sie entschlossen und unnachgiebig sind und ihren ganzen Willen daran setzen, das durchzusetzen, was sie wollen. Und wenn man es genau betrachtet, dann sind die SAHR-Pfade eigentlich Wege, die *jeder* gebildete Erwachsene bereisen sollte, ob er oder sie nun einen großen Verlust erlitten hat oder nicht. Spiritualität, eine Hinwendung zur Außenwelt, eine positive und weise Haltung, Investition in wichtige und bedeutsame Aktivitäten – genau diese Werte führen zu einem erfüllten und bereicherten Leben und der wahren Existenz eines Erwachsenen. Warum wollen Sie auf einen großen Verlust warten, bis Sie den Weckruf zum Leben hören?

Die Buddhisten sagen, der Tod sei der beste Lehrer, aber man muss den Tod nicht wirklich hautnah erfahren, um aus seinen Lehren lernen zu können. Es genügt, dass der Tod ständig im Hintergrund unseres Lebens steht, ein ständiger Mahner, dass unsere Zeit hier begrenzt ist. Wir werden täglich mit dem Tod konfrontiert – lesen Sie nur die Zeitung oder sehen Sie sich die Nachrichten an. Es gilt, keine Zeit zu verlieren. Die Chance, an die Tür zu klopfen, die Gelegenheit, tief in ein überaus befriedigendes Erwachsenenleben einzutauchen, ist *jetzt* da.

Der Entschluss, erwachsen zu werden

Wie erreichen wir dieses erstrebenswerte Ziel? Im Gegensatz zum körperlichen Alterungsprozess können wir bestimmen, wann, wie und wie weit wir uns emotional, psychisch und geistig entwickeln wollen. Den Erwachsenen in uns zu beanspruchen ist letzten Endes, genau wie das Überwinden eines Verlustes, eine bewusste Entscheidung, die wir treffen. Wir treffen eine bewusste Entscheidung, wenn wir daran arbeiten, das beste in uns zu entdecken – eine bewusste Entscheidung, die jeder von uns jederzeit auf seiner Pilgerfahrt durch das Leben treffen kann. Es ist allerdings hilfreich, wenn man am Wegesrand etwas Beratung bekommt, damit man weiß, ob man den besten Weg nimmt. Ich habe das Vier-Säulen-Programm zur Beanspruchung des Erwachsenen in uns wie eine Art Landkarte konzipiert, die Ihnen auf Ihrer Reise hoffentlich nützt. Die vier Säulen (Verantwortung, Reife, Liebe und Spiritualität) sind weitgehend von den vier Wegen zur Transzendenz von Trauernden inspiriert. Beide Konzepte basieren auf den Möglichkeiten von Veränderungen und Transformation. Und so, wie es für Trauerarbeit nie zu spät ist, egal, wie viele Jahre schon vergangen sind, ist es auch nie zu spät, den Erwachsenen in Ihnen zu fordern – egal, wie alt Sie sind.

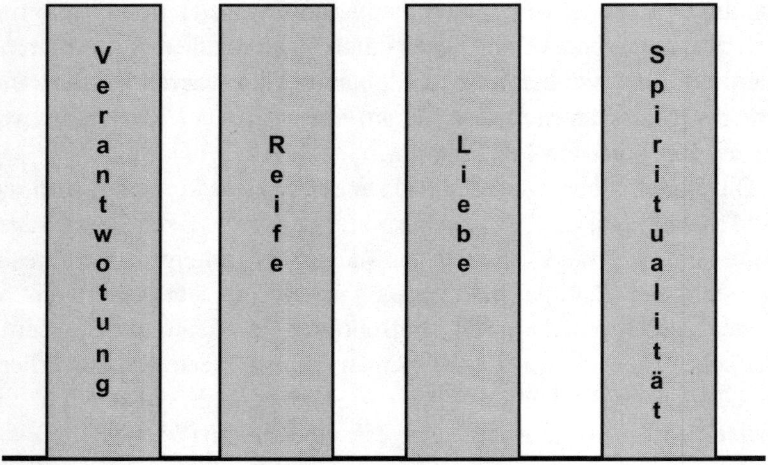

Abbildung 1: Die vier Säulen Ihres Erwachsenen-Ichs

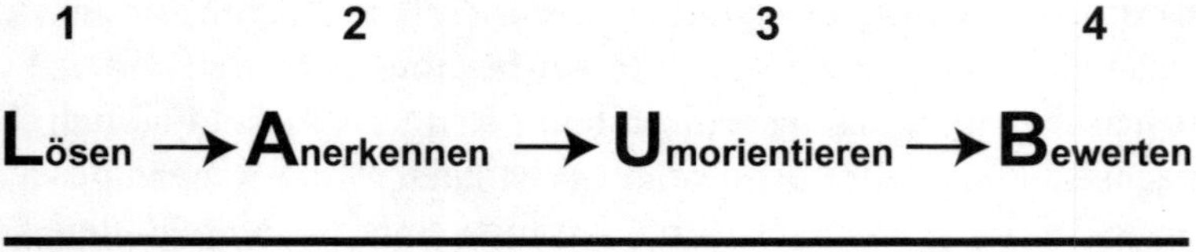

Abbildung 2: Die vier Schritte, mit denen Sie Zugang zum Erwachsenen in Ihnen finden

Die wichtigste Technik, die die Veränderung tatsächlich einleitet und buchstäblich die Verbindung zu dem Erwachsenen in Ihnen herstellt, heißt LAUB. LAUB steht für **L**ösen, **A**nerkennen, **U**morientieren und **B**ewerten. Das sind die vier unerlässlichen Schritte, die die Kraft des Erwachsenen in Ihnen letztlich nutzbar machen werden. Die vier LAUB-Schritte können jederzeit und überall angewendet werden. In diesem Buch werden die einzelnen Schritte auf die vier Säulen (die kritischen Aspekte des Erwachsenen in Ihnen) angewendet. Stellen Sie sich diese Methode einfach wie einen Allradantrieb vor, der Ihnen hilft, alle Hindernisse zu überwinden und dorthin zu kommen, wohin Sie möchten!

Am Ende dieses Buches wird Ihnen recht gut klar sein, wie die vier LAUB-Schritte problematische Einstellungen und Verhaltensweisen zerstreuen und Sie in die Weisheit und Stärke jedes einzelnen Bestandteils Ihres Erwachsenen-Ichs führen. Mit der LAUB-Methode schaffen Sie es, Ihr volles Potenzial als authentischer Erwachsener zu erschließen. Und auch, wenn das Kind in Ihnen quengelt – gLAUBen Sie mir, Sie schaffen es!

Wie Sie dieses Buch benutzen sollten

Der erste Abschnitt dieses Buches beschäftigt sich mit dem Kind in Ihnen. Seit den 1980er-Jahren haben die Menschen das Konzept vom inneren Kind begeistert behandelt und den kindlichen Geist in jedem von uns gefeiert und verehrt. Da dieses Konzept auch dazu diente, Wunden aus der Kindheit zu heilen, wurde es auch von Suchttherapeuten und Selbsthilfegruppen (bei Zwölf-Schritt-Programmen und in Entzugskliniken) übernommen. Ob Sie in irgendeiner Form an dieser Inneres-Kind-Bewegung beteiligt waren, spielt eigentlich keine Rolle. Für manchen von Ihnen mag dieses Konzept lebensverändernd gewesen sein, für andere dagegen war der Gedanke an das Kind in uns lediglich ein Witz. Egal, was Sie über die Inneres-Kind-Bewegung gedacht haben, Sie können trotzdem den Erwachsenen in Ihnen stärken. Es ist aber nützlich, die Bewegung zu verstehen, die einen solchen Einfluss auf die Psyche unserer Gesellschaft hatte. Deshalb fasse ich im ersten Kapitel noch einmal die vielen positiven Aspekte dieses Kulturphänomens zusammen.

Obwohl sich aus diesem Trend viele positive Richtungen entwickelt haben, führte er leider auch zu einer gewissen „Opfer“-Haltung. Sich auf seine Kindheitstraumata zu besinnen und die Wunden der Kindheit heilen zu wollen, ist an sich ein therapeutisch sehr nützliches Unterfangen. Aber daraus ergab sich auch, dass manche Menschen im Schmerz aus der Vergangenheit stecken blieben. Sie fanden heraus, dass es ihnen eine Art von Identität verlieh, an den Wunden ihrer Kindheit und deren Heilung festzuhalten. Vielleicht unbewusst, übernahmen sie eine Opfer-Haltung. Andere schienen in den problematischen Charaktereigenschaften des Kindes in ihnen, wie Unreife, Abhängigkeit und Angst, festzusitzen. Im zweiten Kapitel untersuchen wir, wie das Kind im Inneren zum Problemkind werden kann.

Wenn wir den Fehlfunktionen der Vergangenheit zu große Aufmerksamkeit schenken und sie als Entschuldigung für alle Arten von Fehlfunktionen in der Gegenwart benutzen, dann wissen wir, dass es Zeit wird, erwachsen zu werden. Erwachsen werden bedeutet natürlich nicht, die Vergangenheit zu eliminieren. Es ist ein Irrglaube zu denken, wir könnten nun alle völlig unbelastet in die Zukunft schreiten. Auf den Erwachsenen in sich Anspruch zu erheben bedeutet, die Vergangenheit richtig und ehrlich zu bewerten, Respekt und Mitleid mit dem Teil unseres Selbst zu haben, der an Wunden aus der Kindheit gelitten hat und dieses Verständnis dann als Sprungbrett zu nutzen, um Verantwortung für sich zu übernehmen und seinen freien Willen herauszubilden.

Eine befreundete Therapeutin meinte einmal, das Problem bei den meisten Therapien (einschließlich der Arbeit an dem Kindheits-Ich) läge darin, dass man, wenn man sich die Therapie als horizontale Linie vorstellt, es immer hervorragend schafft, jemanden von den negativen Zahlen zur Null zu bewegen. Wir haben zurückgeschaut, die Vergangenheit bewältigt und sie in die Gegenwart geführt. Aber dann neigen wir dazu, dort stehen zu bleiben. Wie kommt man nun in die positiven Zahlen? Wie bewegt man sich vorwärts? Was ist der nächste Schritt? Auf den Erwachsenen in einem Anspruch zu erheben, das ist dieser nächste Schritt!

Der zweite Abschnitt dieses Buches beschäftigt sich mit dem Erwachsenen in Ihnen. Er analysiert den Weg zum wahren Erwachsen-Sein, erklärt das Vier-Säulen-Programm und bietet zu jeder Säule ein eigenes Kapitel. Ein großer Teil des Materials, das Sie in diesem Buch finden, basiert auf einem sechswöchigen Workshop, den ich entwickelt habe, um Menschen dabei zu helfen, erwachsen zu werden und sich in vielerlei Hinsicht weiter zu entwickeln. Zu jeder Woche gehören ein Leseteil, eine Visualisierung, Tagebuch-Fragen und Übungen, um die Veränderungen zu untermauern. Diese Werkzeuge finden Sie in jedem Kapitel dieses Buches.

Jeder Leseteil (ein Gedicht oder Zitat) dient als Vorbereitung zur Visualisierung, die Ihnen helfen soll, sich in einen Zustand des Reflektierens zu versetzen. Die Visualisierungen in den einzelnen Kapiteln sind starke Mittel auf dem Weg zur Veränderung. Ich empfehle Ihnen dringend, die Lesetexte und die Visualisierungen mit langsamer und entspannter Stimme auf ein Band zu sprechen. Dann können Sie später den Worten lauschen, die sie leiten sollen, und müssen sie nicht lesen. Wenn Sie das tun, sind Sie frei und in der Lage, einen tranceähnlichen, meditativen Zustand zu erreichen. In diesem Zustand absorbieren Sie, während Sie den Worten lauschen, den Inhalt in Ihr Unterbewusstsein, was eine tiefgreifende, heilende Wirkung hat und Ihnen auf Ihrem Weg zu persönlicher Reife eine große Hilfe sein wird.

Ich rate Ihnen auch, die Tagebuchfragen zu beantworten. Viele Menschen sagen mir, sie wären keine guten Schreiber und dass es ihnen nichts brächte, ein Tagebuch zu führen. Mir ist klar, dass manche Menschen auf die eine oder andere Methode besser oder schlechter reagieren, aber ich muss zugeben, dass ich eine große Vorliebe zu Gunsten des Schreibens als therapeutisches Hilfsmittel hege. Ich bin davon überzeugt, dass es einen emotionalen Unterschied macht, ob man seine Reaktionen tatsächlich schriftlich festhält und man seine Überlegungen per geschriebenen Wortes reflektiert oder nicht. Machen Sie sich über Grammatik oder Satzbau keine Gedanken – es geht hier nicht darum, eine gute Note zu bekommen. Und es muss ja auch niemand lesen, was Sie geschrieben haben; das Tagebuch ist ausschließlich für Sie bestimmt. Etwas aufzuschreiben, das aus der Tiefe des Herzens kommt, ist eine so starke emotionale Erfahrung, dass man es bis in die Fingerspitzen spürt. Es führt zu einem tiefgreifenden Heilungsprozess. Bitte seien Sie offen dafür, etwas Neues auszuprobieren. Was haben Sie denn schon zu verlieren?

Ich empfehle Ihnen sogar, zwei Tagebücher zu führen: ein kleineres für Notizen, die Sie beim Durcharbeiten dieses Buches machen möchten und immer in der Tasche mit sich herumtragen können; und ein größeres, in dem Sie Briefe, Zeichnungen und andere Eintragungen sammeln können. Zuerst ist es Ihnen vielleicht unangenehm, Tagebuch zu schreiben, aber am Ende werden Sie es als riesige Hilfe schätzen lernen.

Das Vier-Säulen-Programm und die vier wichtigen LAUB-Schritte am Ende, sind mehr als bloße Übungen, Werkzeuge oder psychologische Methoden. Im Grunde stellen sie einen neuen Rahmen für die Art und Weise dar, wie Sie sich selbst sehen und wie Sie mit Ihrer Welt interagieren. Dieses Paradigma wird zu einer persönlichen Philosophie, die entscheidet, wie Sie über das Leben denken. Sie bietet Ihnen bei der Analyse bestimmter Situationen neue Perspektiven, hilft Ihnen eine höhere Bewusstseinsstufe über das, was ist, und das, was sein kann, zu erreichen und fördert eine Geisteshaltung, die Sie im täglichen Leben stärkt.

Im dritten Teil dieses Buches geht es um die Notwendigkeit, das Kind in uns mit dem Erwachsenen in uns zu verbinden. Ich werde Ihnen garantiert nicht empfehlen, das Baby – oder in diesem Fall das Kind in uns – mit dem Bade auszuschütten. Beide sind wichtige Komponenten einer vollständigen Persönlichkeit. Eine ohne die andere führt zu einer unausgewogenen Identität. Ich zeige Ihnen eine Strategie, wie Sie die besten Teile jedes Ichs miteinander vermischen können.

Im gesamten Buch finden Sie Geschichten, Anekdoten und Beispiele aus der Praxis, die Ihnen bestimmte Dinge verdeutlichen und zeigen sollen, wie dieses Programm bei Ihnen funktionieren kann. Alle Namen und Details, die Rückschlüsse auf lebende Menschen geben könnten, wurden zum Schutz der Privatsphäre dieser Personen verändert, aber Sie werden feststellen, dass ihre Erfahrungen universell anwendbar sind.

Die Ausgangssituation und die Aussichten

Die berufliche Arbeit mit diesem Thema war für mich sehr aufregend und lohnenswert. Immer, wenn sich jemand von der Vergangenheit befreien kann und einen glücklicheren und friedvolleren Platz im Leben findet oder wenn jemand einfach beschließt, dass es Zeit ist, sich emotional weiter zu entwickeln und das erfolgreich bewerkstelligt, passiert etwas Mystisches. Es ist eine Ehre, jemanden auf dieser ganz persönlichen und lohnenswerten Reise begleiten zu dürfen.

Was ich nicht erwartet hatte, aber mit Freude feststellen konnte, war, dass ich selbst mich ebenfalls verändert habe, seit ich mich mit der Idee von dem Erwachsenen in uns beschäftige. Ich habe jetzt ein viel breiteres und komplexeres Verständnis von meiner eigenen emotionalen und spirituellen Entwicklung.

Wie viele von Ihnen konnte auch ich es als Kind kaum erwarten, erwachsen zu werden. Wenn jemand mich für jünger hielt als ich tatsächlich war, war das für mich eine Beleidigung, kein Kompliment. Ich kann mich noch daran erinnern, dass ich mich danach sehnte, endlich sechzehn zu werden, damit ich meinen Führerschein machen konnte.

Dann wollte ich unbedingt achtzehn werden, damit ich endlich zum College gehen konnte. Dann träumte ich davon, endlich einundzwanzig zu werden, damit ich meinen Abschluss machen und mir eine Wohnung in der „realen Welt“ nehmen konnte. Schließlich beendete ich das College und zog nach New York, wo ich einen Vollzeitjob bekam, alle meine Rechnungen bezahlen musste und dafür verantwortlich war, mir mein Essen selbst zu kochen (oder zu bestellen, was noch häufiger vorkam). Schließlich war ich ganz erwachsen – endlich!

Und dann entdeckte ich gemäß der Ironie unserer Gesellschaft natürlich all die Produkte, Artikel und Ideen, die mir helfen sollten, die Illusion ewiger Jugend zu erreichen, was implizit die Frage hervorrief: „Warum wolltest du überhaupt erwachsen werden?“

In Wahrheit habe ich mich mit meiner Rolle als Erwachsene eigentlich immer ganz gut zurechtgefunden und nie länger darüber nachgedacht. Die Kenntnis der Idee des Erwachsenen in uns öffnete mir die Augen und erhöhte von Tag zu Tag mein Bewusstsein dafür, wie man mit diesem ruhigen, vernünftigen und starken inneren Selbst in Verbindung treten konnte. Ich fühle mich, als hätte ich eine neue Ressource entdeckt, einen wertvollen inneren Schatz, der die ganze Zeit im Verborgenen geruht hatte, weil ich ihm keine Beachtung geschenkt habe.

Seither kommt es häufiger vor, dass ich, wenn ich wieder einmal ungehalten bin und die Kinder anschreie, dass sie sich beeilen sollen, heute eher dazu neige, innezuhalten, tief einzuatmen und zu erkennen, wie das Kind in mir sich ziemlich unreif verhält. Dann fordere ich die Erwachsene in mir auf, sich darum auf weniger reaktive Weise zu kümmern, was sie gerne tut. Oder wenn ich merke, dass mich kleine Dinge ängstigen, wie beispielsweise ein Arzttermin, (ich mochte ärztliche Untersuchungen noch nie – weder als Kind, noch als Erwachsene), dann kauere ich mich nicht innerlich vor kindlicher Angst zusammen, sondern verlasse mich auf das Reservoir an Stärke, über das die Erwachsene in mir bestimmt, und schon bin ich entspannter.

Den Erwachsenen in sich zu beanspruchen ist ein langsamer Prozess, genauso wie das körperliche Wachstum ein Prozess ist. Nicht immer schaffe ich es, das Beste in mir herauszukehren, aber ich bin jeden Tag verpflichtet, es erneut zu versuchen. Bei dieser Reise geht es um Hoffnung und Chancen und darum, einer neuen Denkweise gegenüber aufgeschlossen zu sein.

Ich glaube, dass inneres Glück und Erfüllung darin zu finden sind, den Erwachsenen in sich an seinem Leben teilhaben zu lassen – das Ich, das weise, transzendent und ehrwürdig ist. Und das Beste ist, dass Sie diesen Erwachsenen bereits in sich tragen. Sie brauchen jetzt nur noch zu lernen, wie Sie Zugang zu dieser wertvollen Ressource bekommen. Während Sie vielleicht außerhalb Ihrer Person nach Antworten und Lösungen gesucht haben, sind und waren die Antworten die ganze Zeit schon in Ihnen vorhanden. So wie Dorothy in *Der Zauberer von OZ* die Macht hatte, jederzeit nach Hause zurückzukehren, weil sie die roten Schuhe anhatte (wobei sie das nicht wusste), verfügen Sie über die Macht, inneren Frieden und einen tieferen Sinn in Ihrem Leben zu finden. Dieses Ziel erreichen Sie, wenn sie die Schlüssel verstehen und die Türen zu dem Erwachsenen in Ihnen aufschließen.

Als letzte einleitende Anmerkung möchte ich noch Folgendes sagen: Sie haben vielleicht schon bemerkt, dass ich gerne Kinderbücher zitiere (*Peter Pan, Schweinchen Babe, Der Zauberer von Oz* ... und viele weitere Zitate, die noch folgen werden). Das mag in einem Buch, das davon handelt, ein echter Erwachsener zu werden, merkwürdig erscheinen. Ein Grund dafür, dass ich diese Beispiele verwende, ist, dass ich kleine Kinder habe und das eigentlich die einzige Art der Unterhaltung darstellt, die ich im Moment bekomme! Wichtiger ist aber, dass klassische Kindergeschichten der Prüfung der Zeit standhalten, weil sie uns auf vielen Ebenen ansprechen. Diese Geschichten mögen unterhaltsam sein, aber ebenso wie Parabeln enthalten sie einen tieferen Sinn und eine subtile Lektion, die sich an den Erwachsenen in uns wendet. Wenn Sie so wollen, schlagen diese Geschichten eine Brücke von der Welt der Kinder zu der Welt der Erwachsenen. Lassen Sie es zu, dass sie Ihre inneren Welten verbinden und eine Brücke zwischen dem Kind und dem Erwachsenen in Ihnen bilden.

Ich lade Sie also ein, den nächsten Schritt *Ihrer* persönlichen Entwicklung zum Erwachsenen zu machen – nämlich daran zu arbeiten, Ihr Potenzial zu erschließen. Wenn Sie das Gefühl haben, in Ihrem Leben fehlt etwas, und dass es einfach an der Zeit ist, zu wachsen, wenn Sie befürchten, Ihre Vergangenheit beeinträchtigt Ihr gegenwärtiges Leben negativ, oder wenn Sie glauben, den Erwachsenen nur zu spielen, tja, dann ist es jetzt Zeit, sich auf diese Reise zu begeben.

Teil I

Ihr inneres Kind

Kapitel 1

Das wunderbare Kind in Ihnen

Ich habe noch immer jedes Alter, das ich einmal hatte. Da ich einmal ein Kind war, bin ich immer ein Kind.
– Madeleine Léngle, A Circle of Quiet

Sie saß mit geschlossenen Augen vor mir. Ich hatte meine Augen ebenfalls geschlossen. Wir waren in unserer gemeinsamen therapeutischen Arbeit an einen Punkt gekommen, an dem ich das Gefühl hatte, sie müsste jetzt ihr inneres Kind kennen lernen, es trösten und versorgen. Wir machten dazu eine Visualisierungsübung, in der ich Brenda bat, in der Zeit zurückzuwandern und sich das kleine Mädchen vorzustellen, das sie einmal war, und mit diesem zu reden.

Meine Klientin Brenda „sprach" schließlich nicht nur mit der kleinen Brenda, sondern sie hielt sie auf dem Schoß, streichelte ihr Haar und umarmte sie. Brenda saß in meinem Büro und die Tränen liefen ihr über das Gesicht, während sie sich dieser Visualisierung hingab und eine emotionale Verbindung zu dem Kind in ihr herstellte. Sie erkannte, dass dieses süße Kind die pure Unschuld und Güte war. Es war weder schlecht noch hatte es einen Makel oder war verantwortlich für das, was später geschah ...

Brenda war eine vierzigjährige, ziemlich kompetente und erfolgreiche Frau mit Persönlichkeit, die ein ansteckendes Lachen und ein strahlendes Lächeln hatte und ich stellte fest, dass ich mich auf die Sitzungen mit ihr freute. Aber so gelassen sie schien, tief in sich spürte sie ein Gefühl der Unzulänglichkeit. Und hinter ihrer Unzufriedenheit steckte mehr als unterschwellige Unsicherheit oder ein geringes Selbstwertgefühl. Brenda fühlte sich, als wäre sie mit einem Makel versehen, „beschädigte Ware" nannte sie es.

Nachdem sie schon mehrere Monate Therapie bei mir hinter sich hatte, wurde immer deutlicher, dass diese negative Einstellung zu sich selbst von einer Kindheitserfahrung herrührte, nämlich der, dass ihr Vater sie sexuell belästigt hatte. „Klein-Brenda muss das gewesen sein; Klein-Brenda war wohl böse; es war ihre Schuld“, sagte Brenda sich. Die Last dieses Geheimnisses lastete viele, viele Jahre lang schwer auf ihrer Seele.

Aber als Brenda die Chance hatte, Klein-Brenda zu treffen, sie im Arm zu halten, sie zu umarmen und ihr Haar zu flechten, erkannte Brenda auf einer sehr tief verwurzelten Ebene, dass dieses Kind gut und rein war und in keiner Weise dafür verantwortlich war, was mit ihrem Vater geschehen war. Diese Erkenntnis auf einer solch tiefgreifenden Ebene, änderte die Dinge für Brenda. Sie konnte sich verzeihen und lernte, sich auf eine Weise zu lieben, dass sie sich endlich komplett fühlte. Indem sie sich selbst als Kind sah, änderte sie die Art und Weise, wie sie sich als Erwachsene sah. Die Erkenntnis, dass dieses Kind noch immer ein Teil von ihr war, half ihr, mit sich selbst ins Reine zu kommen.

Das Phänomen des Inneren Kindes

In den 80er-Jahren brach die Idee des Kindes in uns über unsere Kultur herein. Die Idee an sich war nicht gerade neu. Carl Jung hatte beispielsweise schon Anfang des zwanzigsten Jahrhunderts von einem inneren Kind als dem „Wunderkind“ gesprochen. Objektrelations-Theoretiker sprachen später von dem „wahren“ Ich. Dr. W. Hugh Missildine war 1985 einer der ersten Fachleute, der in seinem Buch *Your Inner Child of the Past* empfahl, sich therapeutisch mit dem inneren Kind auseinander zu setzen. Die Therapeutinnen Claudia Black und Sharon Wegsheider-Cruse führten die Idee der gestörten Familie in den Bereich des Drogenmissbrauchs und der Abhängigkeit ein.

Aber John Bradshaw ist es zuzuschreiben, die Ideen des inneren Kindes, der gestörten Familie und der Abhängigkeit in Verbindung gebracht zu haben. Mit seiner PBS Fernsehsendung und in seinen vielen Büchern, unter anderem *Homecoming: Reclaiming and Championing Your Inner Child* (1990), setzte er eine Welle der Selbsthilfe in Gang, die bis spät in die 1990er-Jahre reichte. Tatsächlich sind die Auswirkungen noch heute spürbar.

Plötzlich wurden haufenweise Bücher veröffentlicht, die sich mit dem Kind in uns beschäftigten. Im ganzen Land wurden therapeutische

Workshops, Wochenenden, Vorträge, Seminare, Kurse und Urlaubsangebote durchgeführt, die alle dazu dienen sollten, das innere Kind zu pflegen. Andere Ableger folgten: Musik für das Kind in uns, Kräuter für das Kind in uns, Nahrungsmittel für das Kind in uns, Meditation für das Kind in uns, Spielzeug für das Kind in uns ... die Liste lässt sich endlos weiter führen.

Manche Menschen nahmen diese Bewegung ziemlich ernst, fanden die Arbeit lebensverändernd und hilfreich, um ihre Selbstwahrnehmung und/oder ihre Verhaltensweisen zu ändern. Andere fanden diesen Trend lediglich amüsant. In spätabendlichen Talkshows und Comedy-Sendungen machte man sich über diese Theorie lustig. Vielleicht haben auch Sie ein paar Mal darüber gekichert.

Aber um den Erwachsenen in sich zu behaupten, ist es völlig egal, ob Sie in dieser therapeutischen Strömung mitgeschwommen sind und sie Ihnen geholfen hat. Das Kind in einem selbst näher zu betrachten ist lediglich der Ausgangspunkt. Dieses Kapitel beschreibt einige der gesunden und positiven Einblicke, die die Bewegung „Inneres Kind“ gewährt hat. Für einige von Ihnen sind diese Ausführungen nichts Neues, für andere eine kurze Einführung in das, worum es bei dieser Modeerscheinung ging.

Der Zauber Ihres inneren Kindes

Auf einer bestimmten Ebene beleuchtet die Idee des inneren Kindes Aspekte der Kindheit, die von Natur aus wunderbar sind: Kreativität, Phantasie, Zauberei, Spontaneität, Freude, Freiheit, Staunen, Unschuld, Verletzlichkeit, Sensibilität, Hemmungslosigkeit, künstlerische Ausdrucksfähigkeit, Humor, Begeisterung, Verspieltheit und so weiter. Kinder haben all diese Charaktereigenschaften, wodurch sie eigentlich in vielerlei Hinsicht begnadet sind.

Haben Sie schon mal Kinder beobachtet, die im Park spielen oder am Strand im Sand herumtollen? Sie besitzen eine gewinnende Muße, eine unmittelbare sorglose Leichtigkeit. Oder haben Sie gesehen, wie ihre Gesichter leuchten, wenn man mit ihnen zum Jahrmarkt geht oder sie ein Geschenk auspacken? In der Kindheit wohnt ein echter Zauber, nach dem wir uns alle später zurücksehnen. Kinder kennen normalerweise die Belastungen der Erwachsenen wie Miete, Hypotheken, Rechnungen nicht; ihnen ist es egal, ob Börsenkurse steigen oder fallen. Das einzige Auf und Ab, das sie interessiert, ist das einer Wippe.

Dieser Aspekt des inneren Kindes ist als das Wunderkind bekannt – die Kindheit, die man in Werbespots über Disney World und in der Kodak-Werbung sieht. Viele Menschen sind der Meinung, dass dieser Aspekt unseres inneren Kindes unser wahres Selbst ist, unser ursprüngliches Ich – unser Ich bevor wir Schicht für Schicht einen Verteidigungswall um uns herum aufbauen, den Schutzwall, mit dem sich Erwachsene im Laufe der Zeit zu schützen lernen. Es ist das – im besten Sinne des Wortes – naive Ich, bevor es beigebracht bekommt, Angst zu empfinden, Vorurteile zu haben, zynisch und abgestumpft zu sein. Denken Sie nur an die Zeilen aus dem Filmklassiker *South Pacific*: „Man muss lernen zu hassen und sich zu fürchten. Und das Jahr für Jahr." Das Wunderkind ist das ursprüngliche, glückliche Ich, bevor es vom Leben verwundet wurde.

Ein Freund von mir bezeichnete sein Wunderkind als „Urstimme". Er sagte mir: „Ich glaube, wir alle kommen aus einer Welt der reinen Liebe in die reale Welt. Und dann passieren Dinge – Familiendinge – und der ursprüngliche Kern wird von anderem Zeug überlagert. Aber die ursprüngliche Schönheit ist noch immer da und meine Aufgabe besteht jetzt darin, diese verlorene Schönheit aufzudecken, diese Essenz der Liebe, oder wie auch immer man das nennen will. Das ist die Stimme, nach der ich suche."

Nun, natürlich wurde diese Idee einer Verbindung mit dem eigentlichen Selbst, einer romantischen Form des inneren Kindes, außerordentlich attraktiv. Sie klang nach Spaß, Luxus oder beinahe wie ein großartiger Urlaub. Ich glaube, dass der Grund, weshalb die Bewegung so populär wurde, zum Teil darin lag, dass sie sich auf unsere bewusste Sehnsucht danach, den reinen, unbeschmutzten Kern wieder in unser Leben zurückzuholen – auch wenn es den am Anfang gar nicht gegeben hatte – bezog.

Die Wunden Ihres inneren Kindes

In Wahrheit ist kaum eine Kindheit das pure Vergnügen. Während wir vom Säugling zum Kleinkind und dann zum Kind heranwuchsen, waren wir in mehr oder weniger großen Maßen Gefühlen von Schmerz, Verlassenheit, Angst, Verwirrung und Machtlosigkeit ausgesetzt. Auf einer tiefer liegenden Ebene ging es bei der Bewegung um das innere Kind häufig darum, diese Wunden aus der Vergangenheit aufzudecken und zu heilen. Dieser Schritt ist sehr wichtig, denn erst wenn das verletzte Kind geheilt ist, bekommen Sie einen Zugang zu dem Wunderkind. Jedes Kind ist schon einmal verletzt worden. Vielleicht sind Sie nicht geschlagen, gequält oder missbraucht worden, aber jedes Kind hat sich schon einmal verloren oder ungeliebt gefühlt, und wenn es nur für einige Minuten war. Vielleicht haben Sie sich einmal im Supermarkt verlaufen. Oder Sie hatten Angst, als man Sie mit einem Babysitter, den Sie nicht kannten, alleine ließ. Oder vielleicht ist etwas passiert, das Ihr Leben erschüttert hat, zum Beispiel dass Ihre Eltern sich getrennt haben oder Ihre Mutter gestorben ist. Wir alle sind auf die eine oder andere Art schon einmal verletzt worden und wir tragen Fragmente dieser Erschütterungen noch in uns.

Durch die Bewegung um das innere Kind wurden diese lange Zeit hinter verschlossenen Türen gehaltenen Skelette aus ihrer Gruft befreit und näher untersucht. Bestimmte Dinge wurden ans Licht gebracht, wie beispielsweise Missbrauch (emotional, körperlich oder sexuell), Vernachlässigung, alkoholabhängige Eltern, gestörte Familienverhältnisse, Scheidung, Verlust und so weiter. Diese Dinge waren immer da, aber die Bewegung um das innere Kind gab den Menschen die Erlaubnis, sich aufrichtig mit ihrer schmerzhaften Vergangenheit auseinanderzusetzen und ihr Bedürfnis nach Wiederherstellung anzuerkennen.

Bradshaws innere Kinder

John Bradshaw, ein geheilter Alkoholiker und selbst Kind alkoholkranker Eltern, erkannte, dass dieses verwundete innere Kind sein ganzes Leben vergiftete. Er erlebte „spontane Altersrücksprünge“, wenn er vor Wut kochte und sich dann zurückzog, ähnlich wie er das als Elfjähriger getan hatte, wenn er wütend war und sich dann in sich zurückzog. Er begann, an seinem inneren Kind zu arbeiten, es anzuerkennen und zu stärken und stellte fest, dass sich dadurch sein ganzes Leben veränderte. Dann begann er seine Arbeit durch Workshops, Bücher und Fernsehauftritte mit anderen zu teilen.

Bradshaw benutzt einen Entwicklungsrahmen, der das innere Kind unterteilt in das Säuglings-Ich, das Kleinkind-Ich, das Vorschulkind-Ich, das Schulkind-Ich und das Jugendlichen-Ich. Sie haben demnach also nicht nur ein inneres Kind, sondern mehrere innere Kinder! All diese inneren Kinder, so behauptet er, stecken in uns und jedes dieser Kinder kann jederzeit dominieren. In dieser Minute ist vielleicht das Kleinkind-Ich vorherrschend, während in der nächsten Minute das traurige Schulkind-Ich, das unsicher und schüchtern ist, die Kontrolle übernimmt. Bradshaws Ansatz besteht darin, jedes dieser Ichs auf eine Reise mitzunehmen, auf der es beschützt und anerkannt wird.

Worin genau besteht nun die „Arbeit"? Zunächst einmal bedeutet sie, in der Zeit zurückzugehen und eine Verbindung zur Vergangenheit herzustellen. Normalerweise kommen dadurch ein paar unangenehme Gefühle an die Oberfläche, die durch „Arbeit am ursprünglichen Schmerz" oder dadurch bewältigt werden müssen, dass man diese Schmerzen zulässt, anstatt sie zu ignorieren oder sie an sich abprallen zu lassen. Das therapeutische Prinzip liegt darin, dass man Emotionen spüren muss, um heilen zu können. „Arbeit" bedeutet also vor allem, eine Beziehung zu seinem inneren Kind aufzubauen, es zu umsorgen, es zu lieben und seine früher unbefriedigt gebliebenen Bedürfnisse zu stillen. Viele Menschen haben durch diesen Prozess schon eine Veränderung erfahren.

Zu den Techniken, die einem hierbei helfen, gehören beispielsweise geführte Visualisierungen, um eine Verbindung zu seinem verletzten inneren Kind aufzubauen, Briefe an sein verletztes inneres Kind zu schreiben, zu meditieren, um das innere Kind zu trösten, Affirmationen zu sprechen, um das innere Kind zu ermutigen und korrigierende Übungen durchzuführen (zum Beispiel Spieltherapien), um die Wünsche unseres inneren Kindes kennen zu lernen. Dieser Prozess hilft uns, unser Säuglings-Ich anzuerkennen und dann kann man diesen Prozess für das Kleinkind-Ich, das Vorschulkind-Ich und alle weiteren wiederholen.

Bradshaw erkannte, dass er sich durch die Beschäftigung mit dieser Arbeit vom Alkohol fernhalten konnte. Er stellte fest, dass das Heilen der Wunden aus der Vergangenheit der Schlüssel zur Bekämpfung seiner Sucht war. Auch andere, die aus dem Bereich der Sucht und Suchttherapie kamen, stellten dies fest. Schon bald wandten viele ambulante und stationäre Suchttherapiezentren die Arbeit an dem inneren Kind an, um langfristige Genesung zu erzielen. Man glaubte, dass, sofern schmerzhafte Vorkommnisse aus der Vergangenheit nicht verarbeitet wurden, viele Abhängige irgendwann rückfällig werden würden.

Innere Kinder und Funktionsstörungen

Aber natürlich geht die Inneres-Kind-Bewegung weit über den Bereich der Sucht hinaus. Ihre therapeutische Wirkung kann bei jeder Art der Funktionsstörung angewandt werden.

Sara war eine junge Frau, die von dem Auseinanderbrechen ihrer Beziehung zu dem Mann, von dem sie dachte, er würde ihr Ehemann werden, in eine tiefe Krise gestürzt worden war. Nach mehreren Jahren, in denen er nicht fähig war, sich durch eine Ehe ernsthaft an sie zu binden, einigten sie sich schließlich darauf, sich zu trennen. Gleichzeitig entschloss sich Sara, ihren Job aufzugeben, der sie unzufrieden machte und chronisch Stress verursachte. Leider stießen diese beiden großen Verluste, auch wenn sie am Ende zu ihrem Besten waren, Sara in eine ernsthafte Depression.

Sara hatte Probleme sich zu konzentrieren und zu schlafen. Sie musste feststellen, dass sie dauernd weinte und sie praktisch aufgehört hatte, zu essen, was am schlimmsten war. Zunächst war sie einfach nur schlank, aber als sie nach einigen Wochen richtig abgemagert war, wusste sie, dass sie sich auf einer gefährlichen Rutsche in die Selbstzerstörung befand und beschloss, eine Therapie zu beginnen.

Saras Therapeutin fragte sie, ob sie bereit wäre, ein bisschen an ihrem inneren Kind zu arbeiten. Ihre Therapeutin erkannte, dass Sara auf mehr als nur diese kürzlich erlittenen Verluste reagierte. Unbewusst erzeugte sie wieder eine ähnliche Zeit in ihrem Leben, als sie sich ebenfalls verlassen, alleine und ängstlich fühlte. Eine Phase, in der sie auch aufgehört hatte zu essen und sich vernachlässigt fühlte ... nämlich als sie neun Jahre alt war. Es war kein Zufall, dass ihre Eltern sich in dieser Zeit getrennt hatten. Und Saras Mutter war so mit ihren eigenen Problemen des Verlassenwerdens und Überlebens beschäftigt, dass sie nicht in der Lage gewesen war, Sara in dem Maße eine Mutter zu sein, wie es nötig gewesen wäre. Zu jener Zeit fühlte sich Sara schlichtweg beraubt und verfiel in eine ähnliche Depression.

Sara berichtete: „Als ich die kleine Sara mit ihren Zöpfen vor mir sah, die nicht wusste, wie sie auf sich selbst aufpassen sollte und sich fühlte, als hätte sie etwas ganz Schlimmes angestellt, da brach mir ihretwegen fast das Herz. Ich konnte sehen, dass sie auf ganz merkwürdige Art Besitz von mir ergriff und die Kontrolle über mein jetziges Leben übernahm. Also lernte ich, sie zu trösten und ihr zu sagen, dass sie nichts falsch gemacht hatte."

Sara begann sich um ihr inneres Kind zu kümmern, was letztendlich darauf hinauslief, dass sie sich um ihr Erwachsenen-Ich kümmerte. Sie erzählte mir, dass sie manchmal den Eindruck hatte, irgendwie verrückt zu sein, so als wäre sie eine gespaltene Persönlichkeit. Aber sie gab zu, dass die Arbeit mit ihrem inneren Kind sie geheilt hatte. „Klein-Sara gerät jetzt nicht mehr außer Kontrolle. Ich habe sehr daran gearbeitet, sie zu trösten. Ich bemutterte sie jetzt selbst."

Aus unterschiedlichen Gründen waren unsere Eltern nicht immer in der Lage, uns so zu versorgen, wie wir es nötig gehabt hätten. Tatsächlich waren sie ja selbst verwundete Kinder und hatten in ihrer eigenen Kindheit nicht all das bekommen, was sie gebraucht hätten. Meistens versuchten sie nur das Beste aus den inneren Ressourcen zu machen, die ihnen zur Verfügung standen. Aber in uns blieb ein ungestilltes Verlangen zurück und wir begannen, uns woanders nach Fürsorge umzusehen – manchmal an unmöglichen Stellen. Am Ende müssen wir uns selbst bemuttern, zumindest teilweise, um das innere Kind heilen zu können. Man kann nicht zurückgehen und das, was die Eltern getan haben, rückgängig machen, also muss man sich damit auseinandersetzen, wer man jetzt ist und wo man jetzt steht. Die Lösungen werden nicht spontan von Ihrem Partner, Ihren eigenen Kindern oder jemand anderem kommen. Die Lösung, also die Fürsorge für sich selbst, muss von innen kommen.

Der Selbstbemutterungsprozess

Als ich in New York das College für Sozialarbeit besuchte, war einer der Pflichtkurse die Gruppentherapie. Wir gingen dieses Thema nicht nur mit den üblichen akademischen Methoden an – Vorlesungen, Texte und Bücher – sondern wir nahmen selbst an einer Gruppentherapie mit unseren Kommilitonen teil. Ich war mit sieben anderen in einer Gruppe und wir unterzogen uns gemeinsam dieser Art Live-Experiment.

Die Tatsache, dass man sich in einer Gruppe befand, half jedem von uns und wir konnten sehen, wie direkt vor unseren Augen überraschende gruppendynamische Prozesse entstanden. Ich erinnere mich noch daran, wie einer der Teilnehmer über seine Angst vor Bewerbungsgesprächen sprach (wir standen kurz vor der Prüfung und standen alle unter Druck, einen Job zu finden). Die Frau, die neben mir saß, sagte: „Naja, tröstest Du dich nicht automatisch selbst mit deinem inneren Eltern-Ich?" Wir schauten sie alle spöttisch an. Sie fuhr fort: „Wann immer ich mich fürchte oder traurig bin oder so, höre ich einfach auf mein Eltern-Ich. Das ist die Stimme in mir, die sagt, ‚schon gut, alles wird gut werden, meine Liebe. Komm in meine Arme, du schaffst das schon. Mach dir keine Sorgen, ich bin ja bei dir.'"

Die Art wie sie sprach war hypnotisierend – sie fühlte sich durch diese innere Stimme so eindeutig getröstet, dass sie in der Lage war, damit praktisch jede beängstigende oder traurige Situation im Leben zu meistern. Ich sehe es noch lebhaft vor mir, wie sie die wichtige innere Stimme zu Rate zog.

Letzten Endes war es die Stimme der Erwachsenen in ihr.

Unser inneres Kind erziehen

Im Allgemeinen ermutigte die Inneres-Kind-Bewegung die Menschen dazu, ihr inneres Kind wieder zu bemuttern und zu beschützen und sich dem inneren Kind auf fürsorgliche, sanfte Weise zu nähern. Genau das ist aber auch eine der Grenzen dieser Bewegung, denn manchmal ist eiserne Disziplin notwendig, um einem inneren Kind beizubringen, wie es sich zu benehmen hat. Ein Freund von mir, Thom, ein 37-jähriger schwuler Mann, erzählte mir, dass die Arbeit mit seinem inneren Kind für ihn sehr wertvoll war, aber dass man sein inneres Kind nicht verhätscheln, sondern in seine Schranken weisen und erziehen musste.

Thom kam in die Therapie, nachdem eine kurze Liebesaffäre zu Ende ging, wodurch er, am Boden zerstört, in Depressionen verfiel und ein selbstzerstörerisches Verhalten an den Tag legte, indem er trank, Drogen nahm und ständig Sex mit unterschiedlichen Männern hatte. Thom erkannte dann, dass er noch eine Menge unerledigter Jobs aus der Vergangenheit bewältigen musste. Gefühle gegenüber seinem Großvater (der ihn sexuell missbraucht hatte), gegenüber seiner Mutter, die ihn seiner Meinung nach nicht beschützt hatte, gegenüber seinem Vater, der homophob veranlagt war – all diese Dinge mussten therapeutisch bearbeitet werden.

Thoms Therapeut empfahl die Arbeit mit dem inneren Kind. Er schlug vor, dass Thom zunächst einen Stein in der Tasche mit sich herumtragen sollte, der sein inneres Kind symbolisierte. Zunächst fand Thom, dass sich das ziemlich blöd anhörte, aber er war bereit, es auszuprobieren. Er stellte fest, dass es ihm half, sich sein inneres Kind immer wieder bewusst zu machen. Und dann, wenn er sich in einer zweifelhaften Situation befand, hielt er inne und frage: „Würde ich mich auch so verhalten, wenn mein „Kind“ bei mir wäre? Wie würde ich mich sonst verhalten?“

Er fand es nützlich, sich vorzustellen, sein „Kind“ sei immer bei ihm und er entwickelte eine beschützende Einstellung gegenüber seinem inneren Kind. Dieses Kind gehörte nicht in Kneipen oder Drogenhöllen. Er sollte es nicht in gefährliche Situationen bringen. Thom konnte sich jetzt liebevoller und respektvoller sich selbst gegenüber verhalten, weil er sich seinem inneren Kind gegenüber liebevoller und respektvoller verhielt.

Dann begann Thom in der Therapie mit seiner Trauerarbeit. Er betrauerte die Zurückweisungen und Missverständnisse der Vergangenheit. Er betrauerte, dass man ihm Unrecht getan hatte. Und schließlich verstand er immer besser die Motivation seines inneren Kindes. Allerdings genügt es nicht immer, nur zu erkennen, was los ist, um sein Verhalten zu ändern. Und so erkannte Thom, dass es Zeit war, sein inneres Kind wieder zu bemuttern.

In Unterhaltungen mit anderen hörte Thom, wie seine Freunde ihr inneres Kind dadurch bemutterten, dass sie es verwöhnten, umarmten und ständig schützend die Hände über es hielten. Thom erkannte, dass sein inneres Kind außer Kontrolle geraten war und schon seit geraumer Zeit bestimmte, wo es lang ging. Die Ängste und Schmerzen seines inneren Kindes hatten sein selbstzerstörerisches und gefährliches Verhaltensmuster angetrieben.

So kam es, dass Thom selbstständig eine Maltherapie machte und ein dreiteiliges Bild schuf. Auf den ersten Teil zeichnete er den Umriss eines Erwachsenen voller Hebel und Griffe und darin ein Kind, das die große Marionette dirigierte. Genau so fühlte er sich: er war nur eine Marionette, die versuchte, die außer Kontrolle geratenen Bedürfnisse des verletzten Kindes zu erfüllen. Dann fragte er sich: „Welche Schritte muss ich tun, um das zu ändern?“ Also malte er auf das nächste Teilbild sich selbst, wie er mit seinem inneren Kleinkind schimpfte und es erzog. Er sagte dem Kind: „Ich bin hier der Erwachsene und ich bestimme.“ Auf den letzten Teil malte er sich selbst, wie er das innere Kind umarmte. „Für mich,“ so sagte er, „trat der eigentliche Heilungsprozess nicht mit dem dritten Teil, sondern bei dem zweiten ein, bei dem ich dem Kind sagte, dass es nicht mehr über mich bestimmen konnte.“ Natürlich musste Thom irgendwann einen konkreten Maßnahmenplan aufstellen, um sein Verhalten zu ändern und sicherzustellen, dass der Erwachsene in ihm dauerhaft die Kontrolle behielt.

Der innere Erwachsene

Die Idee vom Erwachsenen in uns ist nicht völlig neu. Im Rahmen der Bewegung um das innere Kind gab es mehrere Fachleute und Autoren, die in ihren Büchern von dem „inneren Erwachsenen“ oder dem „Erwachsenen in uns“ sprachen. Sie gebrauchten diese wichtige Facette unseres Ichs, um dabei zu helfen, das Kind in uns zu heilen. Cathryn Taylor beschreibt in ihrem *The Inner Child Workbook* ein zeremonielles Baderitual, mit dem man seinen Körper von den kindlichen Verhaltensweisen rein wäscht, die uns davon abhalten, der Erwachsene zu sein, der man sein möchte. Und sie empfiehlt eine Zeremonie, die sie „die Brücke überqueren“ nennt, um symbolisch die Vergangenheit hinter sich zu lassen und eine Verbindung zu seinem Erwachsenen-Ich herzustellen. Sie spricht davon, dass es der Erwachsene in uns ist, der dafür verantwortlich ist, all diese Heilungsrituale zu dirigieren.

Und doch hat der Erwachsene in uns am Ende nie die volle Aufmerksamkeit erhalten. Das innere Kind war so laut und so quengelig, dass seine Schreie häufig die Stimme des Erwachsenen in uns übertönten. Das wirkungsvollste Instrument, das die Inneres-Kind-Bewegung offen legte, war das Zurückgehen in die Vergangenheit, das Anerkennen der Geheimnisse aus dieser Zeit, das Bemuttern des verletzten inneren Kindes und das Betrauern seiner Verluste und Schmerzen. Wir haben so lange in einer Kultur der Repression und Ignoranz gelebt, dass die Arbeitet mit dem inneren Kind die Büchse der Pandora geöffnet hat.

Eine Menge Zeug musste da erst einmal heraus, bevor wir den Deckel wieder schließen konnten.

Sich nun mit dem Erwachsenen in uns auseinanderzusetzen heißt, die Büchse der Pandorra wieder zu verschließen. Die Zeit dafür ist gekommen. Aber bevor man sie wieder verschließt, muss man sicher stellen, dass alles, was herauskommen sollte, auch herausgekommen ist.

Mit dem Kind in uns beginnt es

Bevor ich mit einem Klienten an seinem inneren Erwachsenen arbeite – egal ob in Einzel- oder in Gruppentherapien – beginne ich normalerweise mit dem inneren Kind. Jeder Mensch kommt, was sein inneres Kind angeht, mit einer anderen Ausgangssituation zu mir. Manche Menschen haben sich jahrelang darauf konzentriert, auf welch vielfältige Weise ihr inneres Kind verletzt wurde. Andere haben sich über ihre Vergangenheit noch nicht so viele Gedanken gemacht. Manche sind bereits alte Hasen in Sachen Therapie, während es für andere die erste Erfahrung mit einem Psychologen ist. Manche müssen mit traurigen und tragischen Ereignissen aus der Vergangenheit fertig werden, während andere eigentlich eine glückliche und ereignislose Kindheit hatten.

Damit nun alle wenigstens grob denselben Bezugsrahmen haben, bitte ich die Gruppenmitglieder in der ersten Woche der Selbsthilfegruppenstunden, die ich „Aktiviere den Erwachsenen in dir" nenne, einen Gegenstand mitzubringen, der ihr inneres Kind darstellt/ausdrückt/symbolisiert. Ich bitte jeden, uns von dem Gegenstand zu erzählen, über Assoziationen zu sprechen, die dieser Gegenstand auslöst und darüber nachzudenken, was der Gegenstand darüber aussagt, wie sie als Kind waren.

Die Teilnehmer bringen ganz unterschiedliche Dinge mit: Dana beispielsweise brachte ihr Kinderportemonnaie mit, ein teures Stück, von dem sie noch wusste, dass sie es sich mit ihrem eigenen schwer verdienten Geld gekauft hatte. Das Leder war verschlissen und blätterte ab und war durch den langjährigen Gebrauch nachgedunkelt. In dem Portemonnaie gab es ein Fach mit Schulfotos von Freundinnen aus der Vergangenheit. Zufällig war eine dieser Freundinnen gerade kürzlich gestorben. Dana hatte schon seit Jahren keinen Kontakt mehr zu ihr, hatte aber ihre Todesanzeige gelesen. Das Portemonnaie enthielt außerdem kleine Zettelchen, die sie damals mit ihren Freundinnen ausgetauscht hatte. Briefchen voller Klatsch, naiver Unschuld und Albernheiten. Als Dana uns den Inhalt präsentierte, hatte sie Tränen in den Augen.

Joshua brachte die Bauklötze mit, mit denen er als Kind gespielt hatte. Sandra sagte, sie könne den Gegenstand, der ihre Kindheit am besten symbolisierte, nicht mitbringen, da es sich um ihr Klavier handelte, das sie als Kind gespielt hatte. „Mit diesem Klavier habe ich viele Stunden meiner Kindheit verbracht und war damit so glücklich, wie man es nur sein konnte“, erinnerte sie sich.

Einige der Gegenstände, die die Teilnehmer mitbrachten, spiegelten den „Wunder“-Aspekt ihres inneren Kindes wieder, während andere für eine schmerzvollere Vergangenheit standen.

Yvonne brachte den Teddybär aus ihrer Kindheit mit, einen der wenigen Gegenstände, die ihr in ihrer Kindheit voller Schmerzen und Vernachlässigung ein bisschen Trost gegeben hatten. Ihr Vater starb noch bevor sie in die Pubertät kam und ihre Mutter, die unter Schizophrenie litt, war einige Zeit nicht in der Lage gewesen, ihre Kinder zu erziehen. Yvonne war von Pflegefamilie zu Pflegefamilie weitergereicht worden, bis ihre Großmutter mütterlicherseits Yvonne und ihre beiden Geschwister aufnahm. Wenn ihre Großmutter eine liebevolle Frau gewesen wäre, hätte sich Yvonne vielleicht von der traumatischen Kindheit erholen können. Die Großmutter war jedoch eine hartherzige Frau, die die Kinder schlecht behandelte. Yvonne sagte: „Als ich klein war, habe ich nie gelächelt. Es gab nichts zu lächeln.“

Aber als Yvonne in einer Gruppensitzung ihren Teddy im Arm hielt, verschleierte sich ihr Blick. Dieser Teddy hatte ihr Trost gespendet, wenn ihre Familienmitglieder das nicht konnten. Dieser verschlissene, von Motten zerfressene braune Teddy, der für sie genauso real war wie der Plüschhase in Margery Williams’ Kinderbuch, hielt sie am Leben. Wenn man sah, wie zärtlich sie ihn hielt, sprach das Bände darüber, wie wichtig er für sie gewesen war.

Wenn man sein inneres Kind richtig verstehen will, ist es von Bedeutung, zu verstehen, wie verletzlich unsere inneren Kinder waren und sind. Es ist genauso wichtig, sich an die Schmerzen, Enttäuschungen und Gefühle von Vernachlässigung zu erinnern wie an die Momente voller Freude und Wunder. Nur wenn man sich mit allen Aspekten seiner Vergangenheit auseinandersetzt, den guten und den schlechten, kann man einen tiefgreifenden Heilungsprozess erleben. Die Arbeit mit dem inneren Kind hat vielen Menschen genau hierzu verholfen. Und sie hat diese Menschen darauf vorbereitet, weiter zu machen und den Erwachsenen in ihnen anzuerkennen.

Versuchen Sie einmal Folgendes ...

Suchen Sie sich einen Gegenstand aus, der Ihr eigenes inneres Kind darstellt. Schauen Sie ihn an. Halten Sie ihn fest. Was bedeutet er Ihnen? Was sagt er Ihnen über sich selbst? Schreiben Sie einige Zeilen über den speziellen Moment in Ihrem Leben oder das Ereignis in Ihr Tagebuch, das mit diesem Gegenstand verbunden ist.

Das innere Kind im Überblick

Die Therapieansätze bezüglich des inneren Kindes machten uns zwei Konzepte deutlich: erstens, *das verletzte innere Kind*. Dazu gehören Verletzungen aus der Vergangenheit und die Erkenntnis, wie unsere Vergangenheit auch heute noch Einfluss auf uns hat. Es gibt keinen Zweifel daran, dass es bei der Inneres-Kind-Bewegung um das verletzte innere Kind ging und darum, es zu heilen. Und tatsächlich fanden viele Menschen durch die Pflege, die Verbindung und die Rückbesinnung auf ihr früheres inneres selbst Heilung. Hierfür stehen wir bei dieser Bewegung in einer tiefen psychologischen Schuld.

Und zweitens hat uns diese Bewegung auch das Konzept des *Wunderkindes* gebracht, das uns half, wieder eine Verbindung zu dem versunken Atlantis in uns herzustellen. Auf der Titelseite der Februar-Ausgabe 2000 des *Gourmet Magazine* war eine Zuckerwatte abgebildet. In dem Artikel dazu stand, dass das Four Seasons Restaurant in New York jetzt als Spezialität einen Berg Zuckerwatte auf der Speisekarte hatte. Julian Niccolini, der Geschäftsführer und Teilhaber des Restaurants, erklärte, dass der Grund, warum diese Zuckerwatte so beliebt war (pro Abend wurden mehr als 20 Portionen serviert), darin bestand, dass sie „den Erwachsenen ihre Kindheit zurückgibt und jeder möchte gerne noch einmal Kind sein. Unsere Gäste haben alles – das ist das einzige, das sie nicht haben." Auch die Bewegung um das innere Kind hat uns in gewisser Weise unsere Kindheit zurückgegeben.

Zur Erinnerung: Am Ende jedes Kapitels finden Sie einen Text und einen Vorschlag für eine Visualisierung. Es ist wesentlich wirkungsvoller, wenn Sie die Texte laut lesen und mit einem Kassettenrekorder aufzeichnen. Lesen Sie sehr langsam und ruhig. Achten Sie darauf, zwischen den Sätzen Pausen zu machen. Dann, später, wenn Sie Zeit haben, hören Sie sich die Aufnahme an. Dadurch wird ein wirksamerer, hypnotischer Effekt erzielt. Und falls eine Geschlechtsform genannt wird, die nicht Ihrer entspricht, ändern Sie die entsprechenden Formen.

Lesetext

Kindheitsträume

Von Ashley Davis Prend

Vielleicht war es eine Illusion. Vielleicht nicht. Etwas an diesen pelzigen Kreaturen symbolisierte all meine jugendliche Begeisterung. Es waren vier pummelige Hundewelpen. Drei schwarze und ein brauner. Sie waren in unserer Familie zur Welt gekommen. Sie verzauberten einen. Ihre scharfen kleinen Welpenzähnchen knabberten an meinen Kinderhänden. Ihren süßen Geruch einzuatmen war, als würde man eine Mischung aus Zuckerstaub und Meeresbrise einatmen. Mit ihnen herumzutollen, zu kichern und Geheimnisse mit ihnen zu teilen, war die reine Freude.

Eines Tages entkamen sie aus ihrer Kiste und jagten ohne Anlass den Flur entlang um die Wette. Aber die süßeste Erinnerung ist die an einen Welpen, der vom Spielen müde geworden und auf meinem Schoß eingeschlafen war. Unschuld schlief bei Unschuld.

Ist es da ein Wunder, dass ich als Kind Tierärztin werden wollte? (Später hat sich das geändert und die Welpen wurden verkauft.) Aber in jenem Moment ... sie gaben einfach süße Liebe, unkompliziert und rein.

Und für eine kurze Zeit kostbare nasse Welpenküsse.

Visualisierung

Anmerkung: Der Anfang und das Ende jeder Visualisierung folgt in fast allen Kapiteln demselben Ablauf. Der Mittelteil jeder Phantasiereise bezieht sich auf das spezielle Thema des jeweiligen Kapitels. Sie sollten für jede Visualisierung mindestens zehn Minuten einplanen. Viele Menschen hören leise Musik, während sie meditieren, aber für diese Art der Visualisierung würde ich das nicht empfehlen. Die Übung bekommt zwar einen meditativen Charakter, wenn man dabei Musik hört, aber es handelt sich nicht um eine echte Meditation. Der Sinn einer Visualisierung besteht darin, irgendwohin zu gehen – irgendwohin geführt zu werden – und somit, etwas zu fühlen. Musik kann vom Ziel dieser Übung ablenken.

Beginnen Sie die Übung, indem Sie ihren Körper in eine bequeme Position bringen. Sie können entweder auf einem Stuhl sitzen oder auf dem Boden liegen. Wie Sie sich auch entscheiden, Ihre Hände sollten offen sein und die Innenseiten nach oben zeigen. Bevor Sie es sich in einer bequemen Position gemütlich machen, recken Sie die Arme hoch über den Kopf. Dann strecken Sie sie zur Seite. Lassen Sie die Arme fallen und rollen Sie den Kopf vorsichtig von einer Seite zur anderen. Schließen Sie die Augen.

Denken Sie an den Lesetext, den Sie gerade gehört haben. Woran erinnert Sie der Text? Hat er irgendwelche Gefühle ausgelöst? Hat Sie der Text an etwas aus Ihrem eigenen Leben erinnert? Lassen Sie jede Botschaft, die dieser Text Ihnen vermittelt, zu.

Lenken Sie jetzt Ihre Aufmerksamkeit auf Ihren Körper und darauf, wo Sie sich im Raum befinden. Achten Sie auf Ihren Atem, wie Sie ein und aus atmen. Achten Sie auf die Luft um Sie herum und wie sie sich auf Ihrer Haut anfühlt. Lauschen Sie den Geräuschen, die möglicherweise zu Ihnen dringen. Achten Sie auf Gerüche. Entwickeln Sie ein Bewusstsein für Ihre Umwelt und Ihren Platz darin. Fühlen Sie das Gewicht der Kleidung auf Ihrem Körper. Fühlen Sie das Gewicht Ihres Körpers auf dem Boden oder auf dem Stuhl. Atmen Sie dreimal tief und langsam ein und aus. Ihr Bewusst sein geht jetzt auf eine Reise.

Stellen Sie sich selbst vor, wie Sie eine große Treppe hinuntergehen. Sie gehen ganz bis nach unten. Dort unten ist eine Tür. Die Tür öffnet sich und Sie erkennen beim Hindurchgehen, dass Sie in der Zeit zurückgegangen sind. Stellen Sie sich sich selbst als Kind in einem Alter vor, das Ihnen angenehm ist. Ich möchte, dass Sie sich an eine Zeit, ein Ereignis oder eine Situation erinnern, die Ihnen große Freude bereitet hat. Lassen Sie sich Zeit, während Sie Ihre Erinnerungen durchgehen und nach einer Zeit suchen, die wirklich schön war, in der Sie sehr glücklich waren. Vielleicht war es ein Geburtstag oder eine Ferienreise. Vielleicht ein besonderer Feiertag oder ein Besuch im Zoo oder ein Picknick im Park. Oder vielleicht war es einfach dann, wenn Sie in Ihrem Zimmer mit Ihrem Lieblingsspielzeug gespielt haben oder an einem Sommernachmittag einfach draußen herumgetollt sind.

Nehmen Sie diese Erinnerung und versuchen Sie, sie so klar wie möglich vor Ihrem geistigen Auge abzubilden. Wo genau waren Sie? Was haben Sie angehabt? Was haben Sie gemacht? Wer war noch da? Versuchen Sie, sich möglichst genau daran zu erinnern, wie Sie sich in diesem Moment fühlten. Haben Sie gelächelt oder gelacht? War es sonnig – warm oder kalt? Waren Sie vor Aufregung atemlos? Ruhen Sie sich in diesem Moment aus, genießen Sie die Freude. Welches Gefühl gibt es Ihnen jetzt, da Sie sich daran erinnern und sich den Augenblick vorstellen? Die Gefühle dieses Moments stehen Ihnen immer zur Verfügung. Verharren Sie ein paar Augenblicke in der Stille.

Jetzt, sofern Sie bereit sind, kehrt Ihr Bewusstsein auf einer Lichtwelle wieder zu Ihrem Körper zurück. Beginnen Sie damit, Ihren Körper im Raum wahrzunehmen. Fühlen Sie, wie Ihr Geist und Ihr Körper wieder Bodenkontakt bekommen. Wackeln Sie mit den Fingern und Zehen. Atmen Sie tief ein und aus. Bewegen Sie langsam Arme und Beine von einer Seite zur anderen. Atmen Sie noch einmal tief ein und aus. Lassen Sie es zu, dass ein starker Energiefluss durch Ihren Körper fließt, der Ihnen neue Kraft verleiht. Ich zähle jetzt von eins bis fünf, und wenn Sie nach der Fünf dazu bereit sind, machen Sie bei fünf die Augen auf. Eins ... zwei ... drei ... vier ... fünf. Sie können jetzt die Augen öffnen.

Tagebuchfragen

Was war ein wunderbarer Moment in Ihrer Kindheit? Schreiben Sie über eine Zeit, in der Sie sehr glücklich waren.

Was war die schmerzhafte Zeit in Ihrer Kindheit? Schreiben Sie über ein Erlebnis, das für Sie als Kind besonders schmerzhaft war.

Gibt es ein besonderes Talent oder ein Hobby, das Sie als Kind hatten? Ist das Bestandteil Ihres heutigen Lebens? Warum oder warum nicht?

Wie behandeln Sie das Kind in Ihnen jetzt? Welche Beziehung haben sie zu ihm oder ihr?

Übungen

Anmerkung zu den Übungen: Alle Übungen in diesem Buch sollen dazu dienen, den Erwachsenen in Ihnen zu aktivieren. Am wirkungsvollsten sind diese Übungen für Sie, wenn Sie sich dafür sowohl eine ruhige Zeit als auch einen geeigneten Platz suchen. Dies ist Ihre Gelegenheit, alleine mit sich selbst ein bisschen Zeit zu verbringen, ohne Telefon, Kinder, den Partner oder andere Ablenkungen. Bewahren Sie die Hilfsmittel zu diesen Übungen irgendwo auf, wo sie Ihnen immer mal wieder in die Hände fallen oder Sie sie leicht finden können, wenn Sie noch einmal damit arbeiten möchten.

Bild: Malen Sie ein Bild von dem Zimmer, das Sie als Kind am liebsten mochten.

Liste: Machen Sie eine Liste von den Werten und Lektionen, die Sie Ihre Eltern gelehrt haben, entweder mit Worten oder, indem sie sie Ihnen vorgelebt haben. Welche dieser Werte vertreten Sie auch heute noch? Welche dieser Werte haben Sie abgelegt?

Brief: Schreiben Sie einen Brief an das Kind in Ihnen und fragen Sie es, was es von Ihnen braucht, was es Ihnen zu sagen hat und wie es in Ihr Leben integriert werden möchte. Und dann schreiben Sie einen Antwortbrief von Ihrem inneren Kind an Ihr heutiges Ich und antworten auf Ihre Fragen und Gedanken.

Reflexion: Denken Sie einen Moment über die folgende Liste mit positiven Charaktereigenschaften eines inneren Kindes nach:

Kreativität	Verletzlichkeit
Leben für den Augenblick	Spaß
Freude	Hemmungslosigkeit
Spontaneität	Kunstsinn
Fantasie	Humor
Magie	Begeisterung
Freiheit	Verspieltheit
Wunder	Heiterkeit

Wie viele dieser Charaktereigenschaften spielen in Ihrem heutigen Leben noch eine aktive Rolle? Wie können Sie noch mehr davon in Ihr Leben einbeziehen? Suchen Sie sich für die kommende Woche eine Aktivität aus, die eine oder mehrere dieser positiven Charaktereigenschaften Ihres inneren Kindes zeigt. Tun Sie das unbedingt! Anschließend schreiben Sie darüber, wie Sie sich dabei gefühlt haben. Wie können Sie dafür sorgen, dass Sie das regelmäßiger tun?

Kapitel 2

Wenn das innere Kind zum Problemkind wird

Verstehen kann man das Leben nur rückblickend. Aber leben muss man es vorwärts.

– Søren Kierkegaard

Es war kurz vor Muttertag, als Elizabeth von ihrer Tochter einen Anruf erhielt. „Hallo Mami", sagte Irene. „Weißt du, seit Robert operiert worden ist, sollte ich wirklich bei ihm bleiben ... das ist hier alles ganz schön hektisch. Ich dachte, ich könnte dich ja vielleicht nächste Woche mal zum Brunch einladen."

Stille. „Willst du damit sagen, dass wir uns diese Woche zum Muttertag nicht sehen?" fragte Elizabeth ungläubig.

„Naja, es wäre einfach praktischer," antwortete Irene.

Elizabeth entgegnete: „Ich würde dich an diesem Tag aber wirklich sehr gerne sehen, Liebling. Er bedeutet mir sehr viel. Wie wäre es, wenn ich einfach für ein halbes Stündchen vorbeikomme. Wir brauchen ja noch nicht einmal zusammen zu essen. Ich schau nur kurz vorbei."

„Mir *wäre es wirklich lieber*, wenn ich dich *nächste Woche* zum Brunch ausführen würde, Mama", sagte Irene mit Überzeugungskraft.

Stille. Und dann sagte Elizabeth mit zitternder Stimme „Das macht mich wirklich wütend!" Und sie knallte den Hörer auf die Gabel.

Viele Mütter hätten vielleicht gesagt „Klar, kein Problem. Wir machen es so, wie es dir am besten passt, Liebling." Aber Elizabeths Tochter hatte einen empfindlichen Nerv getroffen. Elizabeth hörte aus ihrer Aussage heraus: „Du bist nicht wichtig. Du bedeutest mir nichts. Du bist nicht liebenswert. Du bist mir egal." Das waren die unterschwelligen Botschaften, die Elizabeth von ihrer eigenen narzisstisch veranlagten und klinisch depressiven Mutter gehört hatte. Und das Kind in ihr erinnerte sich an diese Gefühle – und zwar sehr lebhaft!

Die Tatsache, dass Elizabeth als Kind verletzt worden war, ist an sich nichts Außergewöhnliches. Wir wurden alle mehr oder weniger stark verletzt, wie ich ja im letzten Kapitel schon erläuterte. Und die Tatsache, dass in ihr ein emotionaler Knopf gedrückt worden war, ist auch nichts Besonderes. Wir alle kennen es, dass bestimmte Auslöser, so genannte Trigger, einen inneren emotionalen Knopf bei uns betätigen. Elizabeth wurde in diesem Moment auf beispielhafte Weise von ihrem, wie ich es nenne, re-aktivierten verletzten Kind kontrolliert. Sie lebte es aus, indem sie den Hörer auf die Gabel knallte.

Entscheidende Bedeutung gewinnt nun aber, was als nächstes passiert. Wird das reaktivierte verletzte Kind nun die Kontrolle an sich reißen? Wird Elizabeth weiterhin schmollen und nachtragend sein? Wird sie ihre Tochter tage-, wochen- oder sogar monatelang mit Schweigen strafen? Wird daraus ein ernsthafter Familienstreit entstehen? Oder folgt Elizabeth den vier LAUB-Schritten: sich *lösen* und die Situation aus gewisser Distanz beobachten, *anerkennen*, was in Wirklichkeit mit dem Kind in ihr passierte, sich *umorientieren* und die Erwachsene in ihr zu Wort kommen lassen und die Situation *bewerten* und ihr Verhalten ändern, indem sie mit einer Entschuldigung auf ihre Tochter zugeht?

Der unvergängliche Schmerz aus der Vergangenheit

So sehr Sie Ihr inneres Kind auch behütet, umarmt und bemuttert haben, so können Sie doch nicht verhindern, dass es zwangsläufig hin und wieder Probleme verursacht. Mit anderen Worten: Auch wenn der *Heilungsprozess* möglicherweise sehr intensiv war, ein verletztes inneres Kind kann nie ganz *geheilt* werden. Das ist ein ganz normales, natürliches und absolut akzeptables Phänomen. Im Laufe der Zeit wird es Umstände geben, die den Schmerz wieder auslösen, die das Verletzliche in uns für einen Moment ans Tageslicht bringen und das gequälte Kind aus seinem Schlaf erwacht, weil es durch Schlüsselereignisse, Gerüche, Geräusche, Bewegungen, Menschen, Reaktionen oder Erinnerungen gereizt wird. Die entscheidende Frage ist, ob diese vielen Konfrontationen mit der Vergangenheit Sie *dominieren* oder ob Sie in der Lage sind, sie zu überwinden.

Einer meiner Teilnehmer bestätigte mir dies einmal: „Ich höre immer noch manchmal die negativen Stimmen, die schon mein altes inneres Kind verletzt haben: „Das kannst du nicht; du bist zu dumm; du wirst das vermasseln.“ Das ist ziemlich harter Tobak, aber jetzt sage ich mir einfach: „Du musst damit leben. Du musst dies oder jenes tun.“ Bei mir verschwinden die negativen Stimmen also nicht unbedingt, aber ich habe gelernt, mich nicht mehr von ihnen kontrollieren zu lassen.“

In unserer Gesellschaft glaubt man gerne an einen emotionalen „Abschluss“ – man hört und sieht es ständig in den Medien. Deshalb nahmen viele von uns ja auch an, dass man zu einem „Abschluss“ mit seinen Gefühlen kommen könnte, wenn man ausreichend mit seinem inneren Kind gearbeitet und die Dämonen unserer Vergangenheit besiegt hat. Dies würde dann sicherstellen, dass wir nie wieder von unserer Vergangenheit eingeholt würden. Tja, da habe ich Neuigkeiten für Sie: *Es gibt keinen Abschluss*. Einen Grundstückskauf oder eine geschäftliche Transaktion kann man vielleicht zu einem Abschluss bringen, aber nicht das menschliche Gefühlsleben.

Diese Tatsache kann man sehr deutlich mit einer persönlichen Verlustsituation veranschaulichen. Als ich mit den Recherchen für mein Buch *Transcending Loss* begann, erkannte ich, dass viele unserer herkömmlichen Trauer-Konzepte großen Wert auf die Endphase der Trauer legen – die Phase der Auflösung, eine Art „Abschluss“, den man angeblich erreichen konnte, nachdem man ausreichend getrauert hatte. Das implizierte, dass man sich nur zum Ziel setzen musste, den Verlust eines geliebten Menschen ausreichend zu betrauern (was nur ein paar Monate oder maximal ein Jahr dauern sollte), um dann „weitermachen“ zu können und keinen Schmerz mehr zu empfinden.

Was ich aber bei meinen Recherchen herausfand, war das genaue Gegenteil. Ich kam zu dem Schluss, dass Trauernde zwar eine Heilung erfahren konnten und das meistens auch taten, dass sie weitermachen konnten, aber nicht so, wie wir bisher fälschlicherweise angenommen hatten. Ich entwickelte, um dem gerecht zu werden, ein neues Trauer-Konzept, in dem eine lebenslange Phase der Trauer enthalten war, die ich Synthese nannte. Synthese bedeutet die Verflechtung von Trauer mit dem täglichen Leben, die andauernde Phase der Internalisierung und Integration all dessen, was dieser Verlust im Laufe der Jahre bedeutet. Synthese heißt, dass Trauernde selbst nach vielen, vielen Jahren immer noch von ihrem Verlust beeinflusst sind und noch immer hin und wieder stechenden Schmerz empfinden. Die Beziehung zu diesem Verlust dauert genauso an, wie die Beziehung zu dem geliebten Menschen andauert. Trauer ist nichts, das man „überwindet“ wie eine Grippe, sondern etwas, mit dem man zu leben lernt.

Eines Tages kam John in mein Büro, nur um sicher zu gehen, dass er nicht „verrückt“ war. Sein elfjähriger Sohn war unerwartet an einer seltenen Blutkrankheit gestorben und das war bereits 27 Jahre her. Aber noch immer musste John weinen, wenn er davon erzählte. Noch immer hatte er ein Loch in seinem Herzen, das nicht aufgefüllt werden konnte. Und noch immer vermisste er den kleinen Jungen und litt schmerzhaft darunter, dass das Leben seines Sohnes so kurz gewesen war.

Und trotzdem ist John ein lebhafter Mensch geblieben, der das Leben genießt. Er führt ein sehr aktives gesellschaftliches Leben und unternimmt viele interessante Aktivitäten. Er hat seinen Frieden mit Gott geschlossen. Er führt eine befriedigende und liebevolle Beziehung mit seiner 42-jährigen Frau und seiner Tochter sowie zu seinen Enkelkindern. Er verwaltet im Namen seines Sohnes einen Stipendiatenfond. John ist keineswegs verbittert, missmutig oder depressiv. Er ist einfach ein Mann, dem etwas außerordentlich Tragisches zugestoßen und der noch immer davon beeinflusst ist. Noch immer erlebt er jedoch Momente, in denen der Schmerz wieder wach wird, aber das ist kein Anzeichen einer Krankheit. Das ist einfach die Natur des Lebens, der Liebe und des Verlustes.

Und so wie bei einem Trauernden der Schmerz von Zeit zu Zeit reaktiviert wird – selbst nach vielen Jahren – wird ein Erwachsener immer wieder einmal Momente erleben, in denen sein reaktiviertes verletztes Kind wach wird. Der Trick besteht darin, sich dessen bewusst zu sein, was passiert, und zu verhindern, dass das innere Kind die Kontrolle übernimmt. In dieser Zeit muss der Erwachsene in uns beobachten, was da gerade geschieht, und dann mit Autorität einschreiten. Später erzählte mir Elizabeth: „Ein Teil der Wunden wird immer zurückbleiben – man kann seine Vergangenheit nicht neu schreiben; ich werde nie eine Mutter haben können, die nicht durch ihren emotionalen Defekt behindert war. Aber ich habe gelernt, damit zu leben und trotzdem und gerade deswegen weiter zu machen.“ Sie werden also feststellen, dass Sie nicht einfach nur Ihr inneres Kind einmal bemuttern müssen, um dann ein für alle Mal Ruhe zu haben, sondern dass Sie es immer wieder und wieder zurechtweisen müssen, sobald irgendwelche Trigger auftauchen. Das ist noch lange kein Anzeichen für ein Problem.

Das Problem entsteht dann, wenn das verletzte innere Kind nicht kooperativ ist und nicht gehorchen will. Wenn es sich weigert, still zu sein, wenn es Sie behindert, wenn es ihm gelingt, dass Sie die Opferrolle einnehmen oder wenn das verwundete innere Kind ständig Ihr Verhalten diktiert, und Sie entweder verantwortungslos, unreif, lieblos oder bösartig sind. Dann haben Sie es mit einem Problemkind zu tun.

Um an Ihrem inneren Erwachsenen arbeiten zu können und beispielsweise die folgende Tagebuchübung zu machen, brauchen Sie einen kleinen Schreibblock oder ein kleines Notizbuch, das Sie bei sich tragen können. Immer wenn diese Vorfälle passieren, schreiben Sie sie so schnell wie möglich auf, damit sie sie nicht vergessen. Später können Sie sich die Notizen durchlesen, Ihre Reaktion einschätzen und überlegen, was Sie ändern könnten. Wenn es Ihnen hilft, solche Notizen zu machen, führen Sie dieses Logbuch auch, um zu kontrollieren, welche Veränderungen Sie vornehmen möchten, oder welche Verhaltensweisen für Sie wichtig sind.

Probieren Sie Folgendes ...

Notieren Sie eine Woche lang sämtliche Vorfälle mit Ihrem reaktivierten verletzen Kind (RVK). Wie haben Sie reagiert? Wie hätten Sie anders reagieren können? Halten Sie die Informationen in einer Tabelle fest, die etwa folgendermaßen aussieht:

	RVK	Wie habe ich reagiert	Wie hätte ich reagieren können
Sonntag			
Montag			
Dienstag			
Mittwoch			
Donnerstag			
Freitag			
Samstag			
Sonntag			

Gefangen in der Vergangenheit

In dem Musical *Gigi* von Lerner und Loewe, das 1958 uraufgeführt wurde und auf einem Roman von Colette basiert, lebt Gigi mit ihrer Großmutter und wird schließlich von dem gut aussehenden Junggesellen Gaston hofiert. In der Filmversion gibt es eine Szene, in der die Großmutter Gaston Kamillentee serviert. Er fragt: „Wie geht es Ihrer Schwester? Ich habe sie schon lange nicht mehr gesehen." Sie antwortet: „Das wundert mich nicht. Sie verlässt kaum jemals ihr Appartement oder ihre Vergangenheit."

Welch eine Textzeile! Genau das ist das Problem vieler von uns. Wir verlassen kaum jemals unsere Vergangenheit. In dem beschriebenen Fall war das eine herrliche Vergangenheit, in der sie von Königen, Herzögen und Sultanen hofiert worden war. Es spielt aber eigentlich keine Rolle, ob die Vergangenheit toll oder hässlich war, wenn Ihr mentales Zuhause auch heute noch im zwanzigsten Jahrhundert liegt, dann sitzen Sie wahrscheinlich in Ihrer Vergangenheit fest.

Viel häufiger ist aber natürlich die Situation, dass man gelähmt und von den Wunden der Vergangenheit gefesselt bleibt. Manchmal erzeugen diese Wunden eine Art Etikett, ein Selbstverständnis aus dem sich dann häufig eine Art stolze Opferrolle entwickelt. Diese Opfermentalität erzeugt eine neue Sprache der Intimität, die Caroline Myss in ihrem Buch *Anatomy of the Spirit „Wundologie"* nennt. Sie benennt damit „die Offenbarung und den Austausch über unsere Wunden als Gesprächsgrundlage." Das ist die tückische Falle, in die wir alle gerne tappen. Sie beschreibt, dass wir eine Gesellschaft geschaffen haben, in der man die Wunden pflegt und sich somit automatisch mit der schmerzhaften Vergangenheit identifiziert. Weiterhing stellt sie fest: „Weil unsere Gesellschaft es so lange nicht zugelassen hat, dass man sich Zeit dafür nahm, sein Herz zu heilen oder Schmerz anzuerkennen, haben wir dieses Versäumnis heute überkompensiert, indem wir nun versäumen, diesem Heilungsprozess ein Zeitlimit zu setzen."

Um diese Aussage zu verdeutlichen, erzählt sie eine interessante Geschichte: Caroline saß mit zwei Freunden in einem Restaurant und sie tranken Kaffee, während sie auf eine Freundin warteten, die sie dort treffen wollten. Sie schreibt:

> *Als Mary eintraf, stellte ich sie Ian und Tom vor und gleichzeitig kam ein dritter Mann an unseren Tisch und fragte, ob Mary am 8. Juni schon etwas vor habe. Beachten Sie, dass die Frage, die Mary gestellt wurde, lautete: „Bist Du am 8. Juni noch frei?" – eine Frage, die mit einem Ja oder Nein beantwortet werden könnte. Stattdessen antwortete Mary: „Am achten Juni? Hast du achter Juni gesagt? Auf keinen Fall. Jeden anderen Tag, aber nicht am achten Juni. Am achten Juni ist der Workshop für Inzest-Opfer und wir lassen uns nie im Stich. Wir haben uns geschworen, uns zu unterstützen und, komme was da wolle, wir sind füreinander da. Auf keinen Fall an dem Tag. Da musst du dir jemand anderen suchen. Ich werde mein Versprechen gegenüber der Gruppe unter keinen Umständen brechen. Wir haben alle unsere Erfahrungen mit gebrochenen Versprechen und wir haben uns geschworen, uns nicht gegenseitig mit derselben Missachtung zu behandeln."*

Mary kannte die anwesenden Männer nicht einmal, und trotzdem fühlte sie sich sofort dazu gezwungen zu verraten, dass sie ein Inzest-Opfer war. Sie trug ihre emotionale Vergangenheit, ihre Kindheitswunden wie eine Tapferkeitsmedaille. Ist es nicht möglich, dass sie Opfer ihres verletzten inneren Kindes geworden ist?

In unserer Gesellschaft gibt es Menschen, die jedes emotionale Trauma offensiv verarbeiten, sei es nun Inzest, Trauer oder häusliche Gewalt. Sie reden offen darüber und verharren dann, sorgfältig verpackt, in dieser Identität. Manchmal werden diese Menschen in einer Therapie sogar dazu ermutigt, sich in ihrem Schmerz zu ergehen. Ich bestreite natürlich nicht, dass diese Erfahrungen traumatisch waren. Und natürlich ist es wichtig und hilfreich, sich mit ihnen auseinander zu setzen. Aber manche von uns vergessen dabei, dass man heilen und dann weitermachen muss – weitermachen, vielleicht auch mit dem Schmerz.

Das Paradoxe daran ist, dass man lernt, weiterzumachen, obwohl es keinen klaren Abschluss gibt. Betrachten Sie es einmal so: Der Erwachsene in uns trägt schweres Gepäck mit sich herum, aber er verleiht diesem Gepäck auch Flügel, so dass es nicht länger schwer erscheint und ihn hinabzieht.

Mark Epstein M.D. bietet uns noch eine andere Sichtweise dieses Paradoxes. In seinem Buch *Thoughts without a Thinker* gelingt es ihm hervorragend, den Buddhismus zu erklären und in die westliche Psychotherapie zu integrieren. Er beschreibt das Konzept des Lebensrades – die sechs Stadien der Existenz, die wir immer wieder durch Wiedergeburt durchlaufen. Ebstein sagt, dass wir ironischerweise nicht etwa in der traditionellen Vorstellung vom Nirvana Heilung finden, sondern in der tatsächlichen Veränderung unserer Wahrnehmung jedes einzelnen Reichs und seines Wesens. Die Gründe für unser Leiden sind somit gleichzeitig die Mittel, die uns von unserem Leiden befreien.

Ich erwähne dies überhaupt nur deshalb, weil mein Interesse durch das „Reich der hungrigen Geister“ geweckt wurde, was mir wie eine poetische Beschreibung unseres verwundeten inneren Kindes erschien. Epstein schreibt:

> *Die hungrigen Geister sind wohl die lebendigsten aller Bilder im Rad des Lebens. Phantomartige Geschöpfe mit verschrumpelten Gliedmaßen, aufgeblähten Bäuchen und langen, dünnen Hälsen. Die hungrigen Geister stehen in mehrfacher Hinsicht für eine Verschmelzung von Raserei und Verlangen. Gequält durch ungestilltes Verlangen und den unbändigen Wunsch nach Be-*

> *friedigung, die nie gewährt werden kann, suchen die hungrigen Geister nach einer Belohnung für nicht erfüllte Begierden aus der Vergangenheit. Es sind Wesen, die eine schreckliche Leere in sich entdeckt haben und nicht erkennen, dass es unmöglich ist, etwas zu ändern, was bereits geschehen ist. Ihr geistartiger Zustand repräsentiert ihre Bindung zur Vergangenheit.*

Klingt das vertraut? Die Geister sind „besessen von der Vorstellung der völligen Erlösung von den Schmerzen ihrer Vergangenheit und sie wollen einfach nicht wahrhaben, dass ihr Verlangen Phantasie ist ... Die hungrigen Geister müssen Verbindung zu ihren eingebildeten Sehnsüchten aufnehmen." Mit anderen Worten, das verwundete Kind, das vielleicht Ihr Leben bestimmt, muss damit konfrontiert werden, dass es eigentlich ein Geist ist, um sich von seiner eigenen Tyrannei zu befreien.

Dunkelheit und Schatten

Ein Problemkind ist aber noch mehr als ein verwundetes Ich, das unser Leben bestimmt. Halten Sie kurz inne und denken Sie doch einmal einen Moment lang an die Schattenseiten Ihrer Kindheit, an die wirklich unangenehmen Aspekte. Kinder können brutal, gemein, unsicher, impulsiv, ängstlich und emotional labil sein (und all das, ohne jemals ein Trauma erlebt zu haben oder unter einer emotionalen Störung zu leiden). Kinder sind von Natur aus unreif, eifersüchtig, maßlos und abhängig und sie neigen zu Wutanfällen. Dieses Verhalten ist für Kinder, die sich noch in der Entwicklungsphase befinden, normal. Für Erwachsene nicht.

Aber schließlich sind wir menschliche Wesen mit menschlichem Charakter. Ein spezielles Interessengebiet vieler Fachleute auf dem Gebiet der Psychologie nennt sich „Schattenpsychologie". Im Grunde untersucht dieses Spezialgebiet die dunkleren Seiten unseres Charakters, Facetten unseres inneren Problemkindes, die irgendwann zutage treten. Die Grundannahme der Schattenpsychologie ist, dass wir diese unschönen Facetten unseres Charakters zwar verleugnen können, dass es aber für unsere geistige Gesundheit gefährlich wäre, so zu tun, als gäbe es diese Seiten in uns gar nicht. Wir müssen lernen, wie man diese

Tendenzen integriert und verarbeitet und nicht versuchen, sie zu unterdrücken oder zu ignorieren. Wenn wir das nicht tun, werden diese Wesenszüge sich irgendwann gewaltsam äußern und zwar so, dass sie dadurch nicht nur uns, sondern auch unseren Mitmenschen schaden können.

Ich verwende den Ausdruck „dunkle Seite“ wenn ich von den unattraktiven, kindlichen Charakterzügen spreche, die zwar unangenehm, aber doch angemessen waren, als wir noch in der Entwicklungsphase steckten, die aber noch viel unangenehmer sind, wenn wir erwachsen sind (vor allem Narzissmus, Schuldgefühle, Eifersucht, Wut, Neid, Angst und Abhängigkeit). Diese Gefühle sind für einen großen Teil der schmerzhaften Erfahrungen und Missverständnisse verantwortlich, die wir als Erwachsene erleben. Und ich verwende den Ausdruck „Schattenseite“, wenn ich von Charakterzügen spreche, die scheinbar positive Merkmale unseres inneren Kindes sind (zum Beispiel Spaß, Freiheit, Sorglosigkeit und Verspieltheit), die aber dann zum Problem werden, wenn sie extrem ausgeprägt sind. In den folgenden Abschnitten werde ich diese beiden wichtigen Begrifflichkeiten näher erläutern.

Die dunkle Seite

„Ich muss dir ein Geheimnis verraten“ hieß das Thema einer Vormittags-Talkshow. Ich machte gerade eine Schreibpause und wartete darauf, dass mein Teewasser kochte, als ich auf dieses heikle Thema stieß. Ich wusste, dies war für Gäste wie Zuschauer gleichermaßen beschämend – so ist das ja bei vielen Talkshows – aber anstatt den Fernseher auszuschalten, ließ ich ihn laufen und mich in das Netz der Voyeure, in das schon halb Amerika verstrickt war, hineinziehen.

Der Bildschirm war unterteilt, so dass man gleichzeitig zwei Bilder sehen konnte: in der rechten Hälfte sah man eine junge, attraktive Blondine (die tatsächlich in symbolträchtiges Schwarz gekleidet war) und nun schon bald ihr Geheimnis verraten würde, und links saß ihre ahnungslose Zwillingsschwester (sie war ganz in weiß gekleidet – wurde da etwas manipuliert?), die hinter der Bühne in einem Raum wartete. Der Talkmaster sagte gerade: „Und ihre Zwillingsschwester, die hinter der Bühne wartet, hat keine Ahnung, warum sie heute hier ist? Sie hat keine Ahnung, was Sie Ihr hier gleich sagen werden?“

„Stimmt", nickte die Zwillingsschwester, die schon den Tränen nahe war.

„Und welches Geheimnis möchten Sie hier heute verraten?" stachelte der Talkmaster sie an.

„Ich muss ihr sagen, dass ich mit ihrem Mann geschlafen habe", gab sie zur Antwort. Das Publikum schnappte nach Luft, grummelte, einige buhten sie aus.

„Was?" rief ich ungläubig aus. „Ist das real? Ist das nicht die Handlung eines Hollywood-Streifens, den ich gerade gesehen habe? Das sollte ich mir nicht ansehen. Das ist peinlich. Das ist ekelhaft." Aber ich habe weitergeguckt. Die Wahrheit ist manchmal merkwürdiger und schlimmer als die Fiktion.

Und dann kam die unschuldige Zwillingsschwester heraus. Sie lächelte schüchtern, unsicher darüber, warum sie anwesend war. Ich zuckte zusammen, als der andere Zwilling seine Rede eröffnete mit den Worten „Du weißt, ich würde nie etwas tun, was dir wehtun würde" („außer, dich mit deinem Mann zu betrügen und dir das vor Millionen von Menschen ins Gesicht zu sagen", dachte ich bei mir.) Die Kameras zoomten auf das Gesicht des ahnungslosen Zwillings, während die Bombe platzte, und nahmen jede Träne dieses traumatischen Erlebnisses auf. Die Ehebrecherin fuhr fort: „Es war nur Sex; es bedeutete nichts; du weißt doch, dass er dich liebt."

Das war genug. Der Kessel auf dem Herd pfiff. Die Schwester verschwand schluchzend von der Bühne. Dieses exhibitionistische Spiel wollte sie nicht spielen. Angewidert stellte ich den Fernseher ab. Wo ist unsere Gesellschaft nur hingekommen?

Diese Fernsehsendung erinnerte mich an einige der häufigsten Möglichkeiten, wie die dunkle Seite eines inneren Kindes Amok laufen kann: Die ehebrecherische Schwester zeigte ihr inneres Kind, das egoistisch, unreif und gnadenlos brutal war. Sie betrog nicht nur ihre Schwester, sondern auch sich selbst. Die Tatsache, dass die amerikanische Bevölkerung – ich selbst eingeschlossen – dasaß und sich dieses kindische Verhalten ansah, spiegelt unsere gemeinsame Leidenschaft wieder, nämlich unser voyeuristisches, egozentrisches und schlechtes Verhalten. Wir alle haben unsere dunklen Seiten.

Es ist wichtig, diese dunklen Charakterzüge zu kennen, da sie ein natürlicher Bestandteil unseres Ichs sind. Allerdings lernt der innere Erwachsene, wie man diese Neigungen in den Griff bekommt. Er erkennt sie als das, was sie sind, versteht den kindlichen Ursprung und lernt, diese zügellose Macht zu kontrollieren, indem er bessere und sicherere Möglichkeiten findet, sie zu kanalisieren.

Du, wunderbares du

Wenn man ein Kind ist, dann dreht sich die ganze Welt um einen. Man denkt nur an seine eigenen Bedürfnisse und daran, wie man sie befriedigen kann – und das möglichst schnell. Man ist das Zentrum des Universums. Als ich ein Kind war, hat meine Schwester mich häufig geneckt. Mit verächtlicher, beleidigender Stimme rief sie: „Du denkst, du bist die Königin der Welt." Genau, ich war die Königin der Welt und – wie viele Kinder – überaus egoistisch.

Wenn wir an Narzissmus denken, denken wir meistens an Eitelkeit oder übertriebene Eigenliebe. Aber aus fachlicher Sicht zeigt sich diese Anomalie in Selbstvergessenheit, Ich-Zentriertheit und einem fehlenden Mitgefühl für andere. Eine alte Legende warnt vor den Gefahren des Narzissmus:

Es war einmal vor vielen Jahren, da lief ein Hund in ein Haus voller Spiegel. Wo immer er auch hinsah, sah er sich selbst – einen Hund. Die vielen Hundegesichter machten ihn nervös und ängstlich. Er fletschte die Zähne. Er bellte. Und plötzlich fletschten alle Hunde die Zähne und bellten. Er merkte nicht, dass das Bellen sein eigenes war, das von allen Seiten widerhallte. Er sah nur gesträubtes Fell und gefletschte Zähne. Er hörte von allen Seiten Knurren. Also begann er zu laufen – und die anderen Hunde um ihn herum begannen ebenfalls zu laufen. Er lief schneller und schneller, immer im Kreis, um die anderen Hunde abzuschütteln. Aber er konnte ihnen nicht entkommen. Am Ende war er völlig erschöpft und brach tot zusammen – verfolgt von niemand anderem als sich selbst.

Es kann manchmal gefährlich sein, so isoliert in dem Spiegelhaus mit sich selbst eingeschlossen zu sein. Wenn man sich nur auf sich selbst konzentriert, führt das paradoxerweise dazu, dass man sich gleichzeitig leer fühlt. Und wenn man sich leer fühlt, strebt man danach, diese Leere zu füllen. Das ist ein Teufelskreis.

Diesen Teufelskreis kennen wir, die wir ständig auf der Suche nach dem Glück sind, nur zu gut. Man könnte sagen, dass unsere Gesellschaft in gewissem Maße die dunkle Seite unseres inneren Kindes fördert. Wir wollen immer die ersten sein und denken mehr an unsere eigenen Probleme als an die unserer Nachbarn. Vergessen sind alle goldenen Regeln.

Wir konzentrieren uns auf unsere Macht, unseren Erfolg, unsere Errungenschaften. Wie kleine Kinder, die sich aus dem Einkaufswagen lehnen und auf jede Süßigkeit zeigen, rufen wir: „Ich will dies" und „Ich will das". Und dem entsprechend leben wir weit über unsere Verhältnisse und strapazieren unsere Kreditkarten.

Und wie kleine Kinder hämmern wir mit Messer und Gabel auf den Tisch und wollen, was wir wollen, wann wir es wollen ... und zwar jetzt. Und deshalb gibt es Fast Food, fertige Rohkostsalate, Reinigungsservice innerhalb einer Stunde, E-Mail mit Standleitung. Wir wollen nicht warten.

Der Narzissmus unserer Gesellschaft führt dazu, dass wir nur an uns selbst denken und danach streben, jedes unserer Bedürfnisse sofort zu erfüllen. Leider führt diese impulsive, egozentrische dunkle Seite unseres inneren Kindes dazu, dass wir uns unglaublich leer fühlen.

> Die Reaktion unseres inneren Erwachsenen auf Narzissmus ist Selbstlosigkeit.

Anspruchsdenken

Weil die dunkle Seite unseres inneren Kindes uns dazu drängt, ichbezogen und materialistisch zu sein, sind wir mit unserem Narzissmus der Meinung, man würde uns etwas schulden. Wir meinen, wir hätten einen Anspruch auf etwas. Anstatt das Leben und die schönen Dinge als ein Geschenk zu sehen, kommen wir zu dem Schluss, dass wir einen Anspruch auf die schönen Dinge haben. Und wenn wir sie nicht bekommen, dann machen wir jemand anderen dafür verantwortlich.

Das Ganze führt zu einer Opfermentalität, die zur Streitsucht unserer Gesellschaft beiträgt. Wenn etwas schief geht, trägt jemand anders die Schuld dafür, und wir werden diese Person finden und zur Rechenschaft ziehen (als würden Gerichtsverfahren etwas ändern). Für frustrierte Kinder scheint Vergeltung das einzig Richtige zu sein. Anstatt andere als Mitreisende unseres Lebens zu betrachten – als unsere Freunde – sehen wir die anderen durch ein Prisma aus Anspruch und Schuld und somit als unsere Feinde.

Einen kleinen Trend auf dem Büchermarkt bildeten vor einiger Zeit liebeskranke Frauen, die auf ihre Liebhaber losgingen, indem sie bissige und schonungslose Memoiren schrieben. Stellen Sie sich ein Buch von Anita Liberty vor, das den Titel *Wie Sie den Schmerz durch Hass lindern* trägt. Okay, der Titel soll lustig sein. Aber ich war schon immer der Meinung, dass in jedem Witz auch ein Funke Wahrheit steckt. Aber selbst im Spaß schadet diese Einstellung meiner Meinung nach nur. Solche Bücher speien Gift und Galle und äußern totale Herablassung, denn die Autorinnen hatten, natürlich auf gar keinen Fall, am Scheitern der Beziehung auch nur den geringsten Anteil.

Denken Sie daran: eine bestimmte Energie zieht ähnliche Energie an – das ist ein physikalisches Gesetz. Wenn man also ständig andere beschuldigt und den Beleidigten spielt, dann führt das dazu, dass man genau diese negative Energie in sein eigenes Leben zieht. Und wenn man umgekehrt positive, liebevolle Energie versprüht, dann bekommt man dasselbe zurück.

> Die Reaktion unseres inneren Erwachsenen auf Ansprüche und Schuldzuweisungen sind Vergebung und Liebe.

Neid

Neid ist eine heimtückische Emotion, die darauf basiert, jemand anderem sein Glück zu missgönnen oder Feindseligkeit zu verspüren, während man die Charaktereigenschaften, den Besitz oder die Leistungen eines anderen eigentlich bewundert. Neid bedeutet, jemanden mit uns selbst zu vergleichen und sich zu wünschen, eben das, was der andere besitzt oder ist, selbst zu besitzen oder zu sein.

Neid ist die innere Dunkelheit, der die Verlierer-Verlierer-Mentalität zugrunde liegt, die in unserer Gesellschaft grassiert. Frauenzeitschriften sind dafür bekannt, dass sie diese lächerliche „Catfight"-Mentalität unter Frauen unterstützen. Auf den Titelblättern solcher Zeitschriften lesen wir „Sie sieht toll aus. Sie ist intelligent. Wir hassen sie!“ Diese Einstellung basiert auf einem Mythos des Mangels, der besagt, dass Dinge im Leben begrenzt sind und der Erfolg eines Menschen mir einen Teil meines möglichen Erfolges nimmt, was schließlich dazu führt, dass ich nur scheitern kann. Natürlich ist diese Vorstellung von Knappheit ein Mythos.

Vielleicht ist es eine genetische Veranlagung, die dazu führt, dass man den Segen eines anderen als sein eigenes Verderben betrachtet, so eine Art härtere Version von „der Stärkere überlebt“. Aber die Reaktion unseres inneren Erwachsenen auf diese Einstellung sollte eine Win-Win-Philosophie sein. Denken Sie: „Du hast Glück und ich freue mich für dich. Ich bin reich und du bist es auch.“ In seinem Buch *So leben Sie – Die sieben Wege zur Effektivität* gibt Stephen Covey eine hervorragende Erklärung für Win-Win-Lösungen: „Win/Win basiert auf der Annahme, dass es genug für jeden gibt und dass der Erfolg eines Menschen nicht zu Lasten eines anderen geht beziehungsweise verhindert, dass dieser andere Mensch ebenfalls Erfolg haben kann.“

Der dunklen Seite unseres inneren Kindes fällt es schwer, das zu glauben. Das innere Kind ist von Natur aus unsicher und fühlt sich bedroht, weil es Angst vor potenziellem Verlust hat.

> Die Reaktion unseres inneren Erwachsenen auf Neid ist Reife und Liebe.

> ***Versuchen Sie einmal Folgendes ...***
>
> Unser Problemkind liebt es, sich mit anderen zu vergleichen. Meistens ist es dabei unsicher und führt nicht unbedingt Gutes im Schilde. Denken Sie nur an die böse Königin in *Schneewittchen*, die fragt: „Spieglein, Spieglein an der Wand, wer ist die Schönste im ganzen Land?“ Und als sie hört, dass Schneewittchen die Schönste ist, schmiedet sie ihren Mordplan. Aber Neid, Missgunst und Hass sind negative Emotionen, die unser eigenes

System vergiften. Eine Freundin von mir ließ sich die Tarotkarten legen, nachdem sie sich von ihrem Freund getrennt hatte. Die „Wahrsagerin“ schlug vor: „Ich kann Ihnen eine tolle Rachestrategie entwerfen.“ Meine Freundin, die wusste, dass eine bestimmte Art von Energie wiederum eine ähnliche Energie anzog, lehnte dankend ab.

Mit anderen Worten: wenn man also negative und hassgeladene Energie aussendet, zieht man nur genau das wieder in sein eigenes Leben. Verströmt man jedoch liebevolle, positive Energie, so bekommt man diese zehnfach vergolten.

Also vergessen Sie Neid und Eifersucht.

Füllen Sie die folgende Tabelle aus: Notieren Sie wieder, wie schon im vorigen Kapitel, eine Woche lang ihre Reaktionen und Gefühle. Notieren Sie, wenn Sie der Neid wieder einmal überkommt. Und am Ende der Woche schreiben Sie auf, wen Sie beneiden. Und dann prüfen Sie Ihre Liste dahingehend, ob sich ein Trend erkennen lässt.

Auf wen sind Sie neidisch?	Warum sind Sie neidisch?	Was können Sie tun, um dasselbe zu erreichen? Und/oder Welche anderen Dinge haben oder können Sie, auf die Sie sich konzentrieren können?

Wie können Sie die jeweilige Person unterstützen bzw. sich über deren Glück/Erfolg freuen?

Eifersucht

Das alte, grünäugige Ungeheuer. Eifersucht ist die böse Schwester des Neids. Sie basiert auf Beziehungen und tatsächlichem oder eingebildetem Verlust. Kinder sind von Natur aus eifersüchtig aufeinander und deshalb häufig launisch.

Welches Kind hat sich nicht schon einmal von seinem Bruder oder seiner Schwester durch das bedroht gefühlt, was er/sie konnte, hatte, durfte oder wie viel mehr er oder sie von Mami geliebt wurde? So sind Kinder nun einmal. Wenn ich ein wenig Zeit zu Hause alleine mit meiner Tochter verbringe, ist es ganz normal, dass mein Sohn auch Zeit alleine mit mir verbringen möchte. Da kann es passieren, dass er sich auf den Boden wirft und schreit, bis ich ihm etwas Gleichwertiges wie seiner Schwester verspreche.

Eifersucht bei Erwachsenen hat jedoch leider nie etwas Gutes. Sie kann sogar tödlich enden. Eine meiner Klientinnen war die beste Freundin und Mitbewohnerin einer Frau mit einem gestörten inneren Kind. Meine Klientin Brenda und ihre Freundin Trish, beide attraktive Frauen Anfang dreißig, waren schon seit der Schule die besten Freundinnen. Beide waren offen, klug und beliebt. Trish begann mit einem Mann auszugehen, den keiner so richtig zu mögen schien. Sie zog bei ihm ein und verkündete allen, wie glücklich sie seien. Da Brenda Trishs neuen Freund nicht mochte, schlief ihre Freundschaft naturgemäß ein bisschen ein.

Es zeigte sich, dass Trishs Freund Erik nicht nur unreif, sondern auch verantwortungslos war. Er hatte finanzielle Probleme. In keinem Job hielt er es lange aus (noch mehr innere Problemkinder). Wegen seiner Eifersucht und weil er so Besitz ergreifend war, hielt er Trish davon ab, ihre alten Freunde zu sehen. Es stellte sich heraus, dass er sie missbrauchte und so manipulierte, dass sie glaubte, von ihm abhängig zu sein.

Im Laufe der Zeit erkannte Trish das Netz von Täuschung und Gefahr, in dem sie gefangen war, trennte sich von Erik und zog aus. Sie nahm die Freundschaft zu Brenda wieder auf und zog bei ihr ein. Aber Erik ließ sich nicht so leicht abweisen. Er verfolgte sie. Er bedrohte sie. Trish ihrerseits, erwirkte eine einstweilige Verfügung gegen ihn.

Dann eines Nachts kamen Brenda und Trish von einem Restaurantbesuch nach Hause. Sie hatten vor, noch ein bisschen fernzusehen und dann früh ins Bett zu gehen. Trish ging nach oben, um sich umzuziehen. Sie schrie. Man hörte einen Schuss. Brenda lief hinaus, um Hilfe zu holen. Als sie mit der Polizei zurückkehrte, hatte Erik nicht nur sich, sondern auch Trish das Leben genommen.

Viele extreme Beispiele von häuslicher Gewalt und Missbrauch lassen sich auf kindliche Emotionen zurückführen, die zur Gefahr geworden sind. Ungeduld und Eifersucht: Das sind die dunklen Seiten, die tiefsten Abgründe eines inneren Kindes.

> Die Reaktion unseres inneren Erwachsenen auf Eifersucht ist Liebe.

Blinde Wut

Man beobachtet sie auf der Autobahn; man beobachtet sie in Warteschlangen; man beobachtet sie in Kinofilmen; man beobachtet sie in Flugzeugen; man beobachtet sie in Schlägereien auf Spielplätzen: blinde Wut. Die Menschen sind böse, frustriert, sie bekommen Wutanfälle, sie werden gewalttätig. Und wenn sie Waffen besitzen, kann ihre Wut sogar tödlich enden. Wenn Kinder Wutanfälle haben, geraten sie völlig außer Kontrolle. Die Wut eines Erwachsenen kann aber ebenso reaktiv, spontan und unkontrolliert sein, wie die eines Kindes. Die Wut eines Erwachsenen kann aber auch zielgerichteter, berechnender sein. Sie brennt möglicherweise wie ein inneres Feuer, das im Innern glimmt und Energie liefert für ein ganzes Leben voller Hass.

Am 19. August 1997 wurde der idyllische nördliche Teil von New Hampshire von einem Akt unaussprechlicher Gewalt erschüttert. Ein aufgebrachter Einzeltäter reagierte sich ab, indem er vier bekannte Mitglieder der Gemeinde Colebrook erschoss. Es stellte sich heraus, dass er Ärger über eine ungerechte Behandlung empfand und daher tiefen Groll hegte. Er sammelte Waffen und pflegte seine innere Wut, indem er das Feuer in sich immer wieder entfachte. Und dann verwirklichte er seinen Plan, indem er systematisch jeden umbrachte, der sich dem

Pfad seiner Wut in den Weg stellte. Er ermordete zwei Staatspolizisten, einen Richter und den Herausgeber der Lokalzeitung. Colebrook war vor Entsetzen wie gelähmt.

Auch das restliche Amerika war schockiert, ebenso schockiert wir nach dem Bombenattentat in Oklahoma City, der Schießerei in der Columbine High School und anderen nationalen Katastrophen, die aus Wut entstanden. Ungezügelte Wut ist bei Kindern vielleicht verständlich, aber bei Erwachsenen ist sie, ob kontrolliert oder unkontrolliert, nichts als eine destruktive Macht.

> Die Reaktion unseres inneren Erwachsenen auf Wut (und die dahinter steckende existenzielle Angst) ist Spiritualität und Liebe.

Angst

Manchmal ist Wut eine Verteidigungsreaktion auf Angst. Bei Kindern ist es normal, dass sie Angst haben – Angst vor der Dunkelheit, Angst vor dem Schwimmen, Angst vor Käfern, Angst vor Monstern. Aber was passiert mit Erwachsenen, die Ängste haben? Vielleicht haben wir keine Angst mehr vor Monstern an sich, aber stattdessen haben wir Angst davor, eine Rede zu halten, vor dem Fliegen, davor, auf der Autobahn zu fahren, vor dem Zahnarzt, davor, Verpflichtungen einzugehen, davor, jemanden zu verlieren, den wir lieben, oder davor, zu sterben. Und manchmal passiert es, dass wir, anstatt unsere Angst in den Griff zu bekommen, eine Phobie entwickeln und dann wie besessen oder vor Angst gelähmt sind.

Ich hatte einmal eine Klientin, die schreckliche Angst vor dem Fahrstuhlfahren hatte. Wenn sie einen Fahrstuhl benutzte, bekam sie Platzangst, hatte Atembeschwerden und bekam echte Panikattacken. Sie mied Fahrstühle und musste deshalb manchmal -zig Stockwerke die Treppe hinaufgehen.

Wir arbeiteten beim Kampf gegen diese Angst mit Entspannungstechniken und Visualisierungen. Wir erörterten den physiologischen Ursprung von Angst und Panik und ich erklärte ihr, wie man mit bestimmten Techniken seinen Adrenalinspiegel regulieren konnte, um sich zu entspannen. Schließlich war sie soweit, dass sie es ertragen konnte in einem Fahrstuhl zu fahren, wenn eine Freundin dabei war, die ihre Hand hielt. Aber trotzdem beschränkte sie sich meistens darauf, die Treppen zu nehmen.

Immer, wenn wir die Angst gewinnen lassen, wenn wir die Tätigkeiten vermeiden, vor denen wir uns so fürchten, hat das Monster gewonnen und der Erwachsene verloren.

> Die Reaktion unseres inneren Erwachsenen auf Angst ist Reife und Mut.

Abhängigkeit

Angst ist Teil der kindlichen Anlagen, weil so vieles in der Welt so groß, unbekannt und nicht zu bewältigen ist. Die erwachsene Seite in uns lernt die Umwelt jedoch kennen und versteht, welche Macht wir selbst haben, welche Fähigkeiten und Grenzen. Der Erwachsene in uns erkennt sowohl seine Selbstständigkeit als auch seine Abhängigkeit.

Das Kindheits-Ich ist jedoch völlig von seinen Beschützern abhängig. Im Gegensatz zu einigen Jungtieren in der Tierwelt, die schon wenige Tage oder Wochen nach der Geburt gehen oder fliegen und sich schon nach wenigen Monaten selbst ernähren können, ist das Menschenkind völlig von denen abhängig, die es aufziehen. Über Jahre hinweg lautet das Ziel des Erwachsenwerdens, immer unabhängiger zu werden. Und schließlich, wenn man seine Unabhängigkeit erreicht hat (meistens als junger Erwachsener), ist das Ziel, in einer gesunden Ehe oder Partnerschaft in eine Interdependenz zu treten. Aber der Weg dorthin ist wirklich beschwerlich und individuell verschieden.

Kinder sind in vielerlei Hinsicht abhängig und haben im Leben wenig Möglichkeiten, selbst zu entscheiden. Das kann dazu führen, dass manche Kinder angesichts dieser Einschränkungen unglaublich frustriert sind. Ich kann mich noch daran erinnern, dass ich unglaublich wütend darüber war, dass ich nicht selbstständig bestimmen konnte, was ich aß – meine Mutter zwang mich beispielsweise dazu, Kürbis zu essen. Sie stellte einen Wecker und wenn ich den Kürbis nicht bis zum Klingeln aufgegessen hatte, wurde ich für den Rest des Abends auf mein Zimmer geschickt. Noch heute kann ich keinen Kürbis essen! Ich erinnere mich noch an das Gefühl völliger Machtlosigkeit und der Abhängigkeit von der Gnade all der Erwachsenen um mich herum. Ich weiß noch, wie schrecklich ich es fand, die Welt um mich herum nicht beeinflussen zu können, zum Beispiel als meine Eltern sich scheiden ließen als ich zwölf war – schreckliche, lebensverändernde Dinge passierten ohne meine Zustimmung.

Zweifellos bedeutet es einen ziemlichen Kampf, ein gesundes Selbstbewusstsein zu entwickeln, und der Weg zur Autonomie ist gespickt mit Umwegen und Hindernissen. Aber manche Erwachsene haben sich offenbar gar nicht erst auf den Weg gemacht. Sie bleiben völlig von ihren Mitmenschen abhängig. Sie übertragen die absolute Autorität über sich selbst auf die Menschen um sie herum, manchmal geben sie anderen sogar den Schlüssel zu ihren Gefühlen.

Das *Handbuch für Diagnostik und Statistik* der Psychiatrischen Vereinigung Amerikas (auch als DSM-IV bekannt), liefert Kriterien, nach denen man mentale Störungen diagnostizieren kann. Es definiert Abhängigkeitsstörung (DPD von „dependent personality disorder“) als „das absolute und exzessive Bedürfnis danach, dass jemand sich um den Betroffenen kümmert, was dazu führt, dass diese Person sich unterwirft, klammert und Trennungsängste entwickelt. Das beginnt schon im jungen Erwachsenenalter und zeigt sich in unterschiedlicher Form.“ Und dann werden acht Bedingungen aufgezählt, von denen mindestens fünf zutreffen müssen, um bei jemandem eine Abhängigkeitsstörung zu diagnostizieren. Dazu gehört zum Beispiel „braucht andere, die die Verantwortung für die meisten wichtigen Lebensbereiche übernehmen“ und „hat Schwierigkeiten, im Alltag Entscheidungen zu treffen, ohne sich vorher übermäßig viel Rat und Bestätigung von anderen geholt zu haben.“ Hört sich an, als würden wir von einem Kind sprechen, nicht wahr? Bei einem Kind ist es normal, dass es abhängig ist, sich aber im Rahmen seiner natürlichen Entwicklung immer mehr zur Unabhängigkeit hin entwickelt. Bei einem Erwachsenen ist es problematisch, wenn er seine Macht weggibt.

> Die Reaktion unseres inneren Erwachsenen auf Abhängigkeit ist Verantwortungsbewusstsein.

Verborgene Kräfte

Die dunklen Seiten unseres inneren Kindes üben unter Umständen großen Einfluss auf uns aus, ohne dass wir uns dessen bewusst sind. Jennifer, eine Frau Ende vierzig, bekam von einem Berater, der in ihrer Firma dafür zuständig war, Mitarbeiter zu unterstützen, den Rat, sie sollte doch einmal darüber nachdenken, Antidepressiva zu nehmen. Jennifer hatte schon an einer Selbsthilfegruppe zur Behauptung ihres inneren Erwachsenen teilgenommen und wollte sich jetzt von mir eine zweite Meinung einholen.

In den vergangenen Monaten hatte sie sich beruflich sehr gestresst gefühlt, war überfordert und depressiv, und zwar so sehr, dass sie darüber nachdachte, den Job (den sie schon seit sechs Jahren hatte), aufzugeben. Ihre Depression schien nichts mit der Welt außerhalb ihres beruflichen Alltags zu tun zu haben. Sie war mit ihrem Leben und ihrer Ehe eigentlich zufrieden. Ich war schon dabei, die Schlussfolgerung zu ziehen, dass Medikamente in dieser Situation nicht die richtige Lösung waren.

Ich fragte: „Hat sich in den letzten Monaten an Ihrem Arbeitsplatz etwas geändert, was dazu geführt hat, dass Ihr Job stressiger war?"

Jennifer antwortete: „Ja schon, wir bekommen gerade ein neues Computersystem und da müssen wir viele Schulungen mitmachen. Aufgrund des neuen Computersystems müssen wir auch das Ablage- und Rechnungssystem ändern, was dazu führt, dass ich mich ganz alleine noch einmal in die Akten einarbeiten und einen ganz neuen Ablauf lernen muss."

Je mehr Jennifer von dem neuen System und all den Schulungen und dem Lernaufwand sprach, desto mehr hörte sie sich wie eine ängstliche Schülerin an. Ich bat sie, mir von ihren Erfahrungen in der Schule zu berichten, von damals als sie noch klein war. Daraufhin ergoss sich ein Schwall von Erinnerungen an ihre Furcht einflößenden Erlebnisse in der katholischen Schule, die sie besucht hatte, über mich.

„Ich hatte immer schreckliche Bauchschmerzen, wenn ich zur Schule musste. Die Nonnen haben mich zu Tode geängstigt. Sie erzählten mir, ich sei dumm und schlugen mir mit dem Lineal auf die Hände. Ich war eine völlig mittelmäßige Schülerin, hauptsächlich deswegen, weil ich solche Angst hatte, dass ich völlig blockiert war und gar nicht richtig lernen konnte. Die meiste Zeit damals war ich völlig verängstigt. Ich hatte jedes Mal schreckliche Angst davor, zur Arbeit zu gehen – ich meine zur Schule."

„Moment mal", unterbrach ich sie. „Haben Sie gehört, was Sie gerade gesagt haben? Sie sagten, Sie hätten schreckliche Angst davor, zur Arbeit zu gehen."

„Ich meinte zur Schule", wiederholte sie.

„Ist es nicht möglich", beharrte ich, „dass Ihr Versprecher etwas zu bedeuten hat? Vielleicht löst dieses ganze Neue an Ihrem Arbeitsplatz wieder die alte Angst aus der Schulzeit aus? Die Angst vor der eigenen Unzulänglichkeit aus Ihrer Kindheit führt vielleicht dazu, dass Sie sich jetzt in Ihrem Job überlastet fühlen, was wiederum die Ursache für Ihre Depressionen ist. Ihr verängstigtes inneres Kind steht Ihnen im Weg."

Dingdong. Ihre Kinnlade fiel fast bis zum Boden. Sie war sich dessen wirklich überhaupt nicht bewusst gewesen, dass sie tatsächlich Angst vor der Arbeit hatte – so, wie sie damals als Kind Angst vor der Schule gehabt hatte. In diesem Fall war ich mit Dr. Freud einer Meinung: ihr Versprecher war ein bedeutsamer Einblick in ihr Unterbewusstsein. Und als sie diese Tatsache bewusst erkannte, wusste sie, dass sie ihr Erwachsenen-Ich beanspruchen musste.

Jennifer hatte bereits das Vier-Säulen-Programm mitgemacht und so sprachen wir jetzt darüber, wie sie einige dieser Techniken dazu nutzen konnte, mir ihrer aktuellen Situation fertig zu werden. Und als sie feststellte, dass ihr inneres Kind wieder unter Kontrolle war, konnte sie ihm bewusst seine Macht entziehen. Indem sie sich von den Schranken ihrer Vergangenheit befreite, hatte sie auch die Freiheit, eine neue Beziehung mit ihrer Gegenwart einzugehen.

Universalität

Egal, wie sehr wir erwachsen werden und uns entwickeln, es gibt immer bestimmte dunkle Seiten unseres inneren Kindes, mit denen wir uns auseinandersetzen müssen – sichtbare und unsichtbare, bewusste und unbewusste. Dunkle Seiten sind nun einmal Teil der menschlichen Natur. In meinen Selbsthilfegruppen zur Unterstützung des Erwachsenen in uns, bitte ich die Teilnehmer, auf eine Karteikarte drei Eigenschaften ihres inneren Problemkindes zu notieren, die sie im Leben behindern und bei der Erfüllung ihrer Aufgaben beeinträchtigen. Dann werden diese Karteikarten still in der Runde weitergereicht. Diese Übung, die wir stille Zeugen nennen, macht deutlich, dass wir alle gegen dieselben Dämonen kämpfen. Angst, Unsicherheit und Wut stehen bei den meisten Menschen ganz oben auf der Liste. Den Erwachsenen in sich zu fordern heißt nicht, diese dunklen Seiten auszurotten, sondern nur zu verhindern, dass sie uns beherrschen.

Außerdem geht es darum, unsere Beziehung zu diesen dunklen Seiten zu verändern, so dass wir sie nicht mehr als beängstigende Teile unserer selbst betrachten, sondern nur noch als Bestandteile unserer Persönlichkeit. Nachdem wir dann die Karten herumgereicht haben, führen wir eine rituelle Transformation durch. Auf der Rückseite jeder Karte ist der Teil eines Bildes zu sehen. Indem wir die Karten umdrehen und zusammenlegen, können wir das Bild einer blühenden Blume zusammenfügen. Sehr bildhaft wird aus den Karten mit der dunklen Seite, wenn man sie umdreht, ein wunderschönes Bild. In diesem Ritual zünden wir außerdem noch eine Kerze an und rufen uns symbolisch jene Geister der Vergangenheit in Erinnerung und akzeptieren gleichzeitig die Möglichkeit der Transformation. So setzen wir die negative Energie aus unseren Wunden frei.

Versuchen Sie einmal Folgendes ...

Schreiben Sie drei Eigenschaften Ihres inneren Problemkindes, die Sie im Leben behindern, jeweils auf eine Karteikarte. Hängen Sie diese Karten irgendwo auf, wo Sie sie eine Woche lang sehen können, zum Beispiel an der Kühlschranktür. Wie empfinden Sie die Macht, die diese Eigenschaften über Ihr Leben haben?

Schatten

Wir haben uns jetzt die dunklen Seiten unseres inneren Kindes angesehen – die Eigenschaften, die schon damals unangenehm waren und die heute genauso, wenn nicht sogar noch größeren schlechten Einfluss auf Sie haben. Wir haben uns mit Narzissmus, Anspruchsdenken, Neid, Eifersucht, Wutanfällen, Angst und Abhängigkeit auseinandergesetzt. Aber da gibt es noch eine andere Sorte von Charaktereigenschaften, die zunächst ganz positiv erscheinen, sich später aber als negativ entpuppen. Ich nenne diese Charaktereigenschaften Schatten. Wenn sie unter Kontrolle sind, sind diese Eigenschaften unserer inneren Kinder etwas Wunderbares. Aber wenn sie sich von ihrer extremen Seite zeigen, zeigen sie ihre Schattenseite, eine Erscheinungsform, die zu Problemen führen kann. So sind umsorgte und begeisterungsfähige innere Kinder im Extremfall verzärtelt und egoistisch. Ein freiheitsliebendes inneres Kind kann sich in einen verantwortungslosen und rücksichtslosen Erwachsenen verwandeln.

Dasselbe gilt auch für die Grundtheorie der Partnertherapie. Die Eigenschaften, die uns am Anfang am meisten anziehen, sind später diejenigen, die wir am meisten verabscheuen. Seine „Wildheit" ist jetzt „Unreife". Ihre „Leidenschaft" wird zu „Launenhaftigkeit". Was einmal attraktiv erschien, wendet sich jetzt in eine Schattenseite, die uns nicht mehr attraktiv erscheint.

Freiheit

Obwohl sich Kinder mit zunehmendem Alter ihrer Verantwortung bewusster werden, ist eine echte Kindheit zum großen Teil davon geprägt, dass sie frei von den Sorgen und Verpflichtungen des Erwachsenenlebens ist. Kinder verlieren Dinge. Kinder vergessen Dinge. Kinder führen keine Terminkalender, brauchen keine Rechnungen zu bezahlen oder sich um die Haushaltsführung zu kümmern. Sie brauchen keine Großeinkäufe zu erledigen und nicht die Miete oder Darlehenszinsen zu zahlen. Und das sollen sie auch nicht, nicht wahr? Es sind Kinder.

Ironischerweise sind viele Kinder der Meinung, Erwachsene seien frei. Schließlich dürfen Erwachsene lange ausgehen, spät ins Bett gehen, essen, was sie wollen, bestimmen, wie sie ihre Zeit einteilen und so weiter. Natürlich haben Erwachsene viele Freiheiten, aber sie müssen sie auch durch Verantwortungsbewusstsein und Reife zügeln.

Stellen Sie sich einen Erwachsenen vor, der für immer „frei“ sein möchte, der meint, er würde immer „davonkommen“, der Probleme damit hat, im Alltag Verantwortung zu übernehmen. Plötzlich ist das gar nicht mehr so „süß“ und passt überhaupt nicht zu seinem Alter. Freiheit gibt es nur zum Preis des Verantwortungsbewusstseins, so wie „Sorglosigkeit“ ebenfalls ihre Grenzen haben muss.

Dr. Viktor Frankl, ein österreichischer Psychiater und Autor von *Der Mensch vor der Frage nach dem Sinn,* pflegte zu sagen, dass die Freiheitsstatue an der Ostküste durch eine „Statue des Verantwortungsbewusstseins“ an der Westküste ergänzt werden sollte. Ich könnte es nicht besser sagen.

> Die Reaktion unseres inneren Erwachsenen auf die Sehnsucht nach Freiheit ist Verantwortungsbewusstsein.

Spaß

Viele Erwachsene erinnern sich an ihre Kindheit als die Zeit, in der sie viel Spaß hatten – Nachmittage auf der Schaukel, faule Sommertage, stundenlanges, unstrukturiertes Spielen. Erwachsene möchten diesen Sinn für Spaß nicht verlieren. Und das sollen sie auch nicht, solange er durch die sensiblen Eigenschaften des Erwachsenen ausgeglichen wird. Ein Problem entsteht nur dann, wenn der Sinn für Spaß, den unser inneres Kind hat, exzessiv wird und sich in einen Schatten verwandelt.

Ich habe eine Freundin von Ende dreißig, die nie verheiratet war – vor allem deshalb, weil sie sich immer wieder Männer aussucht, bei denen die Schattenseiten ihrer inneren Kinder die Oberhand haben. Immer wenn sie einen verantwortungsbewussten, ordentlichen, reifen Erwachsenen trifft, ergreift sie die Flucht, weil sie denkt, er sei langweilig und fade. Stattdessen sucht sie sich Männer aus, die wild und verrückt sind. Okay, diese Männer haben eine enge Verbindung zu ihrem inneren Kind. Sie sind frei und haben Spaß. Sie suchen den Nervenkitzel. Aber lassen sie sich nieder? Können sie ihren Lebensunterhalt verdienen?

Bieten sie Sicherheit und Stabilität? Gehen sie Verpflichtungen ein? Nein, denn ihre Schatteneigenschaften überwiegen, so dass sie – zumindest emotional – ewig jung bleiben. Spaß in diesem Ausmaß ist kein Spaß mehr.

> Die Reaktion unseres inneren Erwachsenen auf Spaß ist Reife.

Ewige Jugend

Eine idealisierte Kindheit besteht aus lauter Sandburgen, Eistüten und Hüpfspielen. In Wirklichkeit gehören zur Kindheit aber auch die dunklen Seiten der Verletzlichkeit, über die wir bereits gesprochen haben. Man sollte meinen, dass wir hoch erfreut wären, endlich erwachsen zu werden, glücklich, diese schrecklichen Phasen hinter uns zu lassen. Aber das ist häufig nicht der Fall. Wir klammern uns an die Illusion, dass Jugend ein wertvoller Schatz ist. M. Scott Peck schreibt in seinem Buch *Weiter auf dem wunderbaren Weg*:

> *Die Menschen, die schon in früher Kindheit aufgehört haben zu lernen und früh erwachsen und sesshaft werden mussten, verfallen häufig später in etwas, das man eine „zweite Kindheit" nennt. Sie jammern herum, werden fordernd und egoistisch. Aber das liegt nicht daran, dass sie ihre zweite Kindheit erleben. Sie haben die erste Kindheit nie verlassen und der Lack des Erwachsenseins ist dünn geworden, sodass das emotionale Kind hervorlugt.*
>
> *Wir Psychotherapeuten wissen, dass die meisten Menschen, die wie Erwachsene aussehen, in Wirklichkeit emotionale Kinder sind, die in einem Mantel der Erwachsenen herumspazieren. Und wir wissen, dass es nicht daran liegt, dass die Menschen, die zu uns kommen, weniger reif sind, als die meisten. Im Gegenteil: Die, die sich mit der ehrlichen Absicht zu reifen in Therapie begeben, gehören zu den wenigen, die der Unreife entwachsen sind, die nicht länger gewillt sind, ihr eigenes kindisches Gehabe*

zu ertragen, auch wenn sie jetzt noch nicht wissen, wie sie das anstellen sollen. Der Rest der Menschen schafft es nie, ganz erwachsen zu werden und vielleicht ist das der Grund dafür, dass sie es so verabscheuen, über das Älterwerden zu reden.

Warum haben wir solche Angst davor, erwachsen zu werden, Verantwortung zu übernehmen und uns irgendwo niederzulassen, wie es eigentlich sein sollte?

Jungbrunnen

Unsere Gesellschaft mit ihrem Jugendwahn ist auf das Jungbleiben fixiert und darauf, den Alterungsprozess so lange wie möglich hinauszuzögern. Die Kosmetikindustrie und die Schönheitschirurgie leben von unserer Angst zu altern. Gehen Sie in ein x-beliebiges Fitness-Studio und Sie werden sehen, wie Menschen Gewichte stemmen, Aerobic-Kurse besuchen, auf Laufbändern laufen und auf Fahrrädern fahren, die sich nicht von der Stelle rühren. Es ist nichts dagegen zu sagen, wenn man fit bleiben will, aber der unausgesprochene Wunsch, den diese Menschen hegen (und ist das Laufen auf dem Laufband nicht ein wunderbar passendes Bild dafür?), ist der, ihr jugendliches Aussehen zu erhalten. Auch wenn graues Haar und Falten unvermeidlich scheinen, eine schlanke Taille und gestählte Muskeln können als eine Art Alters-Tarnung dienen. Wie viele von uns scheuen sich davor, ihr Geburtsjahr zu verraten oder freuen sich unbändig, wenn jemand sie jünger schätzt? In einem russischen Märchen gibt es einen alten Mann, der davon überzeugt ist, dass er ewig jung bleibt, wenn er in einen Kessel mit kochendem Wasser springt. Bereitwillig springt er in den Kessel – egal, denkt er, Hauptsache es bringt mir die ewige Jugend. In Wirklichkeit war er hereingelegt worden. Vielleicht verwechseln wir unbewusst Erwachsenwerden mit Altwerden.

In seinem bemerkenswerten Buch *Dienstags bei Morrie* berichtet Mitch Alborn von Lebenslektionen, die er von seinem alten, im Sterben liegenden Professor gelernt hat. In ihren Gesprächen diskutierten sie über viele Dinge und die Wirkung des Buches auf den Leser entsteht durch die Weisheit dieses beeindruckenden Mannes. Professor Morrie hatte eine ganz besondere Einstellung zu der Angst der Menschen vor dem Älterwerden. An einer Stelle fragt Mitch seinen Lehrer, ob er jemals im Leben Angst davor hatte, älter zu werden:

„Das ist ganz einfach“, antwortete Morrie. „Wenn man älter wird, lernt man mehr. Wenn man bei zweiundzwanzig stehenbliebe, wäre man für immer so ignorant, wie man es mit zweiundzwanzig war. Älterwerden ist nicht nur Verfall, weißt du. Es ist mehr als nur die unangenehme Erkenntnis, dass man sterben wird, sondern dazu gehört auch die positive Erkenntnis, zu *verstehen*, dass man sterben muss und dadurch lebt man ein besseres Leben.“

Ja, sagte ich, aber wenn das Älterwerden so wertvoll ist, warum sagen die Menschen dann immer: „Ach, ich wünschte, ich wäre noch mal jung“? Man hört nie jemanden sagen: „Ich wünschte, ich wäre 65.“

Er lächelte. „Weißt du, was das besagt? Unbefriedigte Leben. Unerfüllte Leben. Leben, die ohne Sinn geblieben sind. Denn wenn man den Sinn in seinem Leben gefunden hat, dann möchte man nicht mehr zurückgehen. Man möchte vorwärts gehen. Man möchte mehr sehen, mehr tun. Und dann kann man es gar nicht mehr erwarten, 65 zu werden.“

Und die Wahrheit ist doch, warum kämpfen wir dagegen an? Wir alle werden älter, egal, was wir tun. Wir alle werden erwachsen, zumindest körperlich, ob wir wollen oder nicht. Warum betrachten wir nicht jedes Wachstum – emotional und spirituell – als Chance, unserem Leben mehr Bedeutung zu geben?

> Die Reaktion unseres inneren Erwachsenen auf das Altern ist das Reifen.

Entscheidungen treffen

Ich hatte einmal einen Freund, der behauptete, seinen Lebensmittelpunkt so um die fünfundzwanzig gehabt zu haben. In diesem Alter war er auf dem Höhepunkt seiner körperlichen Fitness, meinte er. Sein Leben war eine gerade Linie gewesen, die ständig aufwärts wies, früh ihren Höhepunkt erreichte und dann mit stetigem Gefälle abwärts verlief – ähnlich wie ein Football Star in der Highschool, der den Rest seines

Erwachsenenlebens damit verbringt, den Ruhm seiner Jugend noch einmal zu durchleben. Ich betrachte das Leben lieber als eine Linie, die auf niedrigem Niveau beginnt und dann langsam aber ständig ansteigt. Die Zukunft hält immer Möglichkeiten des Wachstums bereit, Möglichkeiten des Sich-Entwickelns, Möglichkeiten des Reifens.

Und ich sehe das Leben gern wie guten Rotwein. In der Traube schmeckt der junge Saft noch herb. Erst in einem langsamen und ruhigen Alterungsprozess gewinnt er seinen Reichtum, seine einzigartige Komplexität. Wobei der Wein in seinem Reifungsprozess nicht viele Wahlmöglichkeiten hat – der Mensch dagegen schon.

Manche von uns entscheiden sich eventuell dafür, auf ewig ihr inneres Kind bestimmen zu lassen, denn in vielerlei Hinsicht ist das innere Kind all das, was Freud das *Es* genannt hat – Instinkte, Triebe, vergnügenorientiertes Verhalten. Entscheidet man sich für seinen inneren Erwachsenen, so entspricht das eher der Kombination, die Freud das *Ich* und *Über-Ich* genannt hat – jener Teil unserer Persönlichkeit, der auf Logik und Moral basiert. Und das ist der Teil unserer Persönlichkeit, der unsere Instinkte verwandelt; dieser Teil unserer Persönlichkeit macht Zivilisation erst möglich. Und es ist dieser Teil unserer Persönlichkeit, der nach dem Sinn des Lebens sucht und ihn schließlich auch findet.

Während wir uns vielleicht mit dem Hinzukommen von körperlichen Einschränkungen abfinden müssen, gibt es emotional und spirituell keine Grenzen. Wir können uns dafür entscheiden, nach den Sternen zu streben, ganz ohne Grenzen. Und von da oben ist der Ausblick wunderschön. Auch als Erwachsene müssen wir noch mit unseren dunklen Seiten ringen. Aber jeden Tag können wir uns bewusst dafür entscheiden, diese Eigenschaften in positive umzuwandeln und mit dem Erwachsenen in uns das Problemkind in uns zu zähmen.

Die Muttertagsgeschichte vom Anfang dieses Kapitels löste sich schließlich von selbst. Elizabeth arbeitete das Vier-Säulen-Programm durch und war am Ende in der Lage, sich auf die Stärken ihres inneren Erwachsenen zu konzentrieren. Vor allem machte sie die vier LAUB-Schritte, um sich zu *lösen*, *anzuerkennen*, dass sie aus ihrer Rolle als verletztes Kind heraus agierte, sich *umzuorientieren* und ihrem inneren Erwachsenen zuzuwenden und sich daran zu erinnern, dass sie liebenswert war, und schließlich, ihre Situation neu zu *bewerten* und ihr Verhalten zu ändern: Als erstes schickte sie ihrer Tochter einen Brief und sagte ihr, dass sie sie liebte. Dann rief sie ihre Tochter an, um sich zu entschuldigen, und sie planten einen nachträglichen Muttertagsbrunch.

Elizabeth hat sich nicht gleich von Anfang an wie eine Erwachsene verhalten, aber auch hier muss ich wieder sagen, dass es nun einmal gewisse Zeit braucht, bis man das verinnerlicht hat. Ein paar Tage später war sie in der Lage, ihre Situation aus der Sicht ihres inneren Erwachsenen zu analysieren, nachdem sich ihre erste Wut gelegt hatte. Und das war der Moment, in dem sie sich klarmachte, dass ihre Tochter sie liebte, und dass sie sowohl als Mutter als auch als Person wertgeschätzt wurde.

Wachstum ist immer ein Prozess – einer der Arbeit, Geduld und Beharrlichkeit erfordert. Denken Sie daran, es ist nie zu spät, Anspruch auf den inneren Erwachsenen zu erheben.

Das innere Problemkind im Überblick

Die Wunden ihrer Vergangenheit werden Sie für den Rest Ihres Lebens in irgendeiner Form beeinflussen. Es gibt keinen echten „Schlusspunkt". Aber Sie dürfen nicht weiterhin ruhelos bleiben oder sich von der Vergangenheit lenken oder gar kontrollieren lassen. Die Gegenwart und die Zukunft sind das, was jetzt für Sie zählt. Dafür sind Sie jetzt verantwortlich.

Dunkle, kindische Seiten unseres Charakters – Narzissmus, Ungeduld, Anspruchsdenken, Neid, Eifersucht, Wut, Angst und Abhängigkeit – all diese Gefühle tauchen unvermeidlich irgendwann einmal auf. Aber der Erwachsene in uns kann diese Eigenschaften mildern, sie ausbalancieren helfen und sie am Ende zum Schweigen bringen. Das innere Problemkind kann sich auch als Schatten zeigen, getarnt als Spaß, Freiheit, Jugend und Spontaneität. Diese zunächst angenehmen Erfahrungen können ein solches Ausmaß annehmen, dass sie zu ernsthaften Problemen führen. Der Erwachsene in uns weiß, wie man diese Eigenschaften im Zaum hält und nur den positiven Kern zulässt.

Der Erwachsene in uns erfreut sich am Älterwerden, weil er weiß, dass das Abenteuer Leben umso spannender wird, je weiter es sich entwickelt. Es ist möglich, dass die Jahre verfliegen und man nicht nur älter, sondern auch besser wird.

Lesestück

Aus „Das Buch der Eigenschaften"

Von J. Ruth Gendler

„Angst"

Die Angst wirft einen langen Schatten, ist selbst aber ziemlich klein. Sie besitzt eine lebhafte Vorstellungskraft. Um Mitternacht komponiert sie sogar Horror-Musik. Sie ist nicht sehr sozial veranlagt und hält sich bei politischen Versammlungen zurück. Ihre Vergangenheit ist ein Mysterium. Uns Menschen warnte sie davor, mit anderen über sie zu sprechen – wobei sie gleich hinzufügte, dass wir sowieso keinen Ort finden könnten, an dem sie uns nicht hören würde. Wir folgten und hielten den Mund. Als wir aber direkt miteinander zu reden anfingen, änderte sie sich: Ihre Umgangsformen sahen plötzlich wichtigtuerisch aus und ihre knurrende Stimme klang schlichtweg inszeniert.

Zwei Drachen bewachen das herrschaftliche Anwesen der Angst. Einer stammt aus China und besteht aus Keramik. Der andere ist echt. Wenn man es an diesen Drachen vorbei schafft und ganz persönlich mit der Hausherrin sprechen kann, erkennt man verblüfft, wie zerbrechlich sie in Wirklichkeit ist. Natürlich wird sie versuchen, Geschichten zu erzählen. Vorsicht! Sie ist eine Meisterin der Verstellung und Illusion. Mich selbst hätte Frau Angst beinahe überzeugt, sie sei eine Puppenmacherin und ich ihre Marionette.

Darum erhebe forsch Deine Stimme, schau ihr in die Augen, schrecke sie auf. Gib niemals auf! Gewinne vielmehr ihren Respekt und sie wird dich nie wieder mit Kinkerlitzchen belästigen.

Visualisierung

Beginnen Sie damit, indem Sie Ihren Körper in einen Entspannungszustand versetzen. Strecken Sie die Arme hoch über den Kopf. Dann strecken Sie sie zur Seite. Lassen Sie die Arme fallen und rollen Sie langsam den Kopf von einer Seite zur anderen. Machen Sie es sich in einer für Sie angenehmen Position gemütlich und schließen Sie die Augen.

Denken Sie über die Worte, die Sie gerade im Lesetext gehört haben, nach. Was für Gedanken lösen sie in Ihrem Inneren aus? Hat das Lesestück ein bestimmtes Gefühl in Ihnen hervorgerufen? Hat es Sie an irgendeine Erfahrung aus Ihrem Leben erinnert? Ziehen Sie aus dem Text die Botschaft heraus, die Sie brauchen.

Konzentrieren Sie sich nun auf Ihren Körper und wo im Raum Sie sich gerade befinden. Achten Sie auf Ihren Atem, wie sie ein- und ausatmen. Achten Sie auf die Luft um Sie herum und wie sie sich auf Ihrer Haut anfühlt. Lauschen Sie den Geräuschen, die Sie um sich herum wahrnehmen. Achten Sie auf Gerüche. Werden Sie sinn-lich im wahrsten Sinne des Wortes, erfassen Sie Ihre Umgebung und welchen Platz Sie in ihr einnehmen. Fühlen Sie das Gewicht der Kleidung auf Ihrem Körper. Fühlen Sie das Gewicht Ihres Körpers auf dem Fußboden oder in dem Stuhl. Atmen Sie dreimal tief ein und aus. Ihr Bewusstsein geht auf eine Reise.

Stellen Sie sich vor, wie Sie eine Treppe hinunter gehen. Immer weiter nach unten, und wenn Sie unten ankommen, befindet sich dort eine Tür. Die Tür öffnet sich und Sie gehen hindurch und erkennen schon dabei, dass Sie in der Zeit zurückgegangen sind. Stellen Sie sich sich selbst als Kind vor, in einem Alter, das Ihnen angenehm ist. Ich möchte, dass Sie sich an eine Zeit oder eine Situation erinnern, die schwierig für Sie war, die Ihnen großen Schmerz zugefügt hat. Lassen Sie sich Zeit und gehen Sie in Ruhe Ihre Erinnerung auf der Suche nach einem Vorfall durch, der für Sie als Kind wirklich schmerzhaft war. Machen Sie sich bewusst, dass Sie sicher sind, dass Ihnen jetzt niemand etwas tun kann. Hat Ihnen eine Person wehgetan? Wurden Sie von jemandem vernachlässigt, den Sie geliebt haben? Haben Sie gerade herausgefunden, dass Ihre Eltern sich scheiden lassen wollen? War jemand Ihnen gegenüber gewalttätig?

Nehmen Sie diese Erinnerung und versuchen Sie, sie so klar wie möglich vor Ihrem geistigen Auge erscheinen zu lassen. Wo genau waren Sie? Was hatten Sie an? Was taten Sie gerade? Wer war noch dort? Nehmen Sie sich Zeit und versuchen Sie, genau das zu empfinden, was Sie damals empfunden haben. Haben Sie geweint? Lassen Sie dieses Gefühl noch ein wenig auf sich wirken und machen Sie sich noch einmal klar, dass Sie sicher sind. Wie fühlen Sie sich jetzt, da Sie sich an diese Situation erinnern und sich diese ausmalen? Die Gefühle, die Sie jetzt haben, müssen Sie nicht beherrschen und ihr Leben vergiften.

Und jetzt stellen Sie sich vor, wie Sie als heutiger erwachsener Mensch die Szenerie betreten, in der sich das verletzte innere Kind befindet. Ihr Erwachsenen-Ich sieht, wie verwirrt Ihr inneres Kind ist. Stellen Sie sich vor, wie der Erwachsene in Ihnen zu dem Kind hinübergeht, den Arm nach ihm ausstreckt und es streichelt. Das fühlt sich gut an; lassen Sie den Erwachsenen das verletzte Kind in den Arm nehmen. Stellen Sie sich vor, wie der oder die Erwachsene dem Kind über das Haar streichelt, ihm die Tränen aus den Augen wischt und es fest in die Arme nimmt. Lassen Sie das Kind diesen Trost annehmen. Es soll sich geliebt und umsorgt fühlen. Lassen Sie Ihr verwundetes inneres Kind wissen, dass der innere Erwachsener für es da ist, jetzt und für immer. Verharren Sie eine Weile in der Stille.

Jetzt, sofern Sie bereit dazu sind, kehrt Ihr Bewusstsein auf einer Lichtwelle wieder in Ihren Körper zurück. Sie beginnen wieder, Ihren Körper in dem Raum wahrzunehmen. Sie fühlen, wie Ihr Körper wieder Halt gewinnt und in die reale Welt zurückkehrt. Wackeln Sie mit den Fingern und Zehen. Atmen Sie tief ein und aus. Beginnen Sie langsam, Arme und Beine sanft von einer Seite zur anderen zu bewegen. Atmen Sie noch einmal tief ein und aus. Erlauben Sie sich die vibrierende Energie zu fühlen, die durch Ihren Körper strömt und Sie regeneriert. Ich zähle jetzt von eins bis fünf und wenn Sie bereit sind, nachdem ich bis fünf gezählt habe, können Sie die Augen öffnen. Eins ... zwei ... drei ... vier ... fünf. Sie können jetzt die Augen öffnen.

Tagebuchfragen

Wie erziehen Sie Ihr inneres Kind?

Denken Sie einmal an folgende Liste von Eigenschaften Ihres inneren Problemkindes:

Angst	Erwartet sofortige Belohnung
Wutausbrüche	Verantwortungslosigkeit
Eifersucht	Dummheit
Paranoia	Maßlosigkeit
Panik	Egoismus

Ichbezogenheit	Rücksichtslosigkeit
Verwundbarkeit	Ungeduld
Kindischsein	Unsicherheit
Irrationalität	Abhängigkeit

Wie viele dieser Eigenschaften kommen in Ihrem Leben vor; mit anderen Worten: Wie mischt sich Ihr inneres Kind in Ihr Erwachsenenleben ein?

Wenn die Eigenschaften Ihres inneren Problemkindes Sie nicht negativ beeinträchtigen würden, wie würde sich dann Ihr Leben anders darstellen?

Wenn Sie aufhören würden, sich mit Ihrer Vergangenheit zu identifizieren, was würden Sie verlieren? Was würden Sie gewinnen?

Wie denken Sie über das Älterwerden? Lügen Sie manchmal bezüglich Ihres Alters? Was ist Ihrer Meinung nach das „perfekte Alter"?

Übungen

Bilder: Malen Sie ein Bild von sich mit Ihrem Problemkind im Inneren. (Sie brauchen kein großer Künstler zu sein, um das zu tun. Es geht nicht darum, dass Sie ein galeriereifes Bild malen sollen. Es geht darum, dass Sie vor sich sehen, welchen Einfluss Ihr inneres Kind auf Ihr Leben hat.) Wie groß ist das Kind in Ihnen im Verhältnis zu Ihnen selbst? Malen Sie mehrere Szenen, in denen Ihr inneres Kind die Oberhand hat. Wie stellen Sie die Macht, die es über Sie hat, dar? Zeichnen Sie eine andere Szene, in der Ihr inneres Kind ruhig gestellt ist. Wie unterscheiden sich die Szenen? Wie fühlen Sie sich, wenn Sie sie vergleichen?

Verzicht auf Luxus: Im katholischen Christentum gibt es während der Fastenzeit (den 40 Tagen zwischen Aschermittwoch und Ostern) die alte Tradition, dass religiöse Menschen etwas aufgeben, was ihnen normalerweise wichtig ist. Dieses kleine Opfer wird als Identifikation mit dem Leiden Jesu, aber auch als Mittel zur Reinigung der Seele, gesehen.

Als Übung, um den inneren Erwachsenen zu stärken, sollten Sie sich eine Woche lang etwas Luxuriöses vorenthalten. Geben Sie etwas Kleines aber für Sie Wichtiges auf (zum Beispiel Schokolade, Shoppen oder Koffein). Achten Sie darauf, wie Sie sich dabei fühlen, wenn Sie sich bewusst ein Vergnügen vorenthalten. Halten Sie durch, auch wenn Sie keine Lust dazu haben. Betrachten Sie jedes Opfer als gute Tat für den Erwachsenen in Ihnen. Ich will damit nicht sagen, dass Martyrium oder Vernachlässigung unser Ziel sein soll, sondern nur, dass das Problemkind in uns hin und wieder daran erinnert werden muss, dass wir nicht immer haben können, was wir wollen. Diese Übung stärkt den Geist und erinnert uns daran, dass wir auch dann überleben können, wenn wir nicht jedem Wunsch nachgeben.

Zusätzlich können Sie Ihr inneres Kind einen Brief an Ihren inneren Erwachsenen schreiben lassen, in dem es ihn dabei um Hilfe bittet. Bitten Sie in diesem Brief um konkrete Hilfestellungen und darum, dass Ihr innerer Erwachsener Sie ermutigt und Ihnen andere Aktivitäten zur Ablenkung anbietet. Wenn Sie beispielsweise einen Heißhunger auf etwas Süßes haben, können Sie ihn bitten, Ihnen dabei zu helfen, etwas Gesünderes auszusuchen oder Sie durch Sport oder einen Kinobesuch abzulenken.

Achtung: Ihrem inneren Kind wird gerade diese Übung überhaupt nicht gefallen!

Recherche und Phantasie: Erkundigen Sie sich über die Zeit der Pilger und frühen Kolonisten oder Pioniere, die mit ihren Planwagen Richtung Westen zogen. Suchen Sie nach Büchern – sowohl Sachbücher als auch Romane – und/oder Filmen, die in der von Ihnen gewählten Zeit spielen. Indem wir etwas über unsere Vergangenheit lernen, bekommen wir nicht nur eine neue Sichtweise, sondern werden auch inspiriert und können etwas lernen.

Stellen Sie sich vor, wie es gewesen sein muss, in einem neuen Land ein neues Leben zu beginnen. Stellen Sie sich die Szene vor, wenn Ihr inneres Kind die Zügel in die Hand nehmen sollte („Aber ich bin zu müde, ich habe zu viel Angst, ich kann nicht mehr weiter ...“). Denken Sie daran, dass auch die Pioniere und Pilger zweifellos müde, ängstlich und erschöpft waren. Aber sie *hielten durch* und begründeten schließlich eine großartige Nation. Stellen Sie sich vor, wo wir heute wären, wenn diese Menschen damals ihren inneren Kindern nachgegeben hätten.

Und jetzt stellen Sie sich selbst als erfolgreichen Pionier vor. Stellen Sie sich vor, wie Sie Hindernisse überwinden. Fühlen Sie wie die Stärke und Entschlossenheit unserer Vorfahren in Ihren Adern pulsiert. Deren Mut ist unser kulturelles Erbe und unsere Verpflichtung. Lassen Sie uns diese Erwartungen erfüllen.

Teil II

Ihr Innerer Erwachsener

Kapitel 3

Die Straße zum authentischen Erwachsensein

Was hinter uns liegt und was vor uns liegt sind Kleinigkeiten im Vergleich zu dem, was in uns liegt.

– Ralph Waldo Emerson

Josh war erst zwölf Jahre alt und er liebte das Leben. Er liebte seine Familie; er hatte viele Freunde und besaß sogar ein eigenes Fahrrad und ein Funkgerät. Aber als er eines Tages auf einen Jahrmarkt ging und nicht mit der Achterbahn fahren durfte, da er angeblich nicht groß genug dafür war, reagierte er betreten und entmutigt. *Groß genug*. Alles ist besser und leichter wenn man groß ist.

Als er an einem großen, merkwürdig aussehenden Spielautomaten vorbeikam, der „Zoltar spricht“ hieß und in dem eine seltsame Zauberer-Puppe ein Schild mit der Aufschrift „Zoltar gewährt Dir einen Wunsch“ aufleuchten ließ, warf Josh eine Münze ein und äußerte den natürlichsten und ernsthaftesten Wunsch, den er hatte. Er sagte: „Ich wünschte, ich wäre groß.“ Eine Karte mit den Worten: „Dein Wunsch sei Dir gewährt“ fiel aus dem Automaten. Josh merkte nicht einmal, dass der Automat gar nicht angeschlossen war.

So beginnt der wunderbar komische Film *Big* von 1988 mit dem jugendlichen Tom Hanks. Am nächsten Morgen wacht der zwölfjährige Josh in dem Körper des über 30-jährigen Tom Hanks auf. Heraus kommt eine Abenteuerkomödie, in der Josh zwar von außen erwachsen aussieht, aber im Inneren erst zwölf Jahre alt ist. Er fährt nach New York und wird dort von einer Spielzeugfirma eingestellt. Seine Arbeitgeber sind erstaunt über Joshs Kenntnisse über Spielzeug. Er staunt über seine Umgebung, spuckt bei einer offiziellen Feier Kaviar aus, weil er so „eklig“ schmeckt, und dekoriert seine Wohnung mit Spielsachen, einem Etagenbett und einem Trampolin. Er ist ein kleiner Mensch in einem großen Körper.

Nachdem der erste Reiz des Neuen verflogen ist, merkt Josh, dass er nach Hause gehen und sein altes, dreizehnjähriges Leben (er hatte inzwischen Geburtstag) zurückhaben möchte. Als er seiner „Freundin" gesteht, dass er erst dreizehn ist, antwortet sie: „Oh, wer ist das nicht? Meinst du, ich hätte nicht auch ein kleines, verängstigtes Kind in mir?" Eben!

Wie schon gesagt, haben wir alle verwundete kleine Kinder in uns. Und falls wir es diesen kleinen inneren Menschen erlauben, die Kontrolle zu übernehmen, könnten wir Probleme bekommen. Aber bevor wir zu dem Vier-Säulen-Programm zur Behauptung des inneren Erwachsenen kommen, glaube ich, dass es sich lohnt, sich einmal mit der Frage zu beschäftigen, was authentisches Erwachsensein nun eigentlich *ist*. Welches sind die Phasen oder Entwicklungsstufen, die uns dahin bringen könnten? Chronologisches Alter alleine scheint ja nicht zu genügen. Eine Freundin von mir sagte einmal, sie wäre deshalb immer lieber mit älteren Männern ausgegangen, weil sie meinte, dass die reifer wären. Mit einem Seufzer sagte sie: „Ich hab schnell herausgefunden, dass Alter nichts mit Reife zu tun hat." Am Ende heiratete sie einen Mann, der zwar drei Jahre jünger als sie, aber schon sehr reif war.

Authentisches Erwachsensein

Mein altehrwürdiges Lexikon *Webster's Dictionary* definiert „erwachsen" als „ausgewachsen in Alter, Größe und Stärke: eine voll ausgewachsene Person oder Pflanze oder ein Tier". Naja, das scheint nicht ganz zu reichen, wie wir festgestellt haben. Webster's definiert „authentisch" als „echt, wirklich und wahrhaftig". Ah, da haben wir ja ein bisschen Denkstoff. Was unterscheidet einen echten, wirklichen und wahrhaftigen Erwachsenen von einem Kind in einem erwachsenen Körper?

Die Zyniker unter uns würden sagen, ein „echter" Erwachsener zu sein bedeutet, immer mehr gefangen zu sein – gefangen in unvermeidlichen Verpflichtungen und Rechnungen, in Körperfülle und Haarausfall, in Krawatten und Seidenstrümpfen und gefallenen Vorbildern. Und sie würden sagen, dass die Straße zum wahren Erwachsensein immer bergab verläuft. Ich habe einmal gehört, wie ein Redner in seinem Vortrag sagte: „Wenn die Kindheit gestorben ist, nennt man diese Körper Erwachsene." Aber ich würde sagen, diese Einstellung muss ein bisschen modifiziert werden.

Manchmal suchen wir, um Authentizität zu finden, nach den Errungenschaften des Erwachsenseins: Anzug, Aktentasche, Job, Zuhause, Auto, Ehepartner, Kreditrahmen. Für viele von uns ist das Vorhandensein dieser Attribute die Eintrittskarte in das mystische Land der Erwachsenen. Leider benehmen sich einige von uns, als würden Sie „Verkleiden" spielen. Sie sehen zwar erwachsen aus, sind aber in ihrem Inneren noch immer der dreizehnjährige Josh aus *Big*.

Manchmal untersuchen wir, wie emotional „gelöst" Menschen von ihren eigenen Eltern sind, um herauszufinden, ob sie erwachsen sind. Haben sie sich emotional, körperlich und psychologisch von ihren Eltern getrennt? Haben sie ihre eigenen Wertvorstellungen und Ansichten oder übernehmen sie die Meinung ihrer Eltern ohne sie zu hinterfragen?

Es gehört jedoch mehr dazu, ein „echter" Erwachsener zu sein, als das Alter oder die Erwachsenen-Attribute oder die angebliche Unabhängigkeit von der vorherigen Generation. Ich würde sagen, dass ein „echter" Erwachsener den Ort des Friedens gefunden hat, den man erreicht, wenn man das Leben meistert, jemand der die Kunst zu leben beherrscht. Das heißt, das Leben so zu akzeptieren, wie es ist und sich nicht immer dagegen aufzulehnen oder – wie eine Frau es ausdrückte: „Erwachsen zu sein ist, als würde man das Leben wie einen zu großen Pullover tragen." Ich glaube, was einen wahren und authentischen Erwachsenen ausmacht hat mit der Entwicklung von vier Schlüsseleigenschaften zu tun (die zufällig auch die vier Säulen des inneren Erwachsenen sind): Verantwortungsbewusstsein, Reife, Liebe und Spiritualität. Wenn Sie den Erwachsenen in sich so stärken, werden Sie automatisch in die Welt der authentischen Erwachsenen katapultiert.

Ich denke, es ist hier besonders erwähnenswert, dass es nicht unbedingt notwendig ist, ein Fundament für diese Säulen zu bauen. Es besteht kein Zweifel daran, dass es Kinder gibt, die offenbar einen inneren Erwachsenen in sich tragen, der weiter entwickelt ist als bei vielen so genannten Erwachsenen!

Außerdem bin ich davon überzeugt, dass zu einem „authentischen Erwachsenen" auch gehört, dass man Autorität über sein eigenes Leben entwickelt hat. Ich werde in diesem Buch immer wieder daran erinnern, dass wir die Macht haben, uns frei zu entscheiden. Vor ein paar Jahren waren Bücher und Spiele, in denen man sein eigenes Abenteuer erleben konnte, der große Renner. In einem ganz realen Sinne ist die Reise zum authentischen Erwachsensein ganz ähnlich wie diese Bücher und Spiele. Tatsächlich ermutigen viele Psychotherapeuten ihre Patienten dazu, sich ihr Leben als Roman oder Theaterstück vorzustellen, das sie selbst schreiben. Denn wie wir die Welt und unsere Rolle in ihr wahrnehmen, ist doch so, als würden wir uns selbst eine Geschichte erzählen. Mit anderen Worten: Wir sind die Autoren unseres eigenen Lebens. Warum sollte sich auch nur einer von uns dafür entscheiden, dass die Geschichte kein Happy End hat? Wie viele von uns sehen sich selbst nicht als Helden?

Das richtige Alter für Transzendenz

Manchmal werden für diejenigen von uns, die sich so durch das Leben mogeln, Kinder zum Vorbild, die uns lehren, wie sich erwachsenes Verhalten und Denken äußert. Zum Beispiel Ruby Bridges. Der anerkannte Autor und Psychologe Robert Coles schrieb ein bezauberndes Kinderbuch, das *Die Geschichte von Ruby Bridges* hieß. Er erzählt darin die wahre Geschichte, wie Ruby, ein schwarzes Mädchen, im Jahre 1957 mit ihrer Familie nach New Orleans zog. 1960 entschied ein Richter, dass vier schwarze Mädchen auf zwei Grundschulen für Weiße gehen sollten. Dies war Teil der Bewegung zur Aufhebung der Rassentrennung. Drei der Mädchen wurden auf die McDonogh 19, aber die sechs Jahre alte Ruby Bridges wurde ganz alleine auf die William Frantz Grundschule geschickt.

Coles schreibt: „An Rubys erstem Schultag hatte sich eine große Menge wütender Menschen vor der Frantz Grundschule versammelt. Die Menschen trugen Schilder, auf denen stand, dass sie keine schwarzen Kinder in einer weißen Schule wollten. Die Leute beschimpften Ruby; manche wollten sie sogar angreifen. Die Stadt und die Polizei kamen Ruby nicht zur Hilfe."

Doch der Präsident der Vereinigten Staaten schickte bewaffnete Bundespolizisten, die Ruby in die Schule begleiten und beschützen sollten. Ruby marschierte mit hoch erhobenem Haupt durch die Menge, ohne etwas zu sagen. Die wütende Menge machte noch wochen- ja sogar monatelang damit weiter, ihren Hass öffentlich auszuleben. Und nicht nur das, die Weißen behielten ihre Kinder aus Protest zu Hause. Und so kam Ruby jeden Tag in die Schule und saß dort alleine, bis auf ihre Lehrerin. Aber offenbar behielt Ruby ihre positive Einstellung, genoss ihre Zeit in der Schule und lernte Lesen und Schreiben.

Eines Tages sah die Lehrerin, Miss Hurley, wie Ruby auf dem Weg zur Schule zu der aufgebrachten Menge sprach. Als Miss Hurley Ruby danach fragte, sagte sie: „Ich habe nicht mit ihnen gesprochen. Ich habe für die Leute gebetet."

Coles schreibt: „Jeden Morgen hatte Ruby ein paar Blocks vor der Schule Halt gemacht, um für die Menschen, die sie hassten, ein Gebet zu sprechen. An jenem Morgen hatte sie es vergessen und erst, als sich mitten in der wütenden Menge stand, daran gedacht." Das Gebet, das Ruby zweimal am Tag – vor und nach der Schule – aufsagte, lautete:

Bitte Gott, versuche, diesen Menschen zu vergeben.
Denn auch wenn sie solche bösen Sachen sagen,
wissen sie doch nicht, was sie tun.
Also könntest du ihnen doch vergeben,
so wie du das auch mit den Leuten vor
langer Zeit gemacht hast,
als sie all die schrecklichen Dinge über dich gesagt haben.

Können Sie sich das vorstellen? Welch ein Mut von einem sechsjährigen Mädchen. Ich bin ziemlich sicher, dass nicht viele Erwachsene solch eine Kraft, solch eine spirituelle Haltung voller Vergebung, solch einen Mut im Angesicht des Hasses gehabt hätten. Ich bezweifle, dass ich diese Stärke gehabt hätte. Ruby hatte alle vier Säulen aktiviert: *Verantwortungsbewusstsein* zur Schule zu gehen und zu lernen, *Reife* bezüglich ihres unglaublichen Mutes und der Bereitschaft zu vergeben, eine Haltung *voller Liebe* gegenüber ihren Feinden und eine *spirituelle* Kraft und Verbindung.

Das Äußere kann täuschen

So wie man nicht unbedingt damit rechnen kann, authentisches Erwachsensein in einem sechsjährigen Mädchen zu finden, kann man nicht automatisch davon ausgehen, die Größe eines authentischen Erwachsenen bei einer Autoritätsperson wie beispielsweise einem Älteren, einem König, einem Geschäftsführer oder einem Vorstandsvorsitzenden zu finden. So mancher Regierungschef eines Landes benimmt sich nicht wie ein Erwachsener! Man sollte nie nach dem Äußeren gehen.

Ich habe eine Freundin, die ihrer Tochter beibringt, Autorität in Frage zu stellen und nicht einfach etwas als richtig zu akzeptieren, nur weil es von jemandem kommt, der eine „Autoritätsperson" ist. Das soll nicht heißen, dass sie ihrer Tochter beibringt, respektlos zu sein, sondern im Gegenteil, sie lehrt sie, respektvoll zu sein, aber sich auf ihr eigenes Urteil zu verlassen und nicht davon auszugehen, dass andere reifer oder verantwortungsvoller sind als sie, nur weil sie älter sind oder sich in einer Machtposition befinden.

Meine Freundin sagt: „Ich glaube, meine sechzehnjährige Tochter hat wahrscheinlich mehr Einblick und ist emotional weiter entwickelt, als viele Menschen in so genannten Machtpositionen. Ich möchte nicht, dass sie sich durch Äußerlichkeiten einschüchtern lässt. Status, Geld, Alter – diese Dinge sagen nicht wirklich etwas darüber aus, wie authentisch jemand ist. Man muss seiner eigenen Intuition und seinem eigenen Herzen vertrauen und sich nicht davon überwältigen lassen, was jemand deiner Meinung nach zu sein scheint.

Versuchen Sie einmal Folgendes ...

Schreiben Sie fünf Männer oder Frauen auf, von denen Sie der Meinung sind, sie seien authentische Erwachsene. Welche Eigenschaften haben sie, die Sie bewundern? Was sagt Ihnen, dass sie echte Erwachsene sind?

Die Wurzeln des authentischen Erwachsenen

Die Grundsteine für authentische Erwachsene werden manchmal in der Kindheit gelegt, manchmal auch nicht. Und das Wahrhaftige kommt manchmal mit Status, Macht, Geld, Unabhängigkeit und Alter und manchmal auch nicht.

Manchmal ist ein bestimmtes Ereignis notwendig, etwas Bedeutendes, Wichtiges und Lebensveränderndes, damit wir authentische Erwachsene werden. Das kann eine Krankheit oder ein Unfall sein, den wir oder jemand, den wir lieben, erleiden. Das kann eine Umstellung sein, ein Meilenstein, der uns tiefgreifend verändert. Es könnte eine Geburt sein oder ein Todesfall, der uns wachrüttelt.

Der Rest dieses Kapitels beschäftigt sich mit vier solchen Szenarien, die die Entwicklung zu einem authentischen Erwachsenen auslösen können: Tod und Verlust, ein Entzug beziehungsweise das Programm der zwölf Schritte, Eltern zu werden und eine „transformative Reise" zu unternehmen, die tiefgreifende Veränderungen mit sich bringt. Diese Liste ist nicht vollständig. Vielleicht haben Sie diese Ereignisse selbst erlebt, vielleicht auch nicht. Aber zu sehen, wie sie bei anderen einen Reifungsprozess in Gang gebracht haben, kann auch bei Ihnen eine Katalysatorfunktion auslösen.

Was ein Verlust uns lehrt

Ich habe schon in der Einleitung erwähnt, dass häufig ein Verlust der Auslöser für ein extremes emotionales und spirituelles Wachstum ist – die Art von Wachstum, die Sie zu einem besseren Menschen macht und Sie jeden Moment Ihres kostbaren Lebens genießen lässt. William war ein 45 Jahre alter Vertriebsbeauftragter im Außendienst. Er erzählte mir, dass sein Leben erst im Alter von 39 Jahren begonnen hatte – nachdem er angefangen hatte, um seinen verstorbenen Bruder zu trauern.

Sein Bruder war zwei Jahre zuvor an AIDS gestorben, aber zu diesem Zeitpunkt hatte William nicht um ihn getrauert. Er zog sich damals zurück und verschloss aus Scham und Verwirrung die Tür zu seinem Inneren. Da William aus einer großen irisch-katholischen Familie mit einem Hang zum Alkoholismus stammte, übernahm er problemlos dieses Verhaltensmuster des Ignorierens und Unterdrückens von „unangenehmen“ Gefühlen.

Aber eines Tages passierte etwas, das diesen Schutzwall durchbrach. Er fuhr alleine auf einer Landstraße durch Neuengland und dachte an seinen großen Bruder Ron. Er bekam Mitleid mit seinem Bruder und erinnerte sich daran, wie die Familie ihn verleugnet hatte. Dann begann William zu weinen. Die Tränen, die er zwei Jahre lang zurückgehalten hatte, brachen aus ihm hervor. Er weinte so heftig, dass er an den Straßenrand fahren musste.

Er erzählte mir: „Irgendwie kam es mir vor, als ob er mir den Weg zu meinen eignen Herzen gezeigt hatte. Als ich endlich in der Lage war, den Schmerz zu sehen, den er in seiner eigenen Familie erlitten hatte, als ich endlich Mitleid mit ihm empfinden konnte, war ich frei, mich mit meinen eigenen Tiefen und meiner eigenen Trauer auseinander zu setzen. Sein Tod bewirkte, dass ich mich öffnen konnte. Und ich öffnete eine ganze Welt von Dingen, die ich vorher nicht gesehen hatte, eine spirituelle Welt voller Möglichkeiten, die so lange in mir verschlossen war.“

Dieser Prozess des spirituellen Erwachens vertiefte sich noch, als ein Jahr später Williams Vater starb. Diesmal nahm er von Anfang an Verbindung zu seinen Gefühlen auf und hatte keine Angst vor ihnen. Er erklärte:

> *Die Geschichte, die ich Ihnen jetzt erzähle, hat mir gezeigt, dass es so viel mehr im Leben gibt als das, was wir sehen oder verstehen. Als er starb, war ich mit meiner Schwester zusammen, die irisch-katholisch ist und einen eher beschränkten Horizont hat. Sie ist von der Sorte Mensch, der überzeugt ist, dass das, was man nicht sehen kann, auch nicht existiert. Sie las meinem Vater vor, während es ihm sehr schnell immer schlechter ging. Sie hielt seine Hand und las, als sie ihn plötzlich anschaute und dieses unglaubliche Lächeln auf seinem Gesicht sah, während er sie aufmerksam anschaute. Er sah aus wie ein fünfjähriger Junge, der sein nagelneues Fahrrad betrachtete. Meine Schwester sah all das und sagte: „Papa, wenn du gehen willst, dann geh ... geh.“ Also drückte er ihre Hand, richtete sich noch einmal kurz auf, lächelte und starb einfach.*

Mir fiel es wirklich schwer zu „trauern", als Papa starb, denn meiner Meinung nach hatte er etwas gesehen, war irgendwo hin gegangen. Das war keine vorgefasste Meinung in seinem Kopf, wissen Sie. Es war einfach unglaublich. Wir wussten einfach, dass er weitergegangen war.

Bevor Ron und danach mein Vater starben, hatte ich überhaupt kein spirituelles Leben. Aber meine Trauer öffnete mein Herz und gab mir die Fähigkeit, Dinge zu betrachten und mich zu öffnen. Sie gab mir die Fähigkeit zu atmen und mein Bewusstsein zu erweitern. Der Tod war das große Tor zu all dem.

Die Folge dieses „spirituellen Erwachens" war, dass William sich entschloss, ehrenamtlicher Mitarbeiter im Hospiz zu werden. Da sich seine ganze Einstellung zum Tod geändert hatte, hatte er auch keine Angst mehr vor dem Sterben und er wollte anderen während dieses Übergangs beistehen.

Für ihn geht es im Leben jetzt um das Geben, darum, von Liebe gesteuert zu werden. Er sagt:

Auch meine Frau und meine Kinder fühlen diese Veränderung in mir. Die Menschen, die mich nicht richtig kennen oder mich erst im letzten Jahr kennen gelernt haben, denken, ich sei von Haus aus sehr liebevoll und großzügig. Es existiert kein Davor. Nicht, dass ich vorher beschränkt war, aber ich bin jetzt offener, nicht so vorschnell mit meinen Urteilen. Diese Veränderung hat mich geduldiger gemacht. Ich lerne von meinem Sohn und meiner Tochter. Ich höre meinen Kindern mehr zu. Ich bin der Gesellschaft gegenüber offener. Ich sehe mich in Verbindung mit all den Menschen um mich herum. Und ich kann jetzt auch erkennen, wenn jemand für mich sorgen möchte. Es ist keine Einbahnstraße. Ich war vor vier Monaten arbeitslos und die Menschen haben versucht, mir zu helfen. Das war am Anfang schwer für mich, aber ich musste den ganzen Zusammenhang von Geben und Nehmen begreifen lernen.

William wusste, dass ein tiefgreifender Umbruch nötig war, um wirklich etwas in ihm zu verändern. Er brauchte etwas Großes, Kraftvolles, das die Tore aufsprengte. Für viele Menschen hat der Tod eines geliebten Menschen diese kraftvolle Wirkung.

Man sollte an dieser Stelle vielleicht anmerken, dass für die geburtenstarken Jahrgänge (alle, die zwischen 1946 und 1964 geboren sind), der Tod eines Elternteils – was ja immer häufiger vorkommt – den Gesamteffekt hat, dass sich die Angehörigen dieser Generation damit abfinden müssen, dass jetzt niemand mehr zwischen ihnen und dem Grab steht. Der Schlag ins Gesicht, den ein Todesfall darstellt, führt dazu, dass diese Menschen sehr bald ihr Leben überdenken müssen, was ihnen vielleicht dabei hilft, „erwachsen zu werden“. Die Folge ist häufig, dass die Menschen dieser Altersgruppe, die jetzt „erwachsene Waisen“ sind, ihr Leben umkrempeln, sich beruflich verändern, sich mehr engagieren, sich einer Religion zuwenden oder ganz allgemein ihre Prioritäten anders setzen.

Der Tod hat die Macht, uns etwas über den Wert des Lebens zu lehren.

Ein von Abhängigkeit bestimmtes Leben

Sharon begann vor zwölf Jahren, im Alter von 48, damit, regelmäßig zu trinken, nachdem ihr Mann sie verlassen hatte. Ihre Kinder waren aus dem Haus und so trank sie zu Hause – allein, jeden Abend. Sie wusste, dass sie zu trinken begonnen hatte, um den Schmerz der Scheidung zu ersticken, aber nach einiger Zeit wurde sie abhängig und konnte einfach nicht mehr aufhören.

Endlich ließ sie sich auf eine neue Beziehung ein und der Mann begann bald, ihr Trinkverhalten zu kommentieren. Einerseits wusste sie, dass etwas total schief lief, andererseits leugnete sie das Problem und glaubte selbst, das Trinken „unter Kontrolle“ zu haben. Eines Nachts träumte sie von einer Stimme, die sagte: „Sharon, du darfst jetzt nicht mehr trinken.“ Das rüttelte sie wach und sie erzählte ihrem Freund, dass sie wirklich mit dem Trinken aufhören müsse, dass sie sich aber schämte, zu den Anonymen Alkoholikern zu gehen. Also versuchte sie es alleine und schaffte es, ein ganzes Jahr lang keinen Alkohol zu trinken.

Aber während ihr Alkoholkonsum sich zwar geändert hatte, war ihre Einstellung noch dieselbe geblieben. Sie sagte:

Jetzt weiß ich, was geschehen war, ist, dass ich während dieses Jahres eine trockene Alkoholikerin war. Ich trank zwar nicht mehr, aber mein Denken hatte sich nicht geändert. Ich empfand Groll und bedauerte mich selbst und die ganze lange Geschichte. Man kann einem Alkoholiker den Alkohol entziehen und doch bleibt der Ekel. Eine eklige Person. Man muss seine Einstellung verändern. Es muss eine Persönlichkeit gegeben haben, bevor man getrunken hat, es gab eine, während man trank, und es muss eine neue Persönlichkeit geben, jetzt, sobald man einmal trocken ist. Wenn man seine Einstellung ändert, dann hat man so viel mehr Energie, um nachzudenken, um sich auf sich selbst zu konzentrieren und nicht anderen die Schuld zu geben.

Schließlich wurde Sharon rückfällig und begann so heftig zu trinken, dass sie zu einer Therapeutin ging, die ihr sofort die Anonymen Alkoholiker (AA) empfahl. Dieses Mal willigte Sharon ein. Obwohl sie Angst hatte und unsicher war, ging sie zu dem ersten Treffen. Sie setzte sich in den hinteren Teil des Raumes und eine Frau, die neben ihr saß, sagte: „Sie sehen aus, als seien Sie neu hier. Alles, was Sie tun müssen ist, hier zu sein. Und übrigens, ich heiße Robin und ich bin Alkoholikerin." Sharon sagte: „Sofort hatte ich das Gefühl, dorthin zu gehören; und ich hatte das Gefühl als hätte ich schon seit jeher hierhin gehört." Sie fuhr fort:

Für mich genügte es nicht, trocken zu werden ... In mir drinnen änderte sich ja nichts. Aber bei den AA wurde man ermutigt, sich zu ändern, erwachsen zu werden. Wenn man sich aktiv an dem Programm beteiligt, wird man gefördert, aber man hat auch eine Verantwortung, nämlich die Erkenntnis, dass es, ja, vielleicht Gründe dafür gegeben hat, dass man getrunken hat, vielleicht auch eine Veranlagung dazu, vielleicht lag es in der Familie – dort kümmert man sich um dich, aber dann heißt die Devise: „Raff dich auf und sieh zu, dass du mit deinem Leben weiterkommst." Beides gehört zusammen. Man bekommt nicht den Freibrief, sich nicht weiter zu entwickeln. Man bekommt keinen Bonus für die Opferrolle; die Leute dort ziehen einen zur Rechenschaft.

Vielleicht zwang die Teilnahme an dem Programm der Anonymen Alkoholiker Sharon dazu, sich ehrlich mit sich selbst zu beschäftigen, eine „moralische Inventur“ vorzunehmen und bei denjenigen Wiedergutmachung zu leisten, denen sie Unrecht getan hatte. Oder es könnte sein, dass das Programm von ihr verlangte, eine Beziehung mit einer höheren Macht einzugehen und sich eine tägliche spirituelle Routine anzugewöhnen. Vielleicht lag es auch daran, dass sie in dem Programm ermutigt wurde, auf andere Alkoholiker zuzugehen. Oder vielleicht war es einfach nur die unglaubliche Unterstützung, die sie durch die Menschen in dem Programm erhielt und die feste Erkenntnis, dass sie mit ihrem Kampf nicht alleine war. Aus welchen Gründen auch immer, die AA veränderten ihr Leben. Sie erklärte:

> *Ich habe jetzt eine qualitativ andere Existenz und das Einzige, was in meinem Leben jetzt anders ist, sind meine Aktivitäten mit den AA. Frieden, innere Ruhe, Bodenhaftung – jetzt fühle ich all das, was ich vorher nicht gefühlt habe. Vielleicht habe ich manchmal einen scheußlichen Tag, aber mein lieber Junge, das ist ein herrliches Leben. Mir ist jetzt auch stärker bewusst, welcher Bedarf an Hilfeleistung besteht, daran, zurückzugeben, was man bekommen hat. An erster Stelle steht immer, dass ich nicht trinke, aber dann bleibt man nüchtern, weil man anderen hilft.*

Inzwischen arbeitet Sharon ehrenamtlich im Krankenhaus, wo sie für die Patienten Flöte spielt. Außerdem hilft sie, AA-Treffen zu organisieren. Und sie hat eine tiefe und leidenschaftliche Verbindung zu Gott aufgenommen, indem sie regelmäßig zur Kirche geht, die Bibel liest und betet. All diese Dinge spielten vor ihrem Leben mit AA nicht diese bedeutende Rolle.

Eltern werden

Kaum etwas verändert ein Leben so sehr wie die Elternschaft. Es ist eines der unglaublichsten Ereignisse, die einem passieren können. Wir sind biologisch darauf programmiert, uns fortzupflanzen; so stellen wir sicher, dass das Leben auf diesem Planeten weiter besteht. Aber ein Kind zu haben und zu erziehen geht weit über bloße Biologie hinaus, denn es ist eine der schönsten emotionalen und spirituellen Erfahrungen, die man in diesem Universum machen kann. (Naja, vielleicht bin ich da ein bisschen voreingenommen.)

Elternschaft ist anspruchsvoll, aufreibend und bringt einen zur Verzweiflung, ist aber auch Erfüllung, Überschwang und Freude. Nur wenige Dinge im Leben sind so schonungslos schwierig und doch so bedeutungsvoll. Immer und immer wieder im Laufe der Jahre wird von Eltern gefordert, dass sie den Tanz der Liebe tanzen und gleichzeitig loslassen können, dass sie sich als Person und als Elternteil neu definieren, dass sie ihre Ehe und/oder andere Beziehungen neu strukturieren. Es ist ein Prozess, der tatsächlich niemals endet, denn wird man einmal Eltern, bleibt man für immer Eltern.

Eine Mutter erzählte mir einmal: „Alleine kann ich nicht stark sein, aber für meine Kinder kann ich es. Sie locken eine Stärke aus irgendeiner Ecke in mir hervor, von der ich nicht einmal wusste, dass ich sie besaß. Zu ihrem Wohle kann ich stark sein."

Katrina zwang sich buchstäblich dazu, „erwachsen zu werden", nachdem sie ihr erstes Kind bekommen hatte. Die Anwesenheit ihrer Tochter gab ihr die Kraft und die Motivation, selbst zu reifen. Zum ersten Mal in ihrem Leben musste sie das Wohl einer anderen Person über ihr eigenes stellen und konnte sich nicht mehr nur auf „ich, ich, ich" konzentrieren.

Sie erkannte auch, dass sie für ihre Tochter ein Vorbild war und dass es aus diesem Grund das Beste wäre, der tollste Mensch der Welt für ihre Tochter zu sein. Sie erzählte mir: „Ich sagte mir, ich habe jetzt dieses Kind, das den Rest seines Lebens auf mich als Vorbild schauen wird und wenn ich mich nicht ändere – ob das nun die nachtragende Person, die überempfindliche Person oder die herrschsüchtige Person in mir ist – dann übernimmt sie das und reicht das weiter. Ich habe mich bewusst bemüht, mich selbst zu beurteilen und mich mit ganzem Herzen und ganzer Seele bemüht, mich zu verändern und zu verbessern."

Katrina war wirklich kein schlechter Mensch, aber sie war überaus dominant. Das hatte sie von ihrer Mutter. Und sie war überempfindlich, was sie von ihrem Vater hatte. Und zudem war sie sehr nachtragend – mit sich selbst. Sie hatte als Teenager zwei Abtreibungen machen lassen und sich das niemals verziehen.

Sie sagte: „Mit 18 bin ich einfach gestorben. Ich bin nie älter als achtzehn geworden; ich war in diesem Alter gefangen, weil ich mich so schuldig fühlte. Ich habe mich nicht mit den Dingen beschäftigt, mit denen sich andere in meinem Alter beschäftigten, weil ich so mit dem beschäftigt war, was passiert war. Die wichtigen Dinge sind nicht so gewachsen, wie sie eigentlich hätten sollen. Aber dann, mit 33, hat meine Tochter mein Leben bereichert und ich beschloss, nicht mehr 18 zu sein. Und seitdem mache ich eine Zeitreise durch, um mich selbst einzuholen."

Katrina ging auf eine Mission, um sich selbst zu vergeben. Sie sprach mit einem Priester. Sie las ein Buch über Vergebung. Und sie erkannte, dass sie jung gewesen war, Fehler gemacht und falsche Entscheidungen getroffen hatte, aber dass sie sich nicht für den Rest ihres Lebens dafür bestrafen musste. Sie musste loslassen. Sie musste sich selbst vergeben.

Zum Wohle ihrer Tochter tat sie es auch. Sie sagte dazu: „Meine Tochter ist für mich wie ein Spiegel. Sie sagt und tut Dinge auf eine bestimmte Weise, weil ich sie beeinflusse. Wenn dieses kleine Mädchen nicht gewesen wäre, wäre ich nicht gezwungen gewesen, mich zu ändern. Sie bildete den wichtigsten Antrieb für diesen Prozess. Ich habe gelernt, mich zu lieben, denn nur wenn ich das tue, kann ich offen sein und sie lieben. Wenn ich mich nicht lieben kann, wie könnte ich dann andere lieben?"

Wenn man sich auf die unglaubliche Kraft und Verantwortung einlässt, die ein Kind mit sich bringt, kann das ein Auslöser für persönliches Wachstum sein.

Transformatives Reisen

In dem Buch *Travel that Can Change Your Life* prägt Jeffrey Kottler den Begriff „transformatives Reisen" und bezeichnet damit eine Reise, die mehr bedeutet als eine bloße Urlaubsreise. Eine transformative Reise ermöglicht eine Auszeit vom normalen Leben, um nachzudenken und Dinge neu zu beurteilen. Solche Reisen können den Lauf eines Lebens ändern und sogar dazu führen, dass man ein wenig erwachsener wird.

Ich habe einmal einen Film über eine Frau gesehen, die im frühen zwanzigsten Jahrhundert aufwuchs. Es war eine von diesen Geschichten über mehrere Generationen. Ich kann mich deswegen noch an diese Geschichte erinnern, weil die Enkelin dieser Frau eine lebensverändernde Reise unternahm. Diese Enkelin im Teenager-Alter war trotzig und streitsüchtig wie man es von einem Teenager erwartet. Sie verkündete ihrer Familie, die gegen diese Reise war, dass sie nicht zum College gehen würde, weil ihr das zu spießig, zu bourgeois wäre. Also nahm die Großmutter, eine Fotografin, sie mit in ein Dritte-Welt-Land, wo sie eine Fotoserie aufnahm.

Als sie eines Tages in den Feldern waren, in denen sie Aufnahmen von den Arbeitern machten, die dort Obst pflückten, erschien plötzlich aus dem Nichts ein LKW voller Farmbesitzer, die die Arbeiter schlugen und misshandelten. Einer der verletzten Männer starb in den Armen der Enkelin. Als die junge Frau wieder in ihr Zuhause in Amerika zurückkehrte, war sie nicht mehr dieselbe Person. Ihre Sichtweise des Lebens hatte sich erweitert, verändert. Sie ging nicht nur auf das College, sondern absolvierte sogar noch ein Medizinstudium. Es wurde ihre Mission, den Verletzten und Unterdrückten zu helfen. Am Ende eröffnete sie eines der ersten Heime für misshandelte Frauen in Nordamerika. Hätte sie mit ihrer Großmutter nicht diese schicksalhafte Reise unternommen, wer weiß, was aus ihrem Leben geworden wäre?

Manchmal verändern uns Reisen unwiderruflich. Sie bringen uns in Kontakt mit Völkern, Kulturen und Orten, so dass wir anschließend die Welt nie mehr mit denselben Augen betrachten können werden. Sie ermöglichen uns eine Flucht, einen Aufschub von den Lasten und Routinen des Alltags. Sie geben uns Ruhe, um nachzudenken, um eine Reise ins Innere zu unternehmen, um zu überlegen und unser Leben neu zu beurteilen. Und manchmal konfrontieren sie uns mit neuen Vorstellungen, anderen Gewohnheiten und neuen Visionen, die wir in unser Leben integrieren.

Laura war 46 und hatte im Alter von zwanzig Jahren beschlossen, ihrem Herzen zu folgen und sich auf eine Pilgerreise nach Indien zu begeben. Sie hatte damals keine Verpflichtungen, also keinen Mann, keine Kinder. Sie liebte das Abenteuer und andere Kulturen und so beschloss sie, es zu wagen. Sie kündigte ihren Job, nahm alles Geld, das sie gespart hatte und machte sich auf den Weg nach Indien, lediglich mit ein paar Groschen in der Tasche und einem Gebet auf den Lippen.

Diese Art von Abenteuer hat mich schon immer fasziniert. Es hört sich unglaublich aufregend und glamourös und doch weiß man, dass es ausgesprochen zermürbend, beängstigend und schwierig ist. Indien ist nicht unbedingt der perfekte Ort für allein reisende junge Amerikanerinnen.

Für Laura hatte diese Reise sicher auch ihre herausfordernden Momente, aber es war eine Reise die ihr Erleuchtung und Lebensmut gab, vor allem deshalb, weil sie die Vipassana Meditation der Buddhisten erlernte, die sie auch heute noch, gut zwanzig Jahre später, praktiziert. Diese Art der Meditation lehrte Laura etwas über Loslassen und Achtsamkeit, wodurch die Basis dafür gelegt wurde, dass Laura eine authentische Erwachsene wurde. Sie sagte:

> *Die Meditation hat mich gelehrt, dass wir einen Kopf haben, aber nicht der Kopf sind; dass wir einen Körper haben, aber nicht der Körper sind; wir haben Gefühle, aber wir sind nicht unsere Gefühle. Ich konzentrierte mich darauf, mein beobachtendes Selbst zu entwickeln, das „Ich", und mit diesem „Ich" zu sprechen, das wir so leicht aus den Augen verlieren. Das ist so etwas wie eine bifokale Sicht, die ich da als Therapeutin einnehme – ich sehe die Person mit ihrem Problem, aber ich konzentriere mich immer auf das „ich weiß, dass es da auch ein höheres Selbst gibt, dieser Mensch hat nur im Moment keinen Zugang zu diesem Selbst, er hat es vergessen." Das habe ich immer im Hinterkopf und frage mich, wie ich das nach vorne bringen kann, wie ich dieser Person helfen kann, in Beziehung zu ihrem höheren Selbst zu treten und dort nach den Antworten auf die Probleme zu suchen.*

Was Laura in dieser prägenden Lebensphase lernte, lieferte ihr Werkzeuge, die ihr im Laufe der Jahre gute Dienste leisteten und ihr halfen, erwachsen zu werden.

Aber man muss nicht am Anfang seines Erwachsenen-Lebens stehen, um so eine transformative Reise zu unternehmen. Ann Linnea paddelte im Alter von 43 Jahren in einem Kajak über den Lake Superior (das sind über 2 900 Kilometer!), um über den Sinn und Zweck ihres Lebens nachzudenken. Sie schreibt über dieses Erlebnis in ihrem Buch *Deep Water Passage: A Spiritual Journey at Midlife*. Sie suchte nach einer Verbindung zu ihrem intuitiven Selbst. Sie suchte eine Art von Heilung, einen neuen Energieschub für ihr Leben.

Sie schreibt: „Ich glaube, das größte Geschenk, das ich mitgebracht habe, ist die Fähigkeit, einfach in meinen Garten oder in einen Park zu gehen und zu wissen, wie man still ist, wie die Gegenwart der Natur mich füllt und mich stärkt und mir die Kraft gibt, zurück zu gehen und das zu tun, was im täglichen Leben getan werden muss – und zwar mit einem tieferen spirituellen Bewusstsein." Ihre Reise gab ihr auch den Mut, viele wichtige Veränderungen in ihrem Leben vorzunehmen, die ihre Familie (sie ließ sich scheiden) und ihre berufliche Laufbahn betrafen (sie zog um und gründete ein eigenes Bildungsinstitut!).

Eine persönliche Entdeckungsreise kann jeder Mensch in jeder Phase seines Lebenszyklus unternehmen. Ob es nun eine Reise in die Wildnis ist, eine Reise in die Zurückgezogenheit, eine Abenteuerreise in eine Großstadt, sie kann Auslöser für intensive persönliche Veränderungen sein und das Erwachsenwerden fördern.

Auf den Blitzschlag warten

Nicht jeder hat das „Glück" eines einschneidenden Erlebnisses, sei es segensreich oder tragisch, um daraus eine Motivation für Wachstum abzuleiten. Wenn Sie herumsitzen und auf „etwas" warten, irgendeinen Auslöser, der sie auf die Reise schickt, warten Sie vielleicht den größten Teil ihres Lebens vergeblich und verschwenden kostbare Zeit. Eine Frau erzählte mir einmal: „Ich habe so viele Jahre damit verbracht, mich darauf vorzubereiten, zu leben und dann habe ich beschlossen, dass ich damit lieber damit anfange, weil die Kerze schon ziemlich heruntergebrannt war." Was wir täglich erleben ist nicht die Generalprobe für's Leben – es ist das wahre Leben.

Und ich möchte auch festhalten, dass sogar starke Auslöser, die einem im Leben begegnen können, unter Umständen nicht den geringsten Impuls für irgendetwas geben. Mit anderen Worten: Für die meisten von uns ist eine Reise einfach ein schöner Urlaub und dann kehren wir zurück, ganz und gar unverändert, in unser eingefahrenes Leben.

Es kann auch vorkommen dass „Problemkind-Eltern" selbst so abhängig und bedürftig sind, dass sie von ihren Kindern erwarten, dass diese ihre unerfüllbaren Bedürfnisse stillen. Und manche Eltern sind so unreif und verantwortungslos – zum Beispiel Väter, die die Alimente nicht bezahlen und Mütter, die ihre Kinder vernachlässigen oder schlecht behandeln – dass sie ihre Kinder zwar auf eine Art vielleicht lieben, sich aber nicht wie liebende authentische Erwachsene verhalten.

Auch ein schmerzhafter Verlust ist kein Freifahrtschein zur Transzendenz, denn viele Trauernde verstricken sich in Angst, Verbitterung und Wut. Die Gefahr eines Verlustes liegt darin, dass er in emotionale Blockade und Verkümmerung führen kann. Und schließlich sterben viele Alkoholiker als Alkoholiker oder als trockene Alkoholiker, die sich aber im Inneren nie verändert haben. Dasselbe gilt für unheilbare Krankheiten Nahtoderfahrungen und schwere Unfälle. Selbst ein Blitzschlag im Leben bedeutet keine Garantie dafür, dass sofort ein Veränderungsprozess in Gang gesetzt wird. Natürlich ist es möglich, dass der Samen der Veränderung in solchen Momenten gesät wird. Wenn wir uns dazu entschließen, diese zu gießen, werden sie wachsen.

Also wie wollen Sie aktiv nach der Veränderung suchen? Wie wollen Sie wachsen – egal, ob die Umstände dazu anspornen oder nicht? Ist es möglich, Persönlichkeitswachstum durch die bloße Entschlossenheit dazu anzuregen?

Tatsächlich ist es möglich, aus eigenem Antrieb eine Veränderung vorzunehmen. Und genau hier setzt das Vier-Säulen-Programm an. Sowohl die vier Säulen als auch die vier Grundschritte (LAUB) bieten Ihnen das Fachvokabular und einen Plan für gezieltes Wachstum. Alles, was Sie tun müssen, ist, sich zu sich selbst zu bekennen. Im nächsten Kapitel werden das Programm und die Philosophie, die dahinter steckt, erklärt.

Der authentische Erwachsene im Überblick

Ein authentischer Erwachsener zu sein hat letztlich nichts mit Größe oder gar Alter zu tun. Die Kindergartenklasse meines Sohnes hat jede Woche ein Motto, zum Beispiel Ausdauer, persönliche Bestleistung, Selbstkontrolle, Zusammenarbeit, Integrität, Geduld und Selbstvertrauen. Vielleicht hatte Robert Fulghum mit seinem Buch *All I Really Need to Know I Learned in Kindergarten* Recht. Die meisten Erwachsenen täten gut daran, sich auf solche Wochenmottos zu konzentrieren.

Für manche von uns können bestimmte Ereignisse und/oder Phasen im Leben als Sprungbrett für tief greifendes Wachstum und Reifen dienen. Verlust, Genesung, Elternschaft und Reisen sind nur ein paar wenige Beispiele, die eine Veränderung auslösen können. Leider haben zu viele von uns Angst vor der Veränderung. Ob es nun der Sprung ins kalte Wasser ist und man einen neuen Job annimmt oder so etwas relativ harmloses wie eine neue Frisur. Sehr häufig klammern wir uns mit einer Hartnäckigkeit an das Vertraute, die sich jeder Vernunft entzieht. Also was sollen wir machen? Naja, eine Möglichkeit, die wir häufig nutzen ist die, uns bei jemandem Rat zu holen, bevor wir voranschreiten. Aber manchmal ist ein Rat nicht genug, also verhalten wir uns wie früher als wir noch Kinder waren: Wir versuchen andere dazu zu bewegen, uns in das große neue Abenteuer zu begleiten. Natürlich gibt es Menschen, die weder Rat noch Begleitung brauchen. Wir erinnern uns doch noch alle an die Draufgänger aus der Nachbarschaft. Was ist eigentlich aus denen geworden?

Für den Rest (die meisten von uns), der ein bisschen Anleitung benötigt, gibt es jetzt einen kleinen Schubs zum Wachwerden. Lesen Sie weiter ...

Lesetext

Aus: Grow Up! How Taking Responsibility Can Make You a Happy Adult

von Frank Pittman

Das Erwachsenenalter ist befreiend. Erwachsene können sich selbst definieren und müssen sich nicht von denen definieren lassen, denen sie gefallen oder nicht gefallen wollen. Wenn wir erst frei sind, aus eigenem Antrieb die richtigen Dinge zu tun, dann werden wir diese wahrscheinlich auch tun. Und wenn wir wissen, dass wir das tun, dann hat das viel mehr Kraft, uns glücklich zu machen.

Das Erwachsenenalter ist angenehm. Erwachsene sind geworden, was sie werden wollten. Der schreckliche Kampf mit Veränderungsprozessen in Körper und Seele ist vorüber. Die Angst und Verzweiflung sind fort. Wir sind angekommen. Wir sind in der Welt daheim. Wir können uns entspannen und vor der Schlafenszeit zu Bett gehen, ohne Angst haben zu müssen, etwas zu versäumen.

Visualisierung

Die folgende Visualisierung habe ich einer Visualisierungstechnik, die von Ann V. Graber entwickelt wurde, entnommen. Diese Technik ist als *Logo-Anker-Technik* bekannt.

Es geht hier um eine Visualisierung, die Sie auffordert, ein Erlebnis auszuwählen, das Ihnen viel bedeutet, entweder aus der Vergangenheit oder aus einer angenommenen Zukunft. Es handelt sich um ein Werkzeug, das dazu dient, nach bedeutungsvollen Momenten in Ihrem Leben zu suchen, um die gewaltigen inneren Ressourcen zu entdecken, die eine Veränderung bewirken können, die dann zu einer neuen Sichtweise oder Einstellung führt. Dr. Graber behauptet, die Logo-Anker-Technik ist wie eine kleine Erholungspause auf den inneren „Kurinseln".

Diese Visualisierungstechnik basiert auf einer Philosophie, die von Dr. Viktor Frankl entwickelt wurde und als *Logotherapie* bekannt ist – eine Therapie, die darauf basiert, dem Patienten zu helfen, den Sinn in seinem Leben zu finden. Dr. Frankl überlebte das Konzentrationslager in Nazideutschland und verbreitete auch danach seine Thesen zum Thema Sinnsuche.

Beginnen Sie, indem Sie Ihren Körper darauf vorbereiten, sich zu entspannen. Strecken Sie die Arme hoch über den Kopf. Dann strecken Sie sie zur Seite. Lassen Sie die Arme fallen und rollen Sie den Kopf langsam von einer Seite zur anderen. Bringen Sie Ihren Körper in eine angenehme Position und schließen Sie die Augen.

Denken Sie an das, was Sie eben gelesen haben. Woran denken Sie dabei? Hat der Text ein Gefühl in Ihnen ausgelöst? Hat der Text Sie an eine Erfahrung aus Ihrem eigenen Leben erinnert? Akzeptieren Sie jede Botschaft, die der Text Ihnen mitteilt.

Und jetzt konzentrieren Sie sich auf Ihren Körper und darauf, wo im Raum Sie sich gerade befinden. Achten Sie auf Ihren Atem, wie sie ein- und ausatmen. Achten Sie auf die Luft um Sie herum und wie sie sich auf Ihrer Haut anfühlt. Lauschen Sie den Geräuschen, die Sie möglicherweise um sich herum wahrnehmen. Achten Sie auf Gerüche. Werden Sie sinn-lich im wahrsten Sinne des Wortes, erfassen Sie Ihre Umgebung und welchen Platz Sie in ihr einnehmen. Fühlen Sie das Gewicht der Kleidung auf Ihrem Körper. Fühlen Sie das Gewicht Ihres Körpers auf dem Fußboden oder dem Stuhl. Atmen Sie dreimal tief ein und aus. Ihr Bewusstsein geht auf eine Reise.

Stellen Sie sich vor, wie Sie eine Treppe hinunter gehen. Immer weiter gehen Sie nach unten, und wenn Sie unten ankommen, ist da eine Tür. Die Tür öffnet sich und Sie erkennen schon beim Hindurchgehen, dass Sie in der Zeit zurückgegangen sind. Stellen Sie sich sich selbst in einer Situation vor, in der Sie sich sehr „erwachsen" und „fähig" fühlten. Vielleicht haben Sie etwas Tolles erreicht oder vielleicht war es ein ganz normaler Tag, an dem Sie sich ganz friedvoll und weise fühlten. Suchen Sie nach einem Erlebnis bei dem Sie sich überschwänglich, selbstbewusst und ungewöhnlich kraftvoll fühlten.

Nehmen Sie diese Erinnerung und versuchen Sie, sie sich klar vor Ihrem geistigen Auge auszumalen. Wo genau waren Sie? Was hatten Sie an? Was taten Sie gerade? Wer war noch dort? Nehmen Sie sich Zeit und versuchen Sie, genau das zu empfinden, was Sie damals empfunden haben. Haben Sie gelächelt? Lassen Sie das Gefühl noch ein bisschen auf sich wirken und erinnern Sie sich an das Gefühl, die ganze Welt umarmen zu können. Wie fühlen Sie sich jetzt, wo Sie daran denken und sich alles noch einmal vorstellen? Die Gefühle dieses Moments können Sie immer begleiten – Sie können sie abrufen, wann immer Sie es wollen. Verharren Sie noch ein Weilchen in der Stille.

Jetzt, sobald Sie bereit dazu sind, kehrt Ihr Bewusstsein auf einer Lichtwelle wieder in Ihren Körper zurück. Beginnen Sie wieder, Ihren Körper in dem Raum wahrzunehmen. Fühlen Sie, wie Ihr Körper wieder Halt gewinnt und in die reale Welt zurückkehrt. Wackeln Sie mit den Fingern und Zehen. Atmen Sie tief ein und aus. Beginnen Sie langsam, Arme und Beine sanft von einer Seite zur anderen zu bewegen. Atmen Sie noch einmal tief ein und aus. Erlauben Sie sich zu fühlen, wie eine pulsierende Energie durch Ihren Körper strömt und Sie wieder belebt. Ich zähle jetzt von eins bis fünf, und wenn Sie nach der Fünf bereit sind, können Sie die Augen öffnen. Eins ... zwei ... drei ... vier ... fünf. Sie können jetzt die Augen öffnen.

Tagebuchfragen

Was dachten Sie von Erwachsenen, als Sie ein Kind waren? Wer lebte Ihnen vor, wie sich ein Erwachsener zu verhalten hat?

Was fühlten Sie als Kind im Hinblick darauf, selbst erwachsen zu werden? Waren Sie aufgeret und konnten es kaum abwarten? Worauf haben Sie sich besonders gefreut? Oder wollten Sie es gar nicht wissen und hatten Angst vor dem Prozess, der da kommen würde? Was war es, wovor Sie solche Angst hatten?

Was für eine Art Erwachsener sind Sie jetzt? Wo sind Sie stecken geblieben? Wie anders würde Ihr Leben aussehen, wenn Sie ein authentischer Erwachsener wären?

Übungen

Lektüre: Lesen sie Memoiren oder eine Biographie von jemandem, den Sie schon immer bewundert haben, jemand, der ein authentischer Erwachsener zu sein scheint. Berücksichtigen Sie dabei Männer und Frauen, lebende Zeitgenossen oder eine historische Persönlichkeiten. Eleanor Roosevelt, Gandhi, Benjamin Franklin, Golda Meir, Thomas, Jefferson sind nur ein paar Vorschläge. Was können Sie lernen, indem Sie etwas über diese Person lesen?

Liste: Erstellen Sie eine Liste mit mindestens zehn Dingen/Ereignissen/Aktivitäten/Situationen, die dazu beigetragen haben, dass Sie sich wie ein Erwachsener gefühlt haben. Beginnen Sie in chronologischer Reihenfolge. Denken Sie über jedes einzelne Ereignis nach. Wie haben Sie sich da gefühlt? Wie haben Sie reagiert? Wie hat das einzelne Ereignis Sie – unterschwellig oder dramatisch – verändert? Was hatte den größten Einfluss darauf, dass Sie sich auf die Reise zum authentischen Erwachsenen gemacht haben? Schreiben Sie einen Aufsatz darüber und wie es Sie in Ihrer Entwicklung beeinflusst hat.

Betrachtung: Schreiben Sie zwanzig Dinge auf, die Erwachsene tun können, Kinder aber nicht. Ist es nicht toll, erwachsen zu sein?

Brief: Unsere beruflichen Entscheidungen werden häufig von anderen beeinflusst. Schreiben Sie einen Brief an jemanden, der Sie bei Ihrer Entscheidung beeinflusst hat. Sagen Sie dieser Person, wie Sie sich fühlen. Wenn Sie der Meinung sind, dass Sie nicht in dem Bereich arbeiten, den Sie sich ursprünglich einmal ausgesucht hatten, erklären Sie warum und wie Sie über Ihre Entscheidung denken.

Kapitel 4

Das Vier-Säulen-Programm

Denken Sie über die Dinge nach, die für die Sie im Moment ein Segen sind. Davon hat jeder Mensch eine Menge. Denken Sie nicht an das Unglück vergangener Tage, davon hat jeder Mensch ein wenig.

– Charles Dickens

An einem Herbsttag in New England saßen eine Freundin von mir, eine College-Professorin, und ich zum Mittagessen zusammen und sie machte eine interessante Bemerkung über die Studenten in ihrem neuen Semester. Sie sagte: „Je mehr Studenten im Collegealter ich sehe, die aus schwierigen Familienverhältnissen kommen – mit Eltern, die nie erwachsen geworden sind – desto mehr frage ich mich, wie diese Studenten erwachsen sein *können*. Wir schaffen hier eine Gesellschaft, in der eine Menge Menschen einfach nicht wissen, was es bedeutet, erwachsen zu werden.

Das ist wirklich wahr. Manche Menschen *wissen* nicht, was es heißt, ein Erwachsener zu sein. Sie haben es nicht von ihren Eltern gelernt und sie lernen es auch nicht aus den Quellen unserer Kultur wie Büchern, Filmen, aus dem Internet oder Fernsehen. Aber die Entschuldigung, keine Vorbilder zu haben, geht auch wirklich nur so weit. Andere für seine eigene Situation verantwortlich zu machen, ist definitiv unerwachsen.

Also gilt auch hier wieder: Wenn Sie keinen Anreiz, keinen Lehrer, kein Vorbild oder irgendeine Erleuchtung hatten, die sie auf den Pfad des Erwachsenwerdens gebracht hat, tja, dann haben Sie Pech gehabt. Aber jetzt ist es an der Zeit, die Dinge selbst in die Hand zu nehmen.

Der Erwachsene in Ihnen

Es gibt einen entscheidenden Unterschied zwischen Erwachsensein und mit seinem *inneren* Erwachsenen in Verbindung zu stehen. Wenn Sie Ihren inneren Erwachsenen beanspruchen, führt das dazu, dass Sie erwachsen werden. Aber Sie können auch ein Erwachsener sein, ohne Ihren inneren Erwachsenen zu fordern. Also, bevor wir uns hier in Haarspaltereien ergehen, uns wegen Wortklaubereien herumstreiten oder uns in Zungenbrechern verwickeln, sollten wir vielleicht noch einmal überlegen, was der innere Erwachsene genau ist. Es ist einfach Ihr höchstes Inneres, Ihr Bestes, der Kern in Ihnen, der Verantwortung übernimmt, der reif, liebevoll und spirituell ist. Mit anderen Worten – und das ist der Schlüssel – Ihr innerer Erwachsener existiert bereits! Sie brauchen Ihren inneren Erwachsenen noch nicht einmal zu entwickeln; Sie müssen nur lernen, sich ihn zu Nutze zu machen. Sie können es auch so betrachten, dass Ihr innerer Erwachsener Sie in das authentische Erwachsensein führt. Wahres, echtes Erwachsensein, bei dem Sie bestimmen, wer Ihr eigenes Leben regiert.

Vielleicht haben Sie in letzter Zeit nicht viel von Ihrem inneren Erwachsenen gesehen, aber er ist da, wirklich. So wie Ihr inneres Kind eine unsichtbare aber starke Präsenz hat, hat auch Ihr innerer Erwachsener das Potenzial, eine unsichtbare aber starke Macht zu sein. Hatten Sie schon jemals das Gefühl, Ihr ärgster Feind zu sein oder dass Sie sich ständig selbst im Wege standen? Wenn Sie sich mit Ihrem inneren Erwachsenen verbünden, haben Sie den Anwalt, der auf Ihrer Seite steht. Ihr innerer Erwachsener arbeitet für Sie, hilft Ihnen aus, zieht Sie aus dem Dreck. Er ist wie Ihr bester Freund, der für Ihre vorrangigen Interessen arbeitet. Ihr innerer Erwachsener ist nicht selbst-zerstörerisch, sondern selbst-konstruktiv.

Sie mussten es sein

Alles, was Sie jemals gebraucht haben, steckt bereits in Ihnen, wird von Ihrem inneren Erwachsenen zur Verfügung gestellt. Haben Sie den Disney-Film *Aladdin* gesehen und erinnern Sie sich an die Stelle, an der der Flaschengeist (gespielt von Robin Williams) singt: „Nie hattest du einen Freund wie mich"? Nun, so ähnlich würde es sich anhören, wenn

Ihr innerer Erwachsener Ihnen etwas vorsingen würde. Er kennt die Antworten bereits. Sie hat schon alle Lösungen parat.

Freud, der Begründer der Psychoanalyse, hätte diesen Teil unserer Persönlichkeit vielleicht Über-Ich genannt (das Lager für das Gewissen der Gesellschaft, Ideale und Wertvorstellungen). Eric Berne, Gründer der Transaktionsanalyse, hätte diesen Teil der Persönlichkeit wohl Eltern-Ich (das fürsorgliche, praktisch denkende Ich) genannt. Lama Surya Das, Autor von *Awakening the Buddha Within*, hätte diesen Teil unserer Persönlichkeit wahrscheinlich den inneren Buddha genannt. Unser innerer Erwachsener ist all das und noch viel mehr.

Ich habe mich dafür entschieden, diesen entscheidenden Aspekt der Persönlichkeit den inneren Erwachsenen zu nennen, da dieser Begriff besonders deutlich die Perspektive eines Kindes hervorhebt. Das Kind erinnert sich möglicherweise daran, Erwachsene immer für mächtig, schlau, fähig, zuverlässig und stark gehalten zu haben. Und dann entdeckt genau dieses Kind, dass Erwachsene eigentlich auch nur Menschen sind, voller Fehler und Unzulänglichkeiten. Vielleicht hat das Kind den inneren Erwachsenen damals idealisiert – jetzt ist es an dem inneren Erwachsenen, zu halten, was dieses Idealbild einmal versprach!

Überlegen Sie nun, was das bedeuten kann. Mit den Fehlern zu leben, aber das idealisierte Potenzial anzustreben – anstatt abgestumpft, zynisch oder resigniert zu sein. Es kommt so häufig vor, dass Erwachsene Kompromisse machen, zurückstecken und ihre Lethargie damit begründen, dass das Leben nun einmal ungerecht sei. Mein ganzes Leben lang habe ich von meiner Mutter den Satz „Das Leben ist nicht fair!" gehört. Und natürlich weiß ich, dass das stimmt. Aber sollte uns das wirklich davon abhalten, daran zu arbeiten, das Leben für alle besser zu gestalten? Der innere Erwachsene als idealisierte Form unseres Ichs motiviert uns dazu, mehr zu sein, mehr zu tun.

Der innere Erwachsene ist an eine riesige Energieversorgung angeschlossen, ein Bereich, der Generationen verbindet. Carl Jung identifizierte etwas, das er das kollektive Unbewusste nannte, ein Reservoir von Gedanken, Gefühlen und Wahrheit, die jenseits des Individuums liegen, aber uns allen zur Verfügung stehen. Dieses kollektive Unbewusste wird nicht nur von all jenen genährt, die leben, sondern ist angefüllt mit der Energie all der Menschen, die jemals gelebt haben. Betrachten Sie diese Ressource als Weisheit der Jahrhunderte, als die

Stärke, die durch unsere Gene von unseren Vorfahren übernommen und weitergegeben wird. Ich glaube, dass dieses kollektive Unbewusste zum Teil unseren inneren Erwachsenen nährt und ihn damit stärker macht als ein einzelner Mensch sein kann.

Jung und viele derjenigen, die diese Theorie unterstützten, sprachen auch von der Macht der Archetypen. Archetypen, wie Jung sie definierte, sind Verhaltensmuster die tief in der Psyche des Menschen verankert sind und über alle Zeiten hinweg erhalten blieben. Er fand diese Archetypen in der Literatur, in der Kunst, in der Mythologie und sah deren Ausdruck sogar in den Träumen seiner Patienten. In ihrem Buch *The Hero Within* untersucht Dr. Carol S. Pearson sechs der Archetypen, die ihrer Meinung nach bei jedem Menschen vorkommen. Diese sind: das Waisenkind, der Unschuldige, der Wanderer, der Altruist, der Krieger und der Zauberer. Ihr innerer Erwachsener repräsentiert die besten Eigenschaften jedes der sechs Archetypen, besonders die der letzten drei. Wenn wir uns zu authentischen Erwachsenen entwickeln, wenn wir uns vollkommen im Griff und sowohl unser inneres Kind als auch unseren inneren Erwachsenen in unsere Persönlichkeit integriert haben, verkörpern wir den besten aller Altruisten, Krieger und Zauberer, den es gibt und immer schon gab – in jedem einzelnen von uns. Ihren inneren Erwachsenen zu fordern, bedeutet zu lernen, wie man diese Dimensionen in uns selbst zugänglich macht und nutzt.

Teils Phantasiegestalt, teils Bewusstsein, teils göttliches Wesen, teils Idealisierung, teils Geist, teils Möglichkeit – Ihr innerer Erwachsener ist ein vollständiges Ganzes. Und wie wenig war Ihnen bisher bewusst, dass diese phänomenale Ressource in Ihnen steckt! Sie steht Ihnen zur Verfügung, um Sie zu beeinflussen, zu formen, zu modellieren, zu inspirieren, zu tragen, zu verwöhnen, zu schmeicheln, zu führen, zu leiten und zu stärken. Alles was Sie brauchen, ist der Schlüssel, um die Tür zu öffnen und Zutritt zu dieser Ressource zu bekommen ... den Rest zeigt Ihnen Ihre innere Kraft von alleine. Und der Schlüssel ist meiner Meinung nach das Vier-Säulen-Programm. In diesem Programm wird Ihr innerer Erwachsener einfach in vier Komponenten unterteilt, zur näheren Betrachtung und besseren Erreichbarkeit.

Die vier Säulen

Das Vier-Säulen-Programm ist ein neues Denkmuster, ein neues Raster, die Welt zu beobachten und zu analysieren. Es bietet 1.) einen Rahmen für Ihr Bewusstsein, 2.) Werkzeuge und Übungen für das Wachstum – dazu gehört auch die vierstufige LAUB-Technik, um einen Veränderungsprozess gezielt in Gang zu setzen und 3.) praktische Beispiele, die Inspiration und Hoffnung geben sollen. Wenn Sie dem roten Faden dieses Programms folgen, eröffnet Ihnen dies eine neue Denkweise und hoffentlich ein neues Drehbuch, an das Sie sich halten können, damit Ihr Leben einen tieferen und reicheren Sinn bekommt. Das Vier-Säulen-Programm soll Ihnen helfen, auf die unglaublichen Möglichkeiten, die in Ihrem inneren Erwachsenen stecken, zurückgreifen zu können. Natürlich ist es nicht immer leicht, einen Zugang zu seinem inneren Erwachsenen zu finden, aber mit ein bisschen Übung wird Ihnen das schnell zur zweiten Natur.

Im Mittelpunkt der Idee von Ihrem inneren Erwachsenen stehen die vier Säulen Verantwortungsbewusstsein, Reife, Liebe und Spiritualität. Lesen Sie die folgende Liste mit Merkmalen. Lassen Sie Ihren Gedanken einfach freien Lauf und fügen Sie gerne weitere eigene innere Werte zu der Liste hinzu. Viele Ideen verbinden die einzelnen Säulen.

Verantwortungsbewusstsein

Pflichtbewusstsein sich selbst gegenüber
Eigenständige Lebensführung
Pünktlichkeit
Unterscheidungsfähigkeit zwischen wahr und falsch
Gewissen
Ehrenamtliche Arbeit
Finanzielle Sicherheit
Bürgerpflichten
Umweltbewusstsein
Verpflichtungen als Eltern
Aufrichtigkeit/Ehrlichkeit
Verbundenheit mit den Generationen

Reife

Fähigkeit zu vergeben
Großzügigkeit
Kooperation
Mut
Selbstachtung
Stärke
Vollmacht
Späte Genugtuung
Weisheit
Gelassenheit
Selbstkontrolle
Konsequenz
Toleranz

Liebe

Eigenliebe
Würdiger Alterungsprozess
Großzügigkeit
Selbstlosigkeit
Mitgefühl
Verbindlichkeit
Loyalität
Kommunikation
Liebe zum Lebenspartner
Liebe zu den Kinder
Liebe zu den Älteren
Fähigkeit loszulassen
Erdverbundenheit

Spiritualität

Verbindung zu einer höheren Macht
Zentriertheit
Bodenhaftung
Segensgefühl

Dankbarkeit
Zielstrebigkeit im Leben
Tod
Vertrauen
Gebet
Würde
Nutzung von Talenten/Gaben
Natur
Spirituelle Übung

Wie man sieht, sind diese Listen nicht vollständig. Und wie ich schon sagte, gibt es zwischen den einzelnen Säulen viele Überschneidungen. Das Merkmal Umweltbewusstsein beispielsweise (Umweltverschmutzung vermeiden, Recycling, etc.) könnte auch in die Kategorie Verantwortungsbewusstsein fallen und man könnte es auch als Liebe zu unserem Planeten bezeichnen. Wenn wir jemandem unsere Zuneigung ausdrücken und ihm eine Postkarte mit Genesungswünschen schicken, könnte man das auch als spirituelle Übung des Dienstes am Nächsten und der Bedachtsamkeit bezeichnen. Oder wenn „Vergebung" gegenüber unseren Eltern ein Hauptbestandteil von Reife ist, so ist es ebenso gut ein Akt der Liebe.

Es spielt keine Rolle, in welche Kategorie man die einzelnen Merkmale sortiert. Entscheidend ist, dass man ein System zur Verfügung hat, um bestimmte wünschenswerte Merkmale zu erkennen und sich dann zu bemühen, sie sich zu eigen zu machen.

Der gemeinsame Nenner

Die vier Säulen sind alle unterschiedlich, aber sie sind durch ein gemeinsames Thema, nämlich den Glauben an den inneren Erwachsenen, verbunden – einen überall vorhandenen Glauben, der wie ein alles umspannender Regenschirm funktioniert.

Die vorrangige Haltung eines inneren Erwachsenen, die die Säulen zusammenführt, ist, dass das Leben einen Sinn hat und geschätzt werden muss, egal wie die Umstände sind. Alles, ich meine wirklich *alles*, ist Wasser auf den Mühlen und Futter für das Wachstum. Negatives kann man in Positives umwandeln. Scheinbare Sackgassen führen häufig zu unerwartetem Neubeginn. Wenn eine Tür sich schließt, öffnet sich ein Fenster. Jede Situation kann zur Weiterentwicklung der Seele beitragen, wenn vielleicht auch manchmal auf schmerzhafte Weise.

Vielleicht hört sich das alles im ersten Moment ein bisschen zu sehr nach Naivität an, aber ich verbreite hier keinen zuckersüßen Optimismus. Ich weiß genau, dass schreckliche Ereignisse – erschütternde Tragödien und unvorstellbare Gräueltaten – passieren. Ich höre jede Woche in meiner Praxis solche herzzerreißenden Geschichten.

Und doch ... das Leben behält trotzdem seinen Wert, vielleicht gerade deswegen, weil es so fragil ist. Und das Leben wird durch eine geschliffene Linse gefiltert, die den Blick verändert, je nachdem wie wir eine Situation betrachten und erleben.

Ich habe eine Freundin, die leidenschaftlich gerne fotografiert. Sie macht das zwar nicht hauptberuflich, aber sie hat schon mehrere Kurse belegt und es ist ihr sogar gelungen, ein paar Abzüge auf Kunsthandwerkermärkten zu verkaufen. Diese Freundin und ich besuchten ein Gemeindefest, bei dem unsere Kinder einen Sketch vorführten. Und weil wir typische Eltern sind, waren wir natürlich ganz wild darauf, diesen Moment für die Nachwelt festzuhalten. Natürlich war ich mit meiner vollautomatischen Schnappschuss-Kamera da, während meine Freundin Alicia eine beeindruckend aussehende Kamera mit Wechselobjektiv benutzte. Ich bemerkte, dass sie auf das Ende der unterschiedlichen Objektive jeweils eine farbige Glasscheibe schraubte.

Sie erklärte mir, dass sich durch das Wissen, welchen Filter man für welches Licht benutzt, den Unterschied zwischen „Schnappschussjägern" und echten „Fotografen" ausmachte. Nicht nur, dass man mit diesen Filtern die schönsten Farben und brillantesten Bilder erzeugte, sondern sie konnte Licht so manipulieren, dass sie bestimmen konnte, welche Merkmale und Töne in einer Szene hervorstechen sollten.

Dasselbe können wir mit unseren Erfahrungen machen, selbst wenn wir nicht versuchen, sie auf Film zu bannen. Je nach Linse oder Filter durch die oder den wir jede Erfahrung betrachten, können wir unsere Wahrnehmung und Einstellung verändern. Ich befürworte damit nicht, dass wir alle in einem permanenten Stadium der Selbsttäuschung leben sollten, aber ich finde, mit den richtigen Werkzeugen, der richtigen Übung und der richtigen Anleitung können wir die Welt auf ganz unterschiedliche Weise „sehen". Der entscheidende Faktor ist, bei allem zu wissen, wann, wie und warum wir diese Filter verwenden. Ich glaube, solange wir das bewusst tun, solange wir die Kontrolle behalten und die Kamera nicht auf „Automatik“ stellen, können wir beides – die große Gesamtaufnahme und die Nahaufnahme – in einem gesunden, positiven Licht sehen.

Kürzlich erhielt ich von einer Freundin eine ziemlich kitschige E-Mail, die gut zeigt, dass alles nur eine Frage der Wahrnehmung ist. Man kann jede Situation ummünzen und als Möglichkeit sehen, zu lernen oder sich weiterzuentwickeln. Die Mail lautete folgendermaßen:

Ich bin dankbar für

... die Unordnung, die ich nach einer Party beseitigen darf,
weil sie zeigt, dass ich von Freunden umgeben war.

... die Steuern, die ich zahle,
weil das bedeutet, dass ich Arbeit habe.

... die Hosen, die ein bisschen zu eng sitzen,
weil das bedeutet, dass ich genug zu essen habe.

... meinen Schatten, der mir bei der Arbeit zusieht,
weil das bedeutet, dass ich draußen in der Sonne sitze.

... die Parklücke, die ich am äußersten Ende des Parkplatzes finde,
weil das bedeutet, dass ich laufen kann.

... all die Beschwerden, die ich über die Regierung höre,
weil das bedeutet, dass wir Redefreiheit haben.

Alle vier Säulen, die für den Anspruch auf den inneren Erwachsenen zentrale Bedeutung haben, stellen die richtige innere Einstellung als Mittel gegen die Hoffnungslosigkeit heraus. Und aus der richtigen Einstellung leitet sich das Handeln ab. Deshalb, auch wenn wir nicht alles, was in unserem Leben geschieht, dirigieren können, können wir unsere Haltung und unser Handeln kontrollieren. Denken Sie nur daran, wie man aus Stroh Gold spinnt (wie bei Rumpelstilzchen) oder aus Zitronen Limonade macht. Man kann die Stürme des Lebens nicht ändern, aber Sie können lernen, die Segel entsprechend zu setzen! Diese Klischees spiegeln die Perspektive des inneren Erwachsenen wider: im Leben gibt es immer wieder Möglichkeiten.

E steht für Einstellung

Alles läuft darauf hinaus, ob man die richtige Einstellung hat. Die richtige Einstellung (ein bestimmte Glaube, eine bestimmte Position) ist der Schlüssel im Hinblick auf alle vier Säulen. Sie werden feststellen, dass die „Einstellung“ in den nächsten Kapiteln durchgehend zum Einsatz kommt, da sie sich auf jede einzelne Säule auswirkt. Die Einstellung, sich für etwas verantwortlich zu zeigen und sich nicht als Opfer zu sehen, wirkt sich darauf aus, welche Beziehung Sie zum *Verantwortungsbewusstsein* haben. Eine Haltung, die von Stärke und Großzügigkeit geprägt ist, wirkt sich darauf aus, welche Beziehung Sie zur *Reife* haben. Eine Einstellung, die von Hingabe und Hilfsbereitschaft geprägt ist, beeinflusst Ihre Beziehung zur Liebe. Und eine Einstellung, die von Verehrung und Glauben geprägt ist, beeinflusst Ihre Beziehung zur *Spiritualität*. Viele oder sogar die meisten Dinge in unserem Leben können wir nicht kontrollieren, aber unsere innere Haltung zu ihnen liegt ganz alleine in unserer Hand.

Als ich noch zur Uni ging, das war Ende der 1980er-Jahre, riet mir mein Vorgesetzter in meinem ersten Referendariat in einem Familienberatungszentrum, ich sollte doch einmal den Klassiker von Viktor Frankl *Der Mensch vor der Frage nach dem Sinn* lesen. Ich weiß noch, dass ich damals dachte, er wolle mich auf den Arm nehmen. Ich hatte schon Mühe all die Bücher und Artikel zu lesen, die ich für meine Kurse lesen musste. Wie könnte ich da noch etwas Zusätzliches schaffen? Aber ich schrieb mir den Titel auf und ein paar Jahre später kam ich endlich dazu, das Buch zu lesen. Ich habe diesem ehemaligen Tutor nie dafür gedankt, dass er mich auf dieses Buch gebracht hat, aber es ist wirklich eines der bemerkenswertesten und inspirierendsten Bücher, die ich je gelesen habe.

Wie ich schon im vorigen Kapitel erwähnte, ist Viktor Frankl ein herausragender jüdischer Psychologe, der während der Nazizeit in Wien lebte. In bildhaften Details schildert er seine schrecklichen Erinnerungen in die Konzentrationslager ... und doch, was herauskommt, sind unschätzbar wertvolle Lektionen über den Kampf der Seele um

Selbsterhaltung, die Kunst zu leben und die ultimative Suche nach dem Sinn inmitten größter Lebenstragödien. Seine Schlussfolgerungen sind die Grundlage für eine bedeutsame Theorie, die man Logotherapie nennt. Ich erwähne ihn hier wegen seiner Gedanken zum Thema innere Einstellung. Seine Feinde konnten ihm die Kleider ausziehen, ihm sein Hab und Gut nehmen, sie konnten seinen Kopf rasieren und seinen Körper einsperren, aber sie konnten keine Kontrolle über seine Einstellung erlangen. Dr. Frankl sagte: „Man kann einem Mann alles nehmen, nur eines nicht: die letzte der menschlichen Freiheiten – sich in jeder beliebigen Situation seine eigene Einstellung zu wählen, sich seinen Weg selbst auszusuchen."

Entsprechend war sein Handeln von seiner veränderten Einstellung beeinflusst. Erstaunlich! Freie Wahl. Die innere Haltung selbst wählen. Seine Antwort selbst aussuchen. Am meisten ärgert es mich immer, wenn jemand sagt: „Ich hatte keine Wahl." Man hat immer eine Wahl, selbst wenn die Wahl heißt, zu leben oder zu sterben. Man hat vielleicht das Gefühl, man hätte keine Wahl, aber bei genauerem Hinsehen hat man immer eine Wahl. Und die letzte Wahl ist immer, seine bewusste Einstellung zu wählen. Wir leben in einer Welt, die uns zu dualem Denken verführen will, entweder/oder, gut/schlecht, ja/nein. Was wir lernen müssen ist, dass wir in jeder Situation eine Vielzahl von Möglichkeiten haben. Wir müssen uns nur entscheiden, welche wir ergreifen wollen.

Beim Auschecken aus einem Hotel fielen mir einmal die folgenden Worte auf, die eingerahmt an der Wand neben der Rezeption hingen:

Einstellungen

Von Charles Swindoll

Worte können niemals angemessen ausdrücken, welchen unglaublichen Einfluss unsere Einstellung auf das Leben hat. Je länger ich lebe, desto mehr bin ich davon überzeugt, dass das Leben zu 10 Prozent aus dem besteht, was uns passiert und zu 90 Prozent aus dem, wie wir darauf reagieren.

Ich glaube, die einzige wirklich wichtige Entscheidung, die ich jeden Tag wieder treffen kann, ist, für welche innere Haltung ich mich entscheide. Das ist wichtiger als meine Vergangenheit, meine Ausbil-

dung, mein Gehalt, meine Erfolge oder Misserfolge, mein Ruhm oder Schmerz, was andere Leute über mich sagen oder denken, meine Lebensumstände oder meine Position. Meine Einstellung motiviert mich, weiterzumachen oder behindert meine Entwicklung. Sie alleine lässt mein Feuer weiter brennen oder macht meine Hoffnung zunichte. Wenn meine Einstellung die richtige ist, ist kein Hindernis zu hoch, kein Abgrund zu tief, kein Traum zu extrem, keine Herausforderung zu groß für mich.

„Wow," sagte ich zu dem Mann an der Rezeption. „Toller Text. Und so wahr. Wäre es wohl möglich, dass ich davon eine Kopie bekomme?" Gerne erfüllte er mir diesen Wunsch und erklärte, dass seine Chefin den Text dort aufgehängt hätte, weil ihr diese Botschaft so gefiel. „Aber", fügte er hinzu „die meisten Leute, die es am nötigsten hätten, ihn zu lesen und zu verstehen, werfen nicht einmal einen Blick darauf. Und die Leute, die schon „Bescheid wissen", sind diejenigen, die ihn bemerken und lesen."

Dann fand ich exakt den gleichen Text am Schwarzen Brett in der Schule meiner Tochter. „Ja", sagte ich zu mir, „ich weiß Bescheid!"

Natürlich will ich damit nicht sagen, dass es immer ganz einfach ist, eine positive Einstellung aufzubauen. Oftmals ist es viel leichter, sich in Schwarzseherei und Verzweiflung zu ergehen, vor allem, wenn man sich auf all die Probleme und Tragödien in der Welt konzentriert. Und manchmal müssen wir im Tal des Schattens bleiben, um zu genesen. Die Trauernden, die zu mir in die Praxis kommen, müssen beispielsweise zunächst in ihren Schmerz über den Verlust eintauchen, bevor sie eine neue Ebene der Persönlichkeitsentwicklung erreichen. Bei jemandem, der sich gerade in einer akuten Trauerphase befindet, würde ich nicht verlangen, dass er eine „positive" Einstellung haben soll.

Und doch sind es – langfristig betrachtet – die Trauernden mit einer gesunden Einstellung, die häufig wachsen und eine Veränderung durchmachen. Schon in meinem ersten Buch, in dem es um die vier Wege zu einem veränderten Leben geht, habe ich über die Einstellung eines Menschen geschrieben. Diese Trauernden lassen es bewusst zu, dass sich ihre Einstellung zum Leben, zum Tod, zum Leid und zu sich selbst durch den erlittenen Verlust verändert. Sie lassen es zu, dass der Tod den Staub von ihrem Leben bläst. Und das Ergebnis ist, dass sie sich anders verhalten. Sie wenden sich neuen Dingen zu. Sie beginnen das Leben zu genießen, auch wenn es so fragil ist oder gerade, weil es so fragil ist. Aber das kommt erst nach einer gewissen Zeit.

Meine Einstellung verbessert sich immer dann, wenn ich mich daran erinnere, dass es so viel im Leben und danach gibt, das wir nicht sehen können, und dass wir deshalb auch nicht alles verstehen können. Mit anderen Worten: Möglicherweise werden wir das Gesamtbild nicht erfassen können.

Im Mondschein

Mein Sohn, der damals vier war, und ich fuhren eines Abends von irgendeiner Veranstaltung nach Hause und er betrachtete den silbernen Mond am Himmel.

„Guck mal, der Mond", rief er. „Der Mond ist ja so dünn. Wo ist denn der Rest von ihm? Warum ist er denn nicht mehr rund?"

„Der Mond ist noch rund", erklärte ich. „Aber du kannst den Rest nicht sehen. Wir können nur das bisschen Silber vom Mond sehen, während der Rest im Schatten liegt. Das ist ein monatlicher Kreislauf und ..." (Ich wünschte, ich wüsste noch ein bisschen mehr über Astronomie, aber er unterbrach mich.)

„Das kann nicht stimmen, Mami. Guck doch ... der Mond ist nicht mehr rund."

„Naja", verkündete ich in meiner mütterlichen Weisheit, „manchmal ist etwas nicht so wie es aussieht. Manchmal sehen wir nur einen kleinen Teil des Bildes und gleichzeitig ist da viel mehr, was wir nicht sehen können."

Er schien unbeeindruckt. Aber ich erinnerte mich an eine freundschaftliche Diskussion, die ich oft mit einer Freundin im College geführt hatte. Ich vertrat die Klischeevorstellung, dass jedes Unglück auch seine guten Seiten hat. Sie suchte sich dann eine Horrormeldung nach der anderen heraus, die einfach keine gute Seite haben konnte: Erdbeben, Kriege, Morde. Ich verfiel dann meistens in die Argumentation mit dem silbernen Mond und erklärte, dass es noch so Vieles auf der Welt gab, das man nicht erklären konnte und vieles, das wir nicht sehen konnten. Ich war immer davon überzeugt, dass die schlimmsten Dinge im Leben immer auch den Samen des Besten in sich tragen können. Es kommt nur darauf an, ob der Samen Wurzeln bildet und anwächst.

Über sich hinauswachsen

Eine Möglichkeit, die Samen zu versorgen ist, anzuerkennen, dass der Rest des Mondes immer da ist. Mit anderen Worten, zu versuchen, das Gesamtbild zu sehen. Falls Sie dieses Gesamtbild aber nicht sehen können sollten (und natürlich ist es unmöglich, den ganzen Kram zu sehen), dann sollten Sie aber wenigstens versuchen anzuerkennen, dass er existiert. Um sich des Gesamtbildes bewusst zu sein, muss man aus seiner eigenen begrenzten Welt herauskommen. Man muss über sich selbst hinauswachsen.

Während sich viele Theorien, Therapien, Coachingprogramme und andere Selbsthilfeprogramme ganz auf „mich, mich, mich" konzentrieren, geht es in der Philosophie des inneren Erwachsenen in hohem Maße darum, über den Tellerrand zu schauen und über das „du, du, du" hinauszukommen. Das heißt nicht, dass Sie nicht gut zu sich sein sollten – ich bin ein großer Verfechter des guten Umgangs mit sich selbst – aber der Fokus des Vier-Säulen-Programms verschiebt Ihre Aufmerksamkeit, bei dem einen vielleicht nur leicht, bei dem anderen vielleicht sehr drastisch.

Das Vier-Säulen-Programm basiert auf dem Glauben, dass es wichtig ist, über sich hinauszuwachsen, Abstand von seinem eigenen Leben zu gewinnen, um eine neue Perspektive finden zu können. Dazu gehört, dass man sich selbst in einen historischen Kontext, einen kulturellen Kontext und einen generationenbezogenen Kontext stellt. Dazu gehört auch, dass man einen großen Schritt zurück macht, um sich über einiges klar zu werden, ebenso wie man einen gewissen Abstand zu einem impressionistischen Bild haben muss, um es erkennen zu können.

P steht für Perspektive

Wenn Ihr Ich über sich hinauswächst, erhalten Sie mit anderen Worten eine neue Perspektive. Mein Lieblingsbild, mit dem ich diesen Zustand vergleiche, ist das Empire State Building in New York. Ich habe elf Jahre lang in New York gelebt und ich fand es einfach zu schön, ganz nach oben zu fahren, selbst wenn ich nur zu Besuch bei einer Freundin oder einem Familienmitglied war. Ich liebte das, denn wenn ich oben ankam, hatte sich meine Perspektive auf die Stadt total verändert. Man hat von da oben wirklich einen wundervollen Ausblick, wie ein Engel, der aus dem Himmel herabsieht. Die Stadt sieht von da oben einfach unglaublich schön aus, massiv, still und ruhig. Und wie man sich gut vorstellen kann, erschien sie einem nur selten so, wenn man wieder unten war.

Wenn man über sich hinauswächst, verändert man seine Perspektive, wodurch sich wiederum die Einstellung verändert. Der Dalai Lama beschäftigt sich in seinem Buch *Die Regeln des Glücks* damit und schreibt dazu:

> *Es scheint, als würde unser Blick sich verengen, sobald ein Problem auftaucht. All unsere Aufmerksamkeit richtet sich darauf, dass wir uns über das Problem Sorgen machen und manchmal hat man den Eindruck, dass man der einzige ist, der solche Probleme hat. Das kann dazu führen, dass man so mit sich selbst beschäftigt ist, dass das Problem immer schlimmer zu werden scheint. Wenn das passiert, kann es meiner Meinung nach auf jeden Fall helfen, sich die Dinge mit einem gewissen Abstand zu betrachten – zum Beispiel, indem man erkennt, dass es noch ganz viele Menschen gibt, die ähnliche oder sogar noch schlimmere Erfahrungen gemacht haben. Diese Übung, seine Perspektive zu verändern, kann sogar bei Krankheiten helfen oder wenn man Schmerzen hat ... Aber wenn Sie Vergleiche ziehen können, betrachten Sie Ihre Situation einmal aus einer anderen Perspektive, dann passiert irgend etwas. Wenn Sie sich immer nur auf diese eine Sache konzentrieren, dann erscheint sie immer größer und größer. Wenn Sie sich dem Problem zu sehr nähern, sich zu sehr auf ein Problem konzentrieren, wenn es auftritt, erscheint es unkontrollierbar. Aber wenn Sie dieses Ereignis mit einem größeren Ereignis vergleichen, dasselbe Problem aus größerer Entfernung betrachten, dann erscheint es kleiner und weniger bedrohlich.*

Es erscheint paradox, aber wenn Sie Ihr Ego verlassen, ruhen Sie mehr in sich selbst. Genau wie man am meisten bekommt, wenn man gibt. Wenn Sie über Ihr Ego hinauswachsen, finden Sie das wahre, höchste Selbst.

Die Technik, um über sich hinauszuwachsen: LAUB

Die wichtigste Technik, um über sich hinauszuwachsen und seinen inneren Erwachsenen zu fördern ist ein Prozess in vier Stufen, den ich LAUB nenne: loslassen, aufmerksam werden, umorientieren, bewerten. Es handelt sich dabei um einen bewussten Denkvorgang, einen Umorientierungsprozess, der am besten funktioniert, wenn man sich zurückentwickelt (wieder zum reaktivierten verletzten Kind oder Problemkind wird) und weiß, dass man endlich erwachsen werden muss. Das Ganze basiert auf einem Prozess des Loslassens, wie ihn Laura durch ihre Meditation in Indien durchlebte (in Kapitel 3 haben wir darüber berichtet) und darauf, destruktive Gedanken und destruktives Verhalten auszumerzen und durch positive, konstruktive Reaktionen zu ersetzen. Dieser Prozess erLAUBt es Ihnen, mit alten Verhaltensmustern zu brechen, daran zu gLAUBen, dass es auch anders geht und sich zu erLAUBen, erwachsen zu werden.

Der erste Schritt besteht im *Loslassen*: das bedeutet im wahrsten Sinne des Wortes, dass man sich bildlich vorstellt, wie man sich von einer bestimmten Situation löst und aus einer gewissen Entfernung beobachtet, entweder von oben, als würde man auf einem hohen Berg stehen, oder von ganz weit hinten, als würden Sie im Kino in der letzten Reihe sitzen und einen Film sehen. Es ist ganz wichtig, dass Sie diese Ebene des Loslassens erreichen, bevor Sie mit dem nächsten Schritt weitermachen, denn nur dann können Sie auf ein gewisses Maß an Objektivität hoffen. Ich habe festgestellt, dass das Bild mit der Kino am besten funktioniert. Schauen Sie sich selbst auf der Leinwand zu, wie Sie diese Situation durchspielen. Lehnen Sie sich im Publikum zurück und lassen Sie den Dingen ihren Lauf.

Als nächstes müssen Sie Ihre *Aufmerksamkeit* schärfen: Erkennen Sie, dass Sie sich wieder zum Problemkind zurückentwickeln und fragen Sie sich, „Was passiert hier?“ „Woher kommt das?“ „Welcher Teil meines inneren Kindes wird hier aktiviert – ist es die verletzte dunkle Seite oder der Schatten meines inneren Kindes, der mich hier dominiert?“ „Welcher Hebel wurde umgelegt und hat dazu geführt, dass ich in der Zeit zurückgegangen bin?“ Es ist aber auch möglich, dass es nichts aus der Vergangenheit ist, das da aktiviert wurde, sondern dass

Sie einfach feststellen, dass Sie sich wie ein Kind, wie ein Baby verhalten. Wenn Sie auf diese Tatsache aufmerksam werden, haben Sie die Gelegenheit, sich bewusst dazu zu entschließen, nicht nur zu *reagieren*. Und wenn es die Sache für Sie leichter macht, bleiben Sie in Ihrem Sitz in dem Phantasiekino sitzen und „beobachten" Sie, wie Ihnen bestimmte Dinge bewusst werden.

Im dritten Schritt, nachdem Sie Ihre Gefühle erkannt haben, geht es um die *Umorientierung*: Erinnern Sie sich daran, dass Sie erwachsen sind und dass Sie jetzt anders reagieren können. Stützen Sie sich auf die Ressourcen Ihres inneren Erwachsenen und Sie werden herausfinden, wie Sie mündig reagieren können. Fragen Sie sich: „Wie würde mein bestes, weisestes, über sich hinausgewachsenes Ich reagieren?" Oder „Wie würde ich reagieren, wenn ich verantwortungsbewusst, reif, liebevoll oder spirituell wäre?" Vielleicht wissen Sie die Antwort auf diese Fragen jetzt noch nicht, aber bleiben Sie ganz still sitzen, haben Sie Geduld und lauschen Sie Ihrer inneren Weisheit, wie Sie sie leiten wird. Fragen Sie sich: „Wie könnte ich mich in Zukunft anders verhalten?" Fragen Sie und hören Sie zu. Und auch hier gilt: Wenn es besser funktioniert, beobachten Sie sich selbst auf der Leinwand, wie Sie sich zu Ihrem inneren Erwachsenen umorientieren.

Und schließlich *handeln* Sie bewusst *anders*: Sie machen sich Ihr neues Verhalten zur Gewohnheit. Sie reagieren jetzt immer aus der Position Ihres inneren Erwachsenen heraus. Sie verhalten sich jetzt ganz anders. Und auch, wenn Sie keine *Lust* dazu haben, verhalten Sie sich doch wie ein Erwachsener. Der zweite Teil der Verhaltensänderung ist, dass Sie die Ergebnisse *bewerten* müssen: Wie genau funktionierte der Auslöser. War es besser, sich wie ein Erwachsener zu verhalten oder wie ein Kind? Wie haben die anderen Menschen reagiert? Wie fühlte sich das an? War die neue Art zu reagieren schwierig oder leicht? Wenn Sie kurz innehalten, um diese Bewertung vorzunehmen, erhöht das die Wahrscheinlichkeit, dass Sie sich wieder so verhalten werden.

Wenn Sie die LAUB-Methode üben (Loslassen, Aufmerksamkeit ändern, Umorientieren, bewusstes Verhalten/Bewerten), müssen Sie nicht länger Sklave Ihres inneren Problemkindes sein. Sie müssen nicht mehr impulsiv reagieren oder negativen Verhaltensmustern folgen. Diese vier Schritte geben Ihnen die Kraft, innezuhalten, die Situation zu analysieren und sich für eine „erwachsene" Reaktion zu entscheiden.

Wenn Sie diese Schritte üben und regelmäßig einsetzen, werden sie Sie fest in Ihrem inneren Erwachsenen verankern.

LAUB kann den Veränderungsprozess erleichtern

Wir wollen uns einmal ansehen, wie dieser Prozess denn nun eigentlich funktionieren kann. Eine 31-jährige Frau, Rachel, plante mit viel Eifer ihre Hochzeit. Sie hatte eine ihrer ältesten und engsten Freundinnen, Ariana, gebeten, ihre Brautjungfer zu sein. Ariana war einverstanden, reagierte aber eher kühl. Im Laufe der monatelangen Vorbereitungen zog Ariana in eine andere Stadt und die beiden Frauen verloren sich aus den Augen. Aber da sie schon seit der Schule Freundinnen waren, machte sich Rachel keine Sorgen. Sie glaubte, dass ihre Freundschaft alle Hindernisse überwinden würde.

Dann, als der Termin näher rückte, trafen die Kleider für die Brautjungfern ein. Rachel rief Ariana an und hinterließ ihr eine Nachricht. Keine Antwort. Rachel schrieb Ariana einen Brief und sagte ihr, wie sehr sie sich verletzt fühlte. Keine Reaktion. Rachel dachte sich: „Zum Teufel mit ihr," und zog die Schlussfolgerung, dass ihre alte Freundschaft in die Brüche gegangen war. Sie nahm sich vor, nie wieder mit Ariana zu sprechen. Es kommt häufig vor, dass solche unglücklichen Vorfälle Auslöser für Fehden zwischen Familienmitgliedern oder schon lebenslang befreundeten Menschen sind.

Während wir die LAUB-Methode anwandten – erster Schritt: *loslassen* – bat ich Rachel sich einmal von der Situation zu lösen und sie sich so vorzustellen, als würde sie die Geschichte auf der Leinwand verfolgen. Dann ging es darum, ihre *Aufmerksamkeit* zu wecken und so bat ich Rachel herauszufinden, welchen Beitrag ihr inneres Problemkind zu dieser Situation leistete und woher das kam. Sie erkannte, dass sie sich verletzt und verlassen fühlte und dass ihre Reaktion von diesem Schmerz herrührte. Es erinnerte sie an all die Male, bei denen ihre alkoholkranke Mutter (die inzwischen verstorben war) ihr etwas versprochen und sie dann zwangsläufig enttäuscht hatte. Sie kannte dieses Muster nur zu gut. Der nächste Schritt, Umorientierung, brachte die erwachsene Rachel dazu, von demselben Muster von Annahme und Enttäuschung auszugehen, aber zu erkennen, dass Ariana nicht ihre Mutter war. Und weil ein Erwachsener versuchen soll, über seine eigene Perspektive hinauszuwachsen, bat ich Rachel darüber nachzudenken, was Ariana wohl fühlte. Rachel gab zu, dass sich Ariana als unverheiratete Frau Mitte dreißig vielleicht unter Druck gesetzt fühlte, dass sie vielleicht neidisch oder einsam war oder Angst hatte, ihre Freundin zu verlieren. Vielleicht war Ariana, die möglicherweise ebenfalls aus der Position eines inneren Problemkindes heraus reagierte, nicht in der Lage, ihren Schmerz zu überwinden und an Rachels Freude teil zu haben. Rachel gewann Verständnis dafür und war schließlich sogar in der Lage, Mitgefühl für ihre gute alte Freundin zu empfinden, anstatt sich nur auf ihr eigenes verletztes Ego zu konzentrieren.

Und dann ging es darum, sich *bewusst zu verhalten*: Bewaffnet mit der Reife und der Weisheit ihres inneren Erwachsenen, konnte Rachel ihre eigenen verletzten Gefühle beiseite schieben. Sie suchte wieder den Kontakt zu Ariana, diesmal jedoch fest entschlossen, sich nicht abwimmeln zu lassen. Sie näherte sich ihr mit Mitgefühl und Verständnis und nicht aus egoistischem Stolz. Am Ende entschuldigte sich Ariana dafür, dass sie Rachel enttäuscht hatte und nahm bei der Hochzeitsfeier ihrem Platz als Brautjungfer an der Seite ihrer Freundin ein.

Und schließlich kam danach die *Bewertung*: Rachel erkannte, dass es wirklich einen großen Unterschied ausgemacht hatte, von ihrem verletzen inneren Kind auf die Position ihres reifen inneren Erwachsenen umgeschaltet und aus dieser heraus gehandelt zu haben, wodurch es ihr gelungen war, die Beziehung zu Ariana aufrecht zu erhalten. Die beiden sind noch heute beste Freundinnen. Wäre Rachel nicht aus der Haut ihres verletzten Kindheits-Ichs herausgeschlüpft, wären die beiden wahrscheinlich nie wieder zusammen gekommen.

LAUB ist genau die richtige Technik, um sich zu verändern, die Kunst, über sich hinauszuwachsen, sich aus dem Morast der Vergangenheit zu befreien. Diese Methode kann bei allen vier Säulen funktionieren, so dass die inneren Botschaften aus der Vergangenheit nicht Ihre Fähigkeit, verantwortungsbewusst, reif, liebevoll und spirituell zu handeln, beeinträchtigen.

LAUB legt Einspruch ein

„Na klar“, denken Sie vielleicht, „ich schaffe das aber ganz bestimmt nicht. Jedenfalls nicht in dem Moment, wenn mich mein inneres Problemkind attackiert.“ Nunja, vielleicht nicht gleich zu Beginn. Es wird noch viele Male vorkommen, dass Sie sich vergessen, wieder in alte Muster verfallen oder sich auf andere Weise zurückentwickeln. Niemand behauptet, dass man sich diese Technik ganz einfach oder automatisch aneignet. Machen Sie sich also keine Sorgen, wenn es noch viele Male passiert, dass Sie sich erst *hinterher* an LAUB erinnern, nachdem Sie sich schon wie Ihr inneres Problemkind verhalten haben. Das ist okay.

Die LAUB-Technik auszuüben, erfordert nur eines: Übung. Denken Sie daran, dass Gewohnheiten lediglich erlernte Verhaltensweisen sind: schlechte Gewohnheiten kann man verlernen und gute lernen. Aber eine neue Gewohnheit zu erlernen, damit meine ich, sich mehr auf den inneren Erwachsenen als auf das innere Kind zu verlassen, erfordert deren Anwendung aus Gewohnheit. So, wie ich ungefähr dreißigtausend Mal „Sitz“ sagen muss, bevor mein Goldenretriever-Welpe kapiert, was ich meine, muss man die LAUB-Technik immer und immer wieder üben, um dieses neue Verhaltensmuster in mein Gehirn einzupflanzen.

Aber wenn Sie sich dessen bewusst sind, machen Sie ja schon einen Fortschritt. Und auch wenn es Ihnen hinterher einfällt, und Sie eine Situation erst nachträglich analysieren, dann machen Sie ebenfalls Fortschritte. Zum Erwachsenwerden gehört auch die nötige Reife, um Fehler zu machen, „Verzeihung“ zu sagen, aus seinen Fehlern zu lernen und es dann noch einmal zu probieren. Es erfordert Mut zuzugeben, wann man im Unrecht ist, aber das ist der erste Schritt auf dem Weg zur Besserung.

Haben Sie schon einmal beobachtet, wie ein Kleinkind Laufen lernt? Es fällt hin und steht auf, macht ein paar Schritte, fällt wieder hin und steht wieder auf. Lassen Sie Ihr inneres Kleinkind Ihrem inneren Erwachsenen einmal etwas über Ausdauer beibringen! Akzeptieren Sie also, dass Sie fallen werden und machen Sie sich klar, dass Sie wieder aufstehen und es noch einmal probieren können. Jedes Mal werden Sie auf Ihrer Reise ein kleines Stück weiter kommen. Seien Sie so weise und lernen Sie aus Ihren Fehlern und haben Sie die Geduld, es noch einmal zu probieren. Mit festem Willen, Geduld und Entschlossenheit werden Sie wachsen. Ihr innerer Erwachsener wird Ihnen zur zweiten Natur werden, fast ohne, dass Sie es merken. Und plötzlich wird er Ihre erste, automatische Reaktion. Fast unbewusst.

Versuchen Sie einmal Folgendes ...

Ihr Tagebuch ist ein wichtiges Werkzeug, damit Sie sich der LAUB-Technik bewusster werden und sich dieses Verhaltensmuster genau einprägen. Ich empfehle Ihnen, jeden Morgen und jeden Abend ihr Tagebuch zu führen. Folgende Rubriken können für Ihr Tagebuch wichtig sein:

Lektionen, die der Alltag lehrt. Lassen Sie Ihren Tag Revue passieren, denken Sie darüber nach, welche Lektionen Sie gelernt haben. Notieren Sie Vorfälle, an denen Sie selbst beteiligt waren oder die Sie beobachtet haben und in denen jemand aus der Perspektive seines inneren Kindes heraus reagiert hat. Machen Sie mit Hilfe der LAUB-Methode einen Maßnahmenplan dafür, wie man aus der Perspektive eines Erwachsenen hätte reagieren können. Manchmal ist es leichter, ein Verhalten bei anderen zu erkennen, aber letzten Endes müssen wir es bei uns selbst erkennen.

Ziele. Indem Sie für den entsprechenden Tag, die Woche, den Monat oder das Jahr Ihre Ziele aufschreiben, werden sie Ihnen bewusster. Denken Sie daran, dass Ziele Maßnahmenpläne brauchen, um Realität zu werden.

Maßnahmenpläne. Wenn Sie Ihre Ziele aufgelistet haben (geduldiger werden, die Beziehung zu einer Freundin/einem Familienmitglied verbessern, mehr Sport treiben), setzen Sie sich selbst kleine Zwischenziele und Fristen. Denken Sie daran, dass man die meisten Ziele nicht in einem einzigen Schritt erreicht, sondern nur dann, wenn man sie in einzelne Zwischenziele unterteilt – was müssen Sie täglich, wöchentlich, monatlich tun, um Ihr Ziel zu erreichen?

Wenn Sie ein größeres Problem/Interesse in kleinere, leichter erreichbare Zwischenschritte unterteilen, rückt das Ziel viel näher. Die kurzfristigen Zwischenziele sorgen auch dafür, dass Sie am Ball bleiben, disziplinierter und motivierter sind. Schreiben Sie auf, welche Fortschritte Sie machen. Vergessen Sie nicht, sich zu belohnen, wenn Sie kurzfristige und langfristige Ziele erreichen.

Der theoretische Unterbau

Bei der LAUB-Technik geht es nicht darum, das Unbewusste ans Licht zu bringen oder sich auf Traumata aus der Vergangenheit zu konzentrieren. Sie sollen sich nur darüber bewusst sein, was in dem jeweiligen Augenblick vor sich geht und dann auf veränderte Weise reagieren. Das können Sie nur, indem Sie Ihren rationalen, kognitiven (denkenden) Verstand benutzen.

In Rachels Fall führte das Bewusstsein über ihr inneres Kind dazu, dass sie in der Lage war, eine Verbindung zu ihrer Vergangenheit herstellen zu können, nämlich zu ihrer alkoholkranken Mutter. Aber meistens ist es nicht einmal notwendig zu wissen, warum das innere Problemkind sich auf eine bestimmte Art verhält. Vielleicht liegt die Ursache ja überhaupt nicht irgendwo tief in der Vergangenheit begraben. Tatsache ist, dass wir alle hin und wieder in kindisches Verhalten verfallen (Wut, Angst, Unsicherheit, Sorge), ganz egal, wie unsere Kindheit war, sondern einzig und allein deshalb, weil wir menschliche Wesen sind. In diesen Situationen müssen wir uns nach unserem Verstand richten, diesen nutzbar machen und uns nicht auf unser Unterbewusstsein verlassen.

Im Wesentlichen sind die LAUB-Technik und ein Großteil des Vier-Säulen-Programms von einer Psychologie-Richtung beeinflusst, die man kognitive Therapie nennt und die von Dr. Aaron Beck entwickelt wurde. Dr. Beck verabschiedete sich von seinen Wurzeln als Psychoanalytiker als er zu dem Schluss kam, dass es Verzerrungen im Denken und nicht unbewusste Konflikte waren, die das Hauptproblem bei seinen Klienten ausmachten. Außerdem sind es Gedanken, die zu Verhaltensweisen führen. Um Verhalten ändern zu können, muss man also das Denken ändern.

Ich glaube, dass Gedanken das Verhalten beeinflussen und dass Gedanken verändert werden können! Einstellungen und Wahrnehmungen können modifiziert werden und dann wird sich das Verhalten entsprechend ändern.

Eine weitere Therapierichtung hat mein Denken ebenso beeinflusst, nämlich die *Lösungsorientierte Therapie*. Bei dieser Therapie liegt der Schwerpunkt auf den Lösungen für die Zukunft und weniger auf den Problemen der Vergangenheit. Sie hilft den Menschen, sich ihr Leben als nicht festgefahren vorzustellen und dann die Ziele und Maßnahmen aufzustellen, um dorthin zu gelangen. Zwei Techniken aus dieser Therapieform sind in dem Übungsteil dieses Kapitels enthalten und auch der obige Abschnitt „Versuchen Sie einmal Folgendes ...“ basiert auf diesem Ansatz.

Eine weitere Theorie, die großen Einfluss auf meine Arbeit hatte, war die bereits erwähnte *Logotherapie* von Viktor Frankl. Die Logotherapie beschäftigt sich in existenzieller Hinsicht mit dem Leben, denn es geht um die Suche nach dem Sinn als wichtige Unternehmung des Menschen. Die Logotherapie beschäftigt sich nicht mit der Selbstverwirklichung oder gar der Selbstzentriertheit, sondern mit der Selbstüberschreitung. Es geht um persönliche Wahl, freien Willen, die noetische Dimension (das Leben des Geistes) und Veränderung der Einstellung als Grundlage für therapeutische Konzepte.

Ich akzeptiere zwar, dass die Vergangenheit einen Einfluss auf uns hat und dass das Unbewusste die Oberhand hat, es muss aber nicht die absolute Kontrolle über uns haben. Vielleicht ist jetzt der richtige Moment, um die Benzinzufuhr zu diesen Teilen unseres Inneren zu unterbrechen und ihnen die Energie zu entziehen. Der Erwachsene in uns weiß, wie man die Vergangenheit zwar anerkennen, aber überwinden kann. Geben Sie ihm Gelegenheit, seine Macht auszuüben.

Trotz alledem weiß ich natürlich auch, wie wichtig eine tiefgreifende Heilung auf allen Ebenen ist, auch auf der unbewussten Ebene. Deshalb enthält das Vier-Säulen-Programm auch eine Komponente, die sich an diese tiefen Ebenen unseres Verstandes wendet. Vor allem die Visualisierungen, aber auch die Lesetexte und viele der Übungen führen die Heilung auf diese tiefere Ebene.

Ich vergleiche das häufig mit dem Singen. Ich singe leidenschaftlich gern und durch den Gesangsunterricht habe ich gelernt, dass die Muskeln in meinem Rachen auf Gedanken reagieren. Wenn ich also eine hohe Note vor mir habe und an etwas Beängstigendes denke (zum Beispiel dass ich das hohe C, das gleich kommt, vermassele), schnürt sich mir der Hals zu. Aber wenn ich an bestimmte Techniken denke, zum Beispiel, sich der Note von oben zu nähern und dann auf ihr zu landen oder meinen Rachen weit zu öffnen oder mich von meiner Angst abzulenken, indem ich mich auf den Text konzentriere, dann klappt es meistens gut. Genauso wie der Verstand den Klang beeinflusst, beeinflusst ihn auch der Atem, der von ganz tief unten kommt, die Unterstützung, die vom Zwerchfell kommt, in dem alles ruht.

Und so wie Gedanken und Verstand die wichtigsten Werkzeuge für diese Art der „Therapie“ sind, gehört das Gesamtbild, absteigend vom Verstand, zu Herz und Bauch, dazu, das tief verankert werden muss und auf multiplen Ebenen eine Heilung bewirkt.

Die Ressourcen unseres inneren Erwachsenen anzapfen

Wenn Ihr innerer Erwachsener schon existiert, dann müssen wir nur noch Wege finden, auf diese Schätze zuzugreifen. Eine schnelle und einfache Methode sind so genannte Reaffirmationen, die man sich immer wieder selbst vorsagt. In der ersten Sitzung meines Workshops teile ich immer folgende Affirmationen aus. Ich bitte die Teilnehmer, über diese Sätze nachzudenken und sie dann handschriftlich aufzuschreiben. Ich lade jeden dazu ein, seine eigenen, ganz persönlichen Sätze hinzuzufügen. Ich rate den Teilnehmern zudem, die Sätze jeden Tag laut vor sich hin zu sprechen, um sie mit der Zeit zu verinnerlichen.

Ich bin erwachsen.
Ich schaffe das.
Ich komme darüber hinweg.
Ich bin verantwortungsbewusst, reif, liebevoll und spirituell.
Ich weiß, dass ich Mut und Kraft habe.
Ich habe alles, was man braucht, um das zu bewältigen.
Ich bin angefüllt mit Zuversicht, nicht mit Angst.
Ich habe innere Ressourcen von unglaublicher Kraft.
Ich habe Verbindung zu göttlicher Kraft.
Ich gLAUBe, dass ich mein Leben ändern kann.
Ich kann mich *lösen*, *aufmerksam werden*, auf das, was wirklich passiert, mich *umorientieren* hin zu meinem inneren Erwachsenen, mich *bewusst anders verhalten* und alles neu *bewerten*!

In der darauf folgenden Woche kam eine Frau wieder in die Sitzung, die über ihre Erfahrungen mit einer Akupunktur gegen ihr Rückenleiden berichtete. Nachdem die Nadeln gesetzt worden waren, hatte sie keine Schmerzen. Aber als man sie da so alleine in dem Raum sitzen ließ, bekam sie Angst. „Mein Rücken ist voller Nadeln!“ sagte sie sich. Ihr Puls ging schneller und sie war fast soweit, den Akupunkteur anzuschreien, er solle die Nadeln aus ihrem Rücken nehmen, als sie sich plötzlich an die Affirmationen erinnerte.

Sie begann, sie im Kopf vor sich hin zu singen – an einige erinnerte sie sich, andere erfand sie spontan – und sich erinnerte sich selbst daran, dass sie erwachsen war und das schaffen würde und dass sie einen Vorrat innerer Stärke besaß, auf den sie zurückgreifen konnte. Das beruhigte sie und so konnte sie die Situation bewältigen und sich entspannen.

Versuchen Sie einmal Folgendes ...

Erstellen Sie eine Liste mit Ihren eigenen Affirmationen, benutzen Sie Worte, die für Sie Sinn machen. Schreiben Sie sie in Ihr Tagebuch. Lesen Sie sie jeden Tag. Baden Sie sich in den Worten. Absorbieren Sie sie in ihr Dasein. Glauben Sie sie!

Spielen Sie Ihre Rolle

Eine andere Methode, den ersten Schritt in die Beziehung zu Ihrem inneren Erwachsenen zu machen ist der, „so zu tun als ob“. „Spielen bis Sie es fühlen“, heißt das Konzept, von dem Sie möglicherweise schon gehört haben. Planen Sie wirklich jeden Tag eine viertel bis eine halbe Stunde ein und tun Sie in dieser Zeit so, als würden Sie total in Einklang mit Ihrem inneren Erwachsenen stehen. In diesen Momenten sind Sie überaus verantwortungsbewusst, reif, liebevoll und spirituell. Sie müssen die Rolle *fühlen*. Wie fühlt es sich an, zu gehen, zu sprechen und zuzuhören, wenn Sie im Einklang mit dem inneren Erwachsenen sind? Sehen Sie anders aus? Hören Sie sich anders an? Verhalten Sie sich anders? Bemerken die anderen die Veränderung? Stellen Sie sich vor, Sie wären Schauspieler(in) und müssten sich auf eine neue Rolle vorbereiten. Tauchen Sie in die Figur, sprich, in Ihren inneren Erwachsenen, ein.

Ich habe einmal mit einer 55-jährigen Frau gearbeitet, die eine sehr problematische Beziehung zu ihrer Stieftochter hatte. Aus Tausenden von Gründen kamen die beiden einfach nicht miteinander aus. Meine Klientin, Sarah, gab eine große Party für ihren Mann und natürlich war geplant, dass auch die Stieftochter kommen sollte. Vor der Party fing Sarah an, sich Sorgen darüber zu machen, welche Spannungen ganz sicher zwischen ihr und ihrer Stieftochter auftauchen würden. Aber dann beschloss sie, etwas zu verändern und „so zu tun als ob". Sie beschloss so zu tun, als gäbe es keine Spannungen zwischen ihr und ihrer Stieftochter. Sie beschloss, die Sache aus der Sicht ihres inneren Erwachsenen zu betrachten und nett und herzlich und gastfreundlich zu ihrer Stieftochter zu sein. Das Ergebnis? Die Party verlief relativ stressfrei. Ich würde nicht sagen, dass sie in Zukunft die besten Freundinnen werden, aber Sarah war stolz darauf, dass dadurch, dass sie so getan hatte, als gäbe es keine Probleme zwischen ihr und ihrer Stieftochter, plötzlich wirklich keine mehr auftraten.

Wenn Sie diese Übung mehrere Wochen lang täglich machen, werden Sie vielleicht feststellen, dass Sie immer weniger schauspielern. Mit anderen Worten: Sie verinnerlichen Ihren inneren Erwachsenen. Er ist immer weniger eine Rolle, die Sie spielen, sondern immer mehr eine Realität, die Sie behaupten müssen.

Versuchen Sie einmal Folgendes ...

„Tun Sie so als ob", aber fangen Sie ganz langsam damit an. Beginnen Sie mit nur fünf Minuten, in denen Sie auch Ihre Phantasie einsetzen, um sich vorzustellen, wie Sie mit einem echten Problem umgehen – entweder eine Situation, die in der Vergangenheit vorkam, oder eine, vor der Sie in Zukunft stehen könnten. Visualisieren Sie, wie Sie so erwachsen wie möglich reagieren. Tun Sie so, als wären Sie total selbstbewusst, sicher, friedvoll, reif und so weiter. Denken Sie aus dieser Rolle heraus, fühlen Sie aus ihr heraus und handeln Sie aus ihr heraus.

Probieren Sie das am Anfang nur zu Hause, in einer vertrauten Umgebung. Während dieser fünf Minuten sind Sie Ihr zukünftiges Ich; Sie stehen voll im Einklang mit Ihrem inneren Erwachsenen. Fühlen Sie sich in die Rolle hinein. Probieren Sie es, wenn Sie alleine sind. Probieren Sie es, wenn andere dabei sind.
In der darauf folgenden Woche probieren Sie es immer jeweils zehn Minuten lang. Spielen Sie Ihre Rolle sozusagen vor Publikum, also im Büro, im Supermarkt, in einer Sitzung. Reagieren Sie auf die Menschen wie der in sich ruhende, selbstbewusste Erwachsene, der Sie gerne sein möchten. Am Anfang kommt Ihnen das vielleicht sehr peinlich vor, aber spielen Sie weiter, auch wenn Sie diese Gefühle noch nicht voll verinnerlicht haben. Bleiben Sie dran, ganz bewusst und mit voller Absicht. Sie bringen damit eine Lawine ins Rollen, die Sie irgendwann mit sich fortreißen wird.
Und investieren Sie dann immer ein bisschen mehr Zeit in diese Übung und beginnen Sie irgendwann damit, diese Technik in Krisensituationen oder bei Stress anzuwenden. Suchen Sie sich eine besonders schwierige Situation aus, wie Sarah die mit ihrer Stieftochter, und beobachten Sie, welchen Unterschied das macht.
Achten Sie darauf, wie das, was als Schauspielerei begann, mit ein bisschen Übung immer leichter fällt. Je häufiger Sie eine bestimmte Rolle spielen, desto mehr werden Sie diese Rolle annehmen. Und wenn Sie diese Rolle immer mehr annehmen, werden Sie feststellen, dass Sie plötzlich nicht mehr schauspielern. Das, wonach Sie gestrebt haben, ist jetzt in Ihrer Persönlichkeit verankert.

Symbole für Ihren inneren Erwachsenen

Lassen Sie uns noch einmal auf das Vier-Säulen-Programm zurückkommen: Im ersten Kapitel hatte ich ja darüber berichtet, dass ich die Teilnehmer in meinen Gruppentherapiesitzungen bitte, einen Gegenstand mitzubringen, der ihr inneres Kind darstellt/ausdrückt/symbolisiert. Tja und irgendwann bitte ich sie, etwas mitzubringen, das ihren inneren Erwachsenen symbolisiert.

Auch hier sieht man wieder eine ganze Bandbreite von Objekten, die die Teilnehmer mitbringen. Eine Frau brachte den Text von „Amazing Grace" mit und eine andere einen Rosenkranz, der ihr spirituelles Wesen symbolisierte. Wieder andere brachten ihre Terminkalender oder Palm Tops als ein Symbol für ihr Verantwortungsbewusstsein mit. Ein Mann brachte eine Kachel mit, die das Haus symbolisierte, das er gerade renovierte – die Aufgabe eines Erwachsenen, die seine Reife widerspiegelte. Eine andere Frau brachte Fotos von ihren beiden Kindern mit und sagte, sie hätten ihr die wahre Bedeutung von Liebe gezeigt.

Das sind die Bilder, die uns an unsere Stärken, unsere Potenziale, unseren Platz in der Welt als Erwachsene und an unsere Macht, Einfluss zu nehmen und etwas zu verändern, erinnern.

Am Ende dieser Gruppensitzung gebe ich jedem Teilnehmer einen kleinen polierten Stein mit, ein Stückchen Rosenquarz, als Symbol für ihren inneren Erwachsenen. Da es ein Stein ist, ist er stark. Da er poliert ist, wurden die harten, scharfen Kanten (der Vergangenheit) rund geschliffen. Da er „rosa" ist, repräsentiert er eine blühende Natur, die nach immer weiterem Wachstum strebt. Ich ermutige die Teilnehmer, diesen Stein als Erinnerung an ihren inneren Erwachsenen und all seine Macht und sein Potenzial immer bei sich zu tragen.

Probieren Sie einmal Folgendes ...

Suchen Sie sich einen Gegenstand aus, der Ihren inneren Erwachsenen darstellt. Schauen Sie ihn an. Halten Sie ihn in der Hand. Was sagt er über Sie aus? Welche Eigenschaften besitzt er, die ein Spiegelbild Ihres besten Selbst sind?

Und so wirkt das Programm

Vielleicht hilft es Ihnen zu hören, wie eine Frau die Möglichkeiten dieses Programms nutzte, um zum ersten Mal in ihrem Leben eine

Verbindung zu ihrem inneren Erwachsenen aufzunehmen. Agnes war eine 62-jährige Frau, die mit einer Reihe von Vorbehalten in die Therapiegruppe kam. Sie war vorher noch nie in einer Gruppentherapie gewesen und schien anfangs noch sehr auf der Hut zu sein. Sie erzählte den anderen Teilnehmern, dass sie im Leben meistens das Opfer gewesen sei, hilflos, machtlos und immer auf der Suche nach Antworten.

Agnes hatte, wie so viele von uns, eine schwierige Kindheit. Auch wenn es hin und wieder schöne Momente gab, erfuhr sie von ihren Eltern doch überwiegend Kritik. Sie lernte, an sich selbst zu zweifeln und wie viele Frauen ihrer Generation glaubte sie, dass sie nur in ihrer Rolle als Ehefrau und Mutter etwas galt. Also heiratete sie schon früh einen sehr schwierigen Mann, denn das war der Lauf der Dinge, an den sie gewöhnt war. Und sie bekam innerhalb weniger Jahre drei Kinder hintereinander, ohne eigentlich wirklich zu verstehen, was sie da tat und warum.

Als ihr Mann gewalttätig und sie physisch krank wurde, hatte sie endlich die Kraft, ihn zu verlassen. Sie sagte: „Ich erkannte, wie krank ich war und dass die Ehe der Grund dafür war und dass ich sterben würde, wenn ich ihn nicht verlasse. Wir hatten ein so genanntes „perfektes Leben“ – ein schönes Haus und schöne Kinder, aber es gab nichts, womit ich ihn zufrieden stellen konnte. Er war ein gewalttätiger Tyrann und ich musste ihn verlassen.“

Für diesen Schritt musste sie allerdings teuer bezahlen. In den fünfziger Jahren war eine Scheidung ziemlich unüblich und sie fühlte sich wie eine Aussätzige. Außerdem hatte sie auch finanzielle Probleme und musste als ungelernte Arbeiterin Hilfsjobs annehmen, um einigermaßen zurecht zu kommen. Als allein erziehende Mutter mit drei Kindern fiel ihr nichts in den Schoß. Sie fühlte sich als Opfer des Lebens.

Schließlich, als ihre Kinder erwachsen waren, heiratete sie einen viel älteren, wohlhabenden Mann. Jedoch, und das ist keine Überraschung, misshandelte auch dieser sie in emotionaler Hinsicht. Ihre Beziehung war kompliziert mit vielen schönen Momenten aber auch mit schwierigen Zeiten und Streitigkeiten. Nach fünfzehn Ehejahren starb ihr Mann ganz unerwartet. Und in den vier Jahren seit seinem Tod musste sie gegen ihren Stiefsohn um die Verteilung des Vermögens streiten. Dieser Kampf hatte sie in den letzten vier Jahren psychisch und physisch, gesellschaftlich und finanziell völlig aufgezehrt. Auch jetzt fühlte sie sich wieder als Opfer der Umstände.

In unserer zweiten gemeinsamen Gruppensitzung (die Sitzung, in der es um Verantwortungsbewusstsein geht), war Agnes sichtbar aufgebracht. Während sie darüber nachdachte, dass man für sein Leben selbst verantwortlich ist, schien sie verwirrt und verärgert. Als sie hörte, wie die anderen über ihre Lebenserfahrungen berichteten, begann sie zu weinen. Am Ende der Sitzung verschwand sie ohne eine Wort zu sagen.

Am nächsten Tag, gerade als ich sie anrufen wollte (ich befürchtete, dass ihre Gefühle sie so verängstigt hatten und dass ihr innerer Widerstand dazu führen würde, dass sie die Gruppe verließ), rief sie mich an. Und wie erwartet verkündete sie, dass sie die Gruppe verlassen wollte. Als ich sie fragte, warum, sagte sie wie aus der Pistole geschossen: „Ich denke, ich bin älter als jeder andere in der Gruppe und ich passe dort einfach nicht hinein." Ich bemerkte, dass sie tatsächlich die Älteste sei, aber nur um wenige Jahre. Ich fragte sie, ob ihr Widerstand vielmehr mit dem Thema Verantwortung zu tun hatte und dass bei ihr vielleicht ein empfindlicher Nerv getroffen worden war.

Daraufhin begann sie darüber nachzudenken, wie sie sich aufgeregt hatte und dass sie es nicht gewohnt war, sich aufzuregen, dass das Thema vielleicht einen empfindlichen Punkt getroffen hatte, und dass sie sich vielleicht wirklich näher mit diesem Bereich ihres Lebens beschäftigen musste. Und siehe da, gegen Ende unseres Telefonats stimmte sie zu, in der Gruppe zu bleiben.

In den nächsten vier Sitzungen arbeitete Agnes sehr eifrig mit. Sie machte alle Hausaufgaben, schrieb ihr Tagebuch, nahm an den Visualisierungen teil, sprach offen in der Gruppe über ihre Gedanken und nahm ihren Fortschritt sehr ernst. Sie nutzte die LAUB-Schritte, sowohl um die Macht ihres inneren Kindes abzuschwächen, als auch um sich mehr auf ihren inneren Erwachsenen zu besinnen. Diese Technik erinnerte sie daran, den gewohnten Platz als verletztes Opfer aufzugeben, vollkommen auf dem richtigen Weg zu bleiben und auf ihre derzeitige Macht Anspruch zu erheben. Einer der Sätze, der ihr bei dieser Umorientierung half, war: „Ich lebe jetzt in der Müllerstraße (ihre jetzige Adresse) und nicht in der Kastanienallee (ihre Kindheitsadresse)."

In die letzte Sitzung kam sie mit einem hellgrünen Pullover und einem Rock (sie war sonst immer in dunklen Farben und sackartigen Hosen herumgelaufen). Sie sah prächtig aus. Jeder machte ihr über ihr Aussehen, ihre Leichtigkeit und das Leuchten in ihren Augen Komplimente.

Sie verkündete, dass sie den Rechtsstreit aufgegeben hatte – der praktisch sowieso zu Ende war, aber sie hatte endlich beschlossen, buchstäblich die Waffen zu strecken. Es war, als wäre ihr ein Licht aufgegangen – einer dieser seltenen und kostbaren Aha-Momente – als sie voll und ganz begriff, dass sie und niemand anders für ihr Leben verantwortlich war. Sie sagte, dass sie das Gefühl hatte, zehn Kilo Gewicht zu verlieren, als sie ihre Rechtsanwälte feuerte. Sie schien tatsächlich sichtbar erleichtert und freier zu sein.

Nachdem die Gruppentherapie beendet war, verkündete mir Agnes, dass sie sich zu ihrem eigenen Erstaunen unglaublich viel besser fühlte. Sie sagte: „Ich bin so froh, dass ich dabei geblieben bin und bis zum Schluss mitgemacht habe, weil ich mich jetzt stark fühle. Zum ersten Mal fühle ich, dass die Kraft aus mir selbst kommt. Das habe ich noch nie im Leben so gefühlt. Meistens fühlte ich mich in der Opferrolle, aber ich wusste nicht, was ich dagegen tun konnte; ich hatte einfach keine Ahnung."

Das Vier-Säulen-Programm half ihr, sich auf ihre eigene Kraft zu berufen. Sie sagte „Ich dachte immer, die Antworten kämen von außen. Aber das habe ich am Ende hier in der Gruppe gelernt: in Wirklichkeit kommen die Antworten aus unserem Inneren. Und ich habe in der Gruppe gelernt, dass ich für mein Leben *Verantwortung* übernehmen muss und das hieß, dass ich die Verantwortung für den Besitz meines Mannes und das Ergebnis des Gerichtsverfahrens übernehmen musste und dafür, ob ich arbeitete oder nicht arbeitete. Das war ein riesiger Schritt für mich."

Sie fuhr fort: „Ich bin nicht mehr der Meinung, dass meine Kinder meine Probleme lösen sollen. Das war ein großer Fortschritt. Ich hatte mich im Laufe der Jahre wirklich darauf verlassen, dass sie meine Probleme lösten, damit ich mich besser fühlte. Mir war nicht einmal aufgefallen, dass ich das tat, weil sie das so viele Jahre lang bereitwillig getan hatten."

Agnes machte in allen vier Bereichen des Vier-Säulen-Programms Fortschritte. Bezüglich der Spiritualität erzählte sie mir, dass ihr Glaube jetzt konkreter und tiefer sei als vorher und dass sie seit der Gruppentherapie einer neuen Glaubensgemeinschaft angehörte. In Sachen Reife fand sie endlich den Mut zu erkennen, dass sie einen Job finden musste, um sich am Leben zu erhalten, ob es ihr nun gefiel oder nicht. Außerdem war das Ausdruck für die Verantwortung, die sie jetzt für sich und ihr Leben übernahm. Jetzt geht es in ihrem Leben um Chancen, nicht um Einschränkungen.

Was die Liebe angeht, so lernte sie, sich selbst wieder zu schätzen, und zwar so, wie sie war, und auch das Alter, in dem sie war. Sie schrieb:

> *Ich betrachtete mein Älterwerden immer als eine Kraft, die gegen mich arbeitete. Jetzt tue ich das nicht mehr. Ich sehe es jetzt als etwas, das ich akzeptiere und liebe und das mir gefällt. Wenn man älter wird, verfügt man über eine Weisheit, die man in jungen Jahren nicht hat. Man lebt sanfter. Ich bin jetzt Oma und das ist eine uneingeschränkt schöne Rolle, man gibt, liebt und hat Freude. Und mich verbindet jetzt zu jedem meiner Kinder und ihren Partnern eine wunderbare Freundschaft. Ich kämpfe nicht mehr gegen das Älterwerden. Und ich betrachte mich im Spiegel und finde mich schön. Ich beschließe, das schön zu finden, was ich sehe. Meine Erinnerungen hängen mir nicht mehr wie schwere Ketten um den Hals. Diesmal habe ich auf das innere Kind zurückgeblickt und habe es erwachsen werden lassen. Jetzt bin ich endlich erwachsen.*

Wow, eine ziemlich tiefgreifende Sache. Zweifellos muss Agnes an diesen Themen noch weiter arbeiten. Aber sie hat den wichtigsten Schritt getan – den Schritt zu analysieren, sich wirklich anzuerkennen und ernsthaft eine Veränderung anzustreben. Für mich war es ein großartiges Geschenk, zu sehen, wie sie wuchs. Ich war so stolz auf ihre Fähigkeit, es durchzustehen und auf der anderen Seite anzukommen. Niemand hat gesagt, dass es leicht sei, erwachsen zu werden. Unsere Bequemlichkeit und unsere Angst vor dem Neuen verhindern Veränderungen, sogar positive Veränderungen. Aber Agnes bewies, dass Ausdauer und Bereitschaft etwas bewirken können und man mit dem Vier-Säulen-Programm wirklich etwas erreichen kann.

Der idealisierte Erwachsene

Sie werden jetzt vielleicht protestieren: „Dieser ganze Quatsch mit dem inneren Erwachsenen hört sich viel zu idealisiert und unerreichbar an.“ Stimmt. Niemand ist perfekt. Da aber Ihr innerer Erwachsener Ihr höchstes und bestes Selbst ist, ist es unrealistisch zu glauben, dass es immer funktioniert. Menschen können von Natur aus nicht perfekt sein.

Und doch ist es etwas wonach man streben kann. Es *liegt wirklich* in unserer Natur, an Wachstum und Entwicklung zu glauben. Und ganz bestimmt erhaschen wir immer häufiger einen Blick auf unser bestes Ich, auf dieses verborgene Potenzial.

Wir liefern Ihnen mit diesem Programm Werkzeuge, mit denen Sie die Verantwortung für Ihr Leben übernehmen können. Sie bekommen die Kontrolle über Ihr Leben selbst in die Hand gelegt, so dass Sie nicht mehr herumsitzen und darauf hoffen müssen, dass das Leben Sie erwachsen macht. Sie lernen, dass Sie in Ihrem Leben eine aktive und keine passive Rolle übernehmen müssen und bekommen die Mittel, um auf Ihre Macht Anspruch zu erheben.

Wenn Sie wollen, können Sie von der Reservebank aus in Ruhe alles beobachten. Aber irgendwann müssen Sie einmal selbst losstürmen und aufs Tor schießen. Es ist Zeit das Spiel zu spielen – wirklich. Also los!

Das Vier-Säulen-Programm im Überblick

Der Erwachsene ist bereits in Ihnen, fertig ausgeformt, bereit, für Sie zu arbeiten. Sie brauchen ihn nicht zu entwickeln oder zu erschaffen, alles, was Sie machen müssen, ist, Zugang zu ihm zu finden. Das Vier-Säulen-Programm gibt Ihnen den Schlüssel dazu, inklusive des vierstufigen LAUB-Schlüssels.

Es geht darum, Ihre Einstellung positiv zu verändern, was zu einer aktiven Veränderung führt. Es geht darum, eine neue Perspektive zu finden, Situationen in neuem Licht zu betrachten. Das Programm bietet Beispiele von Hoffnung, Übungen und Werkzeuge, wie Reaffirmationen, Symbole und „Schauspielerei“, die alle Ebenen von Verstand und Seele ansprechen.

Lesetext

Ein alternder Hindulehrer schickte seinen Schüler los mit der Aufgabe, eine Hand voll Salz in ein Glas zu schütten und es dann zu trinken.

„Wie schmeckt das?“, fragte der Lehrer.

„Bitter“, würgte der Schüler hervor.

Der Lehrer lachte und bat dann seinen Schüler, die gleiche Menge Salz in einen See zu werfen. Und wieder sagte er seinem Schüler, er solle das Wasser trinken. Der Lehrer fragte: „Wie schmeckt das?“

„Frisch“, antwortete der Schüler.

„Schmeckst du das Salz?“ fragte der Lehrer.

„Nein“, antwortete der junge Mann.

Der Lehrer entgegnete: „Der Schmerz des Lebens ist pures Salz – nicht mehr und nicht weniger. Die Menge des Schmerzes im Leben bleibt dieselbe, ganz genau dieselbe. Aber die Bitterkeit, die wir schmecken, hängt davon ab, in welches Behältnis wir den Schmerz legen. Also, wenn du Schmerzen hast, hast du nur eine Möglichkeit, nämlich deine Perspektive zu ändern ... Sei nicht länger ein Glas. Werde ein See.“

Visualisierung

Die folgende Visualisierung ist genau wie die aus Kapitel 3 einer Visualisierungstechnik von Ann V. Graber entnommen, die sie die „Reise in unser inneres Schloss“ nennt und die helfen soll, Verbindung zu unserem höheren Ich aufzunehmen. Sie bezeichnet das höhere Ich als „Der Teil von Ihnen, der die besten Elemente Ihres Daseins personifiziert; es ist die einzigartige individuelle Form der Göttlichkeit, die sich in Ihrer Person ausdrückt.“

Ich habe ihre Reise zu dem Schloss in uns übernommen, um Sie mit dem Erwachsenen in Ihnen in Verbindung zu bringen. Seien Sie für alle Bilder offen, die sich vor Ihnen auftun mögen. Dieses wird eine sehr wichtige Begegnung für Sie werden.

Bringen Sie sich in eine entspannte Position. Schließen Sie die Augen und folgen Sie dem natürlichen Rhythmus Ihres Atems. Denken Sie einen Moment über den Text nach, den Sie eben gelesen haben. Woran denken Sie dabei? Hat der Text ein Gefühl in Ihnen ausgelöst? Hat der

Text Sie an eine Erfahrung aus Ihrem eigenen Leben erinnert? Akzeptieren Sie jede Botschaft, die der Text Ihnen mitteilt.

Jetzt atmen Sie tief und befreit ein. Stellen Sie sich vor, wie Sie eine Treppe hinunter gehen. Immer weiter hinunter und wenn Sie unten ankommen, befindet sich dort eine Tür. Die Tür öffnet sich und während Sie hindurchgehen, stellen Sie fest, dass Sie sich in ein Abenteuer begeben. Stellen Sie sich vor, Sie befänden sich auf einer Wiese. Es ist ein warmer, sonniger Tag und Sie sehen die vielen Wildblumen um sich herum. Sie fühlen die Wärme der Sonne auf Ihrer Haut und einen leichten Wind, der durch Ihr Haar streicht.

Vor Ihnen liegt eine Brücke, eine Brücke, die von der fassbaren Realität in das Land des höheren Bewusstseins führt. Auf der anderen Seite der Brücke befindet sich ein Tor, ein Tor zur Kristallstadt. Sie gehen hinein und finden sich auf einer Prachstraße wieder, auf der Sie durch die Stadt wandern. Um Sie herum bemerken Sie nur wunderschöne Bilder und Geräusche. Die Sonne glänzt auf den Glasgebäuden. Sie gehen ganz alleine staunend und mit einem Glücksgefühl durch die Straßen.

Am Ende der breiten Straße sehen Sie ein großes Schloss aus Glas und Gold. Es ist ein wundersamer Ort. Während Sie sich dem Schloss nähern, öffnen sich Ihnen die Tore und Sie erklimmen eine große Treppe. Am oberen Ende der Treppe befindet sich eine Tür. Sie öffnen die Tür und entdecken einen wunderschönen Ballsaal, der mit reichen Verzierungen aus Glas und Gold geschmückt ist. Am Ende des Ballsaales sehen Sie einen Lichtkreis. Sie fühlen sich stark von dem Licht angezogen und nähern sich ihm.

Während Sie sich dem Licht am Ende des Ballsaales nähern, sehen Sie, dass es Ihr innerer Erwachsener ist, der in dem Lichtstrahl steht. Sie erkennen sofort, dass dies Ihre höhere Wirklichkeit ist. Lassen Sie jedes Bild zu, das sich vor Ihren Augen bildet. Vielleicht sehen Sie sich selbst in kostbaren goldenen Kleidern, mit einer Krone, wie ein König oder eine Königin. Vielleicht sehen Sie sich als Hexe oder Zauberer. Vielleicht sehen Sie sich als runzeliges altes Weib oder als weit gereiste Zigeunerin. Vielleicht sehen Sie Ihren inneren Erwachsenen sogar als überdimensionales Ungeheuer oder Tier. Ihr innerer Erwachsener erwartet Sie mit einem Lächeln und begrüßt Sie überschwänglich. Dies ist eine heilige Begegnung.

Sie lächeln Ihren inneren Erwachsenen an, der zurücklächelt. Dann greift er in eine Glasvase und holt goldenen „Erdungsstaub" hervor, den er auf Ihren Kopf streut. Sofort fühlen Sie sich in sich verwurzelt, fest verankert in Ihrer Realität und inneren Stärke. Sie strecken Ihre Hand aus, um die Hand Ihres inneren Erwachsenen zu ergreifen, und als Ihre Hände sich berühren, fühlen Sie einen elektrischen Schock, der durch Ihren Körper fährt. Sie fühlen, dass Ihr Körper mit einer Art Licht und Energie angefüllt ist und Sie sich neu gestärkt fühlen.

Fragen Sie Ihren inneren Erwachsenen jetzt, was Sie wissen oder ändern müssen, damit Sie ein Leben voller Harmonie und mit einem tieferen Zweck leben können. Warten Sie auf eine Antwort. Vielleicht bekommen Sie sofort eine Antwort in Form einer Eingebung oder einer visuellen oder akustischen Empfindung. Oder die Antwort kommt vielleicht zu einem späteren Zeitpunkt. Seien Sie still und achten Sie darauf, was Ihr innerer Erwachsener Ihnen auf irgendeine Weise mitteilt.

Nach einiger Zeit wissen Sie, dass Sie nun gehen müssen. Danken Sie Ihrem inneren Erwachsenen für Ihren Besuch. Sie wissen, dass Sie jederzeit wiederkommen dürfen. Sie drehen sich um und verlassen den Palast durch den Ballsaal, die Treppe hinunter und durch das große Tor. Aus den Falten Ihrer Kleidung strömt Licht hervor. Sie fühlen sich energiegeladen und komplett. Gehen Sie wieder die breite Straße zurück, durch die Kristallstadt, bis Sie zu dem Tor und der Brücke gelangen. Gehen Sie durch das Tor und über die Brücke zu der Wiese zurück.

Jetzt, sofern Sie bereit sind, kehrt Ihr Bewusstsein auf einer Welle des Lichts in Ihren Körper zurück. Fühlen Sie Ihren Körper in dem Raum, in dem Sie sich befinden. Fühlen Sie, wie Ihr Körper Bodenhaftung bekommt und sich in seine Umwelt integriert. Wackeln Sie mit den Fingern und Zehen. Atmen Sie tief ein. Bewegen Sie sanft Ihre Arme und Beine von einer Seite zur anderen. Atmen Sie noch einmal tief ein. Spüren Sie, wie ein starker Energiestrom durch Ihren Körper fließt und Ihnen neue Kraft verleiht. Ich zähle jetzt von eins bis fünf und wenn Sie dann bereit sind, nachdem ich bis fünf gezählt habe, können Sie die Augen öffnen. Eins ... zwei ... drei ... vier ... fünf. Sie können jetzt die Augen öffnen.

Tagebuchfragen

Welche der vier Säulen ist bei Ihnen bereits am stärksten ausgeprägt? Warum fällt Ihnen diese Eigenschaft so leicht?

Welche der vier Säulen ist für Sie die größte Herausforderung? Warum ist sie so schwierig?
Welcher der vier LAUB-Schritte ist für Sie am einfachsten? Warum?
Welcher der vier LAUB-Schritte ist für Sie am schwierigsten? Warum?

Die Zauberfrage: Wenn Sie eines Abends schlafen gingen und am nächsten Morgen aufwachten und Ihr „Problem" (zum Beispiel die verzwickte Situation in der Sie sich zu dem Zeitpunkt gerade befinden) wäre verschwunden, woran würden Sie das erkennen? Wie würde Ihr Leben dann aussehen? Woran würden andere erkennen, dass das Problem verschwunden ist? Wie würden Sie sich anders verhalten?

Bewertung: Auf einer Skala von 1 bis 100, wobei 100 die ideale Person darstellt, die Sie sein könnten, wo würden Sie sich sehen? Worin würde sich Ihr Leben von Ihrem jetzigen unterscheiden, wenn Sie auf der Skala höher stünden? Was können Sie tun, um auf der Skala höher zu stehen? Wovor fürchten Sie sich?

Übungen

Symbol der Transzendenz: Tragen Sie einen Stein in Ihrer Tasche, der Ihren inneren Erwachsenen repräsentiert. Der Stein kann eine beliebige Farbe haben. Diesen Stein finden Sie vielleicht am Strand, im Wald oder auf der Straße. Oder vielleicht möchten Sie einen Stein kaufen, einen Rosenquarz oder Amethyst. Er soll Sie an Ihre unerschütterlichen Kräfte als authentischer Erwachsener erinnern.

Brief: Schreiben Sie einen Brief an Ihren inneren Erwachsenen und fragen Sie ihn, was er Ihnen zu sagen hat und in welcher Form er an Ihrem Leben teilhaben soll. Und dann schreiben Sie einen Antwortbrief von Ihrem inneren Erwachsenen an Ihr jetziges Ich, beantworten Sie die Fragen und reagieren Sie auf die Gedanken.

Bild: Malen Sie ein Bild von Ihrem inneren Erwachsenen. Sie haben ihn in Ihrer Visualisierung getroffen, rufen Sie sich dieses Bild noch einmal in Erinnerung und bringen Sie es zu Papier. Sie können dafür Farbe, Kreide, Textur, Acryl oder was immer Sie möchten verwenden.

(Noch mal, es geht hier nicht um Ihr künstlerisches Talent. Sie können es konkret oder abstrakt oder frei fließend malen. Früher bin ich vor Schreck erstarrt, wenn ich etwas malen sollte. Ich war einmal Mitglied in einem Gebetskreis und in der letzten Sitzung sollten wir alle etwas malen. Ich hätte fast geschwänzt, weil ich mich künstlerisch für absolut unbegabt halte. Aber ich bin widerstrebend trotzdem in die Sitzung gegangen – weil mein innerer Erwachsener mir das befohlen hatte! – und ließ mich fallen. Wir hörten Musik und ließen uns treiben. Eigentlich wurden wir wieder zu Kindern, die sich frei mit Farbe ausdrücken konnten. Am Ende war ich angesichts dieser Erfahrung vollkommen begeistert. Das ist ein Beispiel dafür, wo das innere Kind – das keine Angst davor hat, zu zeichnen oder zu malen – uns helfen kann, unseren inneren Erwachsenen zu erreichen.)

Der innere Erwachsene – eine Bestandsaufnahme

(Modifizierte Version eines Al-Anon Gruppenfragebogens von 1984, den ich aus Charles Whitfields *Healing the Child Within* (1987) entnommen habe.)

Diese Übersicht ist ein Werkzeug, mit dessen Hilfe Sie einschätzen können, wo Sie feststecken, woran Sie noch arbeiten müssen und welche der vier Säulen Ihre größte Aufmerksamkeit erfordert.

Markieren Sie die Aussage, die am besten ausdrückt, wie Sie sich jetzt fühlen – ehrlich.

1. Suchen Sie Zustimmung und Bestätigung?
   Nie Selten Manchmal Häufig Immer

2. Versäumen Sie es manchmal, Ihre eigene Leistung anzuerkennen?
   Nie Selten Manchmal Häufig Immer

3. Haben Sie Angst vor Kritik?
   Nie Selten Manchmal Häufig Immer

4. Überfordern Sie sich manchmal?
   Nie Selten Manchmal Häufig Immer

5. Haben Sie einen Drang nach Perfektion?
   Nie Selten Manchmal Häufig Immer

6. Ist es Ihnen unangenehm, wenn das Leben zu reibungslos verläuft? Erwarten Sie ständig irgendwelche Probleme?
   Nie Selten Manchmal Häufig Immer

7. Fühlen Sie sich lebendiger, wenn Sie mitten in einer Krise stecken?
   Nie Selten Manchmal Häufig Immer

8. Fällt es Ihnen leicht, für andere zu sorgen, aber schwer, für sich selbst zu sorgen?
   Nie Selten Manchmal Häufig Immer

9. Sondern Sie sich von anderen Menschen ab?
   Nie Selten Manchmal Häufig Immer

10. Reagieren Sie mit Furcht auf Autoritätspersonen?
    Nie Selten Manchmal Häufig Immer

11. Haben Sie das Gefühl, dass Menschen und die Gesellschaft Sie im Allgemeinen ausnutzen?
    Nie Selten Manchmal Häufig Immer

12. Haben Sie Probleme mit engen Beziehungen?
    Nie Selten Manchmal Häufig Immer

13. Klammern Sie sich an Beziehungen, weil Sie Angst davor haben, alleine zu sein?
    Nie Selten Manchmal Häufig Immer

14. Misstrauen Sie häufig Ihren eigenen Gefühlen?
    Nie Selten Manchmal Häufig Immer

15. Fällt es Ihnen schwer, sich zu entspannen und Spaß zu haben?
    Nie Selten Manchmal Häufig Immer

16. Haben Sie das Gefühl, zwanghaft arbeiten, essen, trinken oder nach Abenteuer suchen zu müssen?
    Nie Selten Manchmal Häufig Immer

17. Haben Sie schon einmal eine Therapie oder eine Beratung mitgemacht und immer noch das Gefühl, dass „etwas" falsch läuft oder fehlt?
    Nie Selten Manchmal Häufig Immer

18. Fühlen Sie sich regelmäßig wie betäubt, leer oder traurig?
    Nie Selten Manchmal Häufig Immer

19. Fällt es Ihnen schwer, anderen zu vertrauen?
    Nie Selten Manchmal Häufig Immer

20. Haben Sie das Gefühl, dass Ihr Leben nicht erfüllt ist – beruflich und privat?
    Nie Selten Manchmal Häufig Immer

21. Fühlen Sie sich manchmal schuldig, unzulänglich oder haben Sie ein geringes Selbstbewusstsein?
    Nie Selten Manchmal Häufig Immer

22. Fällt es Ihnen schwer, länger als ein paar Minuten oder Stunden mit Ihren Eltern zu verbringen?
    Nie Selten Manchmal Häufig Immer

Ich würde gerne noch folgende Punkte zu dieser Übersicht hinzufügen:

- Verlieren Sie schnell die Geduld?
  Nie Selten Manchmal Häufig Immer

- Treffen Sie häufig Entscheidungen auf der Grundlage von Angst?
  Nie Selten Manchmal Häufig Immer

- Haben Sie Angst davor, ein Versager zu sein?
  Nie Selten Manchmal Häufig Immer

- Sind Sie der Meinung, dass andere Menschen dafür verantwortlich sind, unter welchen Bedingungen Sie leben müssen?
  Nie Selten Manchmal Häufig Immer

- Fällt es Ihnen schwer, anderen zu sagen, was Sie von ihnen wollen?
  Nie Selten Manchmal Häufig Immer

- Haben Sie Angst vor Verpflichtungen?
  Nie Selten Manchmal Häufig Immer

- Wenn Sie an den Tod denken, haben Sie Angst vor dem Sterben?
  Nie Selten Manchmal Häufig Immer

- Bezweifeln Sie, dass es einen Unterschied macht, ob Sie auf der Welt sind oder nicht?
  Nie Selten Manchmal Häufig Immer

Wenn Sie die meisten dieser Fragen mit „manchmal“, „häufig“ oder „immer“ beantwortet haben, ist es Zeit, Ihren inneren Erwachsenen zu beanspruchen.

Kapitel 5

Erste Säule – Der Traum vom Verantwortungsbewusstsein

Die besten Jahre Deines Lebens sind die, in denen Du beschließt, dass Deine Probleme Deine eigenen sind. Du schiebst sie nicht mehr auf Deine Mutter, die Umwelt oder den Präsidenten. Du erkennst, dass Du Dein Schicksal selbst bestimmen kannst.
– Albert Ellis (Gründer der rational-emotiven Therapie)

Wir befanden uns in einer Sitzung, als Jason, ein dreizehnjähriger Junge, mir sagte, dass er es kaum erwarten könne, Erwachsen zu werden, weil er dann tun könnte, was immer er wollte und wann immer er wollte. Er wäre dann frei.

Ich antwortete: „Erwachsene können nicht immer das tun, was sie wollen. Sie können nicht einfach ihren Job schmeißen, bei Rot über die Kreuzung fahren oder Menschen umbringen. Sie tragen Verantwortung gegenüber der Gesellschaft und haben Verpflichtungen."

Der Teenager entgegnete: „Oh doch, man kann alles machen, solange man nicht erwischt wird." Wenn man ein schlauer Erwachsener ist, kann man tun was man will und wann man es will."

Ist es nicht komisch, dass Erwachsene sich an ihre Kindheit als die Zeit einzigartiger Freiheiten erinnern und hier saß dieser junge Mann und sehnte sich nach der Unabhängigkeit, die er sich vom Erwachsensein versprach – scheinbar ohne sich von den Grenzen dieser Freiheit einschränken zu lassen. Ich verstehe seinen Standpunkt (irgendwie), denn auch ich konnte kaum die Vorteile des Erwachsenseins erwarten und, sieh an, ich lebe in New Hampshire, einem Bundesstaat, in dem das Motto lautet: „Lebe frei oder stirb." Vielleicht machte dieser Leitspruch ja in der Zeit der Amerikanischen Revolution noch Sinn, in der er entstand, aber stehen solche liberalen Tendenzen im Einklang mit der Sicht eines Erwachsenen in der heutigen Zeit?

Erwachsene haben natürlich viele Privilegien, aber die Wirklichkeit sieht so aus, dass diese Freiheiten ein Preisschild tragen: Verantwortung. Wenn man verantwortungsvoll handelt, macht man das, was richtig ist, was erwartet wird. Und man handelt so, weil man innerlich weiß, dass es das Richtige ist, nicht weil jemand (die Regierung, das Gesetz, der Vermieter, der Chef) es einem sagt und einen dann beobachtet, um sicher zu stellen, dass man sich richtig verhält. Der innere Erwachsene agiert verantwortungsbewusst, kennt seine Verpflichtungen, weil solches Verhalten moralisch korrekt ist. Betrachten Sie Ihren inneren Erwachsenen als wäre er ihre persönliche Grille Jiminy Cricket, das lebendige Gewissen Pinocchios, das nun auf Ihrer Schulter sitzt und Ihnen sagt, wie Sie Ihr Leben führen sollen.

Es gibt mehrere Ebenen von Verantwortungsbewusstsein, die wir uns einmal näher anschauen sollten. Die oberste Ebene hat mit den grundsätzlichen Verpflichtungen im Leben zu tun – mit dem Geld, der Zukunft, der Zeit und unseren Mitmenschen. Die mittlere Ebene (der Kern) hat mit dem Verantwortungsbewusstsein uns selbst gegenüber, für unser Handeln und für die Folgen unseres Lebens zu tun. Und die letzte und vielleicht tiefste Ebene hat mit den Pflichten anderen gegenüber zu tun, die jenseits der unmittelbaren Existenz liegen. Der innere Erwachsene kennt diese Ebenen. Er kann Sie problemlos durch dieses Gebiet führen – zapfen Sie einfach seine Ressourcen an.

Die Grundlagen

Gerade heute lagen sie in meinem Briefkasten – die Zugangsdaten und -codes für meine Kreditkarte. Oh Mann! Was ich damit alles machen kann: Ich habe sofortigen Zugriff auf Bargeld! Mit den Renovierungsarbeiten am Haus kann ich nun früher beginnen! Den längst fälligen Urlaub nehmen! Toll, aber haben die nicht zu erwähnen vergessen, dass ich all das irgendwann mit meinem eigenen Geld bezahlen muss, und zwar zu einem sehr hohen Zinssatz?

Plastikgeld ... Spielgeld ... Falschgeld ... kaufen Sie, was Sie wollen ... machen Sie sich keine Sorgen um die Bezahlung. Kreditkarten passen perfekt zu der in unserer Gesellschaft so verbreiteten Phantasie, alles genau dann zu bekommen, wann wir es wollen. Wussten Sie, dass in den USA der normale Kreditkartenbenutzer im Durchschnitt elf Karten besitzt?! Wussten Sie, dass in den USA 50 Millionen Haushalte auf ihrem Kreditkartenkonto ein Minus haben und dafür hohe Zinsen zahlen müssen? Jahr für Jahr geraten immer mehr Amerikaner auf diese Weise in die Zahlungsunfähigkeit. Wussten Sie, dass ein großer Prozentsatz von Lotteriegewinnern nach dem Gewinn mehr Probleme damit hat, mit ihrem Geld umzugehen, als vorher?

Wenn es darum geht, ein verantwortungsbewusster Erwachsener zu sein, dann stehen Geldangelegenheiten ganz oben auf der Liste. Dinge wie Rechnungen bezahlen, und zwar pünktlich zu zahlen, Steuern zahlen, Geld für die Zukunft sparen, nicht über seine Verhältnisse leben – all das sind Verhaltensweisen eines echten Erwachsenen. Und am Ende, wenn man den Verpflichtungen eines Erwachsenen nachgekommen ist, wird man mit einem tiefen Seelenfrieden belohnt. Aber wie häufig kommt es vor, dass man nach einer schweren Woche im Job der Meinung ist, dass man sich mit einem neuen Paar Schuhe, einem Pullover oder einer anderen Errungenschaft belohnen sollte? Natürlich müssen wir uns gut behandeln, aber verantwortungsbewusst und so, dass wir dadurch spätere Probleme vermeiden.

Ein echter Erwachsener sollte auch in solchen Dingen wie Leben und Tod verantwortungsvoll handeln, zum Beispiel im Bereich der Vermögensverwaltung: ein Testament machen, sich für oder gegen eine Patientenverfügung entscheiden, einen Vormund für die Kinder benennen. Um das zu tun, muss man natürlich akzeptieren, dass man sterblich ist. Erwachsene können und müssen die Tatsache akzeptieren, dass sie nicht ewig leben werden. Manche von uns scheinen zu denken und zu handeln, als wäre der Tod nur eine Option.

Und Erwachsene sollten auch in Sachen Zeitmanagement verantwortungsvoll handeln und vor allem pünktlich sein. Wenn jemand ständig zu spät kommt, dann geschieht unbewusst etwas, dann erzeugt man etwas in der Art von unbestimmtem Groll oder Ärger. Zu spät zu kommen (und zwar regelmäßig) ist ein passiv-aggressives Verhalten, das sowohl respektlos als auch arrogant ist. Erwachsene erscheinen, wo sie sollen und wann sie sollen, nämlich zum verabredeten Zeitpunkt.

Und schließlich sollte ein echter Erwachsener seine emotionalen Verpflichtungen gegenüber seinen Familienangehörigen erfüllen – für die Kinder sorgen, seine Eltern, die bereits im Seniorenalter sind, besuchen oder dafür sorgen, dass diesen entsprechende Hilfe zur Verfügung steht, und mit den Schwiegereltern in Kontakt bleiben. Nehmen wir zum Beispiel das Thema Kinder: Wenn man sich dazu entschließt, einen anderen Menschen großzuziehen, dann sollte man das auch tatsächlich tun und diese Verantwortung nicht einem völlig fremden Menschen aufladen. Der wahre und verantwortungsvolle Erwachsene ist zuverlässig, steht zu seinem Wort, ist vertrauenswürdig und emotional zugänglich.

Aber das meiste davon wissen Sie ja bereits. Manchmal gelingt es Ihnen, richtig mit Ihrem Geld, mit Ihrer Zeit, mit Ihrer Familie und mit Ihren Versprechen umzugehen, und manchmal klappt das nicht ganz so gut. Alle eben genannten Aspekte des Verantwortungsbewusstseins sind wichtig – lebenswichtig für den wahren inneren Erwachsenen – aber ich möchte mich noch etwas eingehender mit dem Thema Verantwortungsbewusstsein auseinandersetzen. Ich möchte über das Offensichtliche hinausgehen und mich mehr auf die verborgene Ebene dessen zu begeben, was das Verantwortungsbewusstsein eines wahren Erwachsenen ausmacht. Ich möchte mich mit dem wichtigsten Teil der Analyse beschäftigen, nämlich mit der Tatsache, *dass Sie und niemand anders als Sie für Ihr Leben verantwortlich sind.*

Dies ist Ihr Leben

Das Leben besteht aus Ihren eigenen Entscheidungen; bis zu einem gewissen Grade sind Sie Ihres Glückes eigener Schmied. Mit anderen Worten: der wichtigste Aspekt des Verantwortungsbewusstseins liegt darin, wirklich zu begreifen, dass der Ort der Kraft im Innern liegt. Das heißt, dass Sie – nicht Ihre Eltern, Ihr Partner oder die Gesellschaft – für Ihre Lebensumstände verantwortlich sind. Sie sind dafür verantwortlich, dass Sie glücklich sind und Sie haben sich Ihr Leben so geschaffen, wie es jetzt ist. Egal, welche Tragödien Ihnen widerfahren sind, egal welch eine schwere Kindheit Sie vielleicht durchmachen mussten, das ist kein Freifahrtschein dafür, Ihr ganzes Leben lang eine „Selbstmitleids-Party“ zu veranstalten. Ich bin jetzt vielleicht ein bisschen hart, aber manche Menschen brauchen diese metaphorische Ohrfeige.

Ist es nicht komisch: wir leben in einer Kultur des „Selbst“, befürworten „Selbstverwaltung“, „Selbstverwirklichung“, „Selbstfindung“, „Selbstverbesserung“ und „Selbstständigkeit“ aber wenn es ganz konkret um die Frage geht, wer für unser Leben verantwortlich ist?

Dann sind es ganz bestimmt nicht wir selbst! Schnell, schieben Sie den Schwarzen Peter jemand anderem zu!

Wir genießen die allseits beliebte Opfermentalität. Es ist immer leichter, jemand anderen für unsere Situation verantwortlich zu machen. Du warst es, nicht ich. Indem wir so handeln, geben wir unsere Macht aus der Hand – nämlich unserem Chef, unserem Partner, unseren Eltern, unseren Kindern, unserer Vergangenheit. Das eigentliche „Selbst", in das wir so verliebt sind, wird herabgesetzt.

Benjamin Disraeli sagte einmal: „Wir sind nicht Geschöpfe unserer Situation. Wir schaffen unsere Situation." Das bedeutet, wir können vielleicht nicht alles steuern, was uns passiert, aber wir können und sollten steuern, wie wir auf diese Situationen reagieren. Der innere Erwachsene ist geradezu darauf erpicht, seine Machtposition zu behaupten und zu behalten.

Ade, Opfer – Hallo, Erwachsener!

Julie war eine fünfzigjährige Sängerin, die außerdem Aikido lehrte und als Dozentin im Bereich Konfliktmanagement arbeitete. Fünfzehn Jahre zuvor hatte Julie eine Vorlesung zum Thema Konfliktlösung besucht. Sie arbeitete damals als Maklerin und hoffte, in dem Seminar ein paar gute Tipps zu bekommen, denn ihr Leben war sehr konfliktbelastet. In dem Vortrag damals zeigte Thomas Crum, Autor des Buches *The Magic of Conflict* ein paar Aikido-Techniken und erklärte, wie diese Philosophie der Angriffsenergie auch in andere Lebensbereiche übertragen werden konnte. Julie war sofort Feuer und Flamme. Jetzt macht sie selbst Aikido und hält zu diesem Thema Vorträge.

Julie sagte: „Beim Aikido spricht man davon, dass ein Angriff ein Energiegeschenk ist und wenn man es so betrachtet, kann man diese Energie tatsächlich zu seinem eigenen Vorteil nutzen." Mit anderen Worten: Wenn sie kunstgerecht angegriffen wird, nimmt sie diese Energie, nutzt sie und lenkt sie so um, dass die Sache gut für sie ausgeht. Wenden Sie diesen Grundsatz auf Ihr Leben an und Sie werden feststellen, dass Ihre Lebensqualität nicht davon abhängt, was Ihnen zustößt, sondern davon, was Sie damit anfangen. Und das macht genau den Unterschied. Sie können Menschen oder Situationen nicht ändern, sondern nur Ihre Beziehung zu ihnen. Und wenn ein Konflikt naht, dürfen Sie die Energie nicht abblocken, sondern Sie müssen Sie nehmen, umwandeln und in neue Bahnen lenken.

Versuchen Sie, die „Angriffe" in Ihrem Leben als Energiegeschenke zu betrachten. Versuchen Sie, in jedem Konflikt eine Chance zu sehen, indem Sie sich fragen: „Was kann ich daraus lernen?" Dieses Konzept ist das Gegenteil von Opferverhalten und Grundlage dafür, dass der innere Erwachsene die Verantwortung für sich selbst übernimmt.

Deshalb begann Julie damit, diese Techniken auch auf ihr eigenes Leben anzuwenden. Die Folge war, dass sich zwei wichtige Beziehungen in ihrem Leben grundlegend veränderten. Sie erklärte:

> *Ich bin seit 25 Jahren verheiratet. Ungefähr vor zehn Jahren stand ich an einer Art Scheideweg. Bis dahin war ich mehr oder weniger davon ausgegangen, dass mein Ehemann so sein sollte, wie er meiner Meinung nach sein sollte. Dann, eines Tages, war es, als würde ich nach einem tiefen Schlaf aufwachen und ich dachte: „Mein Gott, das ist ein ziemlich netter Typ. Warum schätze ich nicht, wo er in seinem Leben gerade steht, sondern versuche stattdessen ihm Dinge aufzubürden und Erwartungen an ihn zu richten, die er selbst nicht für sich hegtt. Ich erzeuge hier gerade einen ziemlichen Konflikt. Was will ich wirklich?"*
>
> *Und von nun an übte ich die beiden Grundsätze der Neugier und Anerkennung ein. Neugier bezüglich des Konflikts – welcher Teil davon war für mich von Interesse? Und anstatt zu versuchen, den Konflikt zu vermeiden und mich dagegen zu wehren, bat ich die Energie herein, indem ich auf sie neugierig war. Und dann habe ich die anderen an diesem Konflikt beteiligten Personen – in diesem Fall meinen Mann und seine Position – versucht anzuerkennen. Das heißt, ich kann wertschätzen, wovon er ausgeht und was seine guten und wunderbaren Eigenschaften sind. Ich wusste damals nicht, dass diese Erkenntnis genau damals mein ganzes Leben verändert hat.*

Julie nahm die Energie von ihrem Mann und reagierte anders als sonst darauf. Sie versuchte nicht länger, ihn zu ändern. Sie stellte fest, dass er sie nicht nervte, sondern dass sie neugierig und dankbar wurde – Sie nahm die „Konflikt"-Energie, trennte sie von der eigentlichen Sache, war neugierig und dankbar für das an, was ihr gerade bewusst wurde. Tatsächlich hat sich ihr Mann überhaupt nicht verändert, aber sie änderte ihre Reaktion auf ihn und das war es, was schließlich den Unterschied ausmachte.

Julie weiß, wie schwierig es ist, mit dieser Einstellung zu leben und danach zu handeln. Wenn Sie Workshops zum Thema Konfliktlösung veranstaltet, beginnt sie meistens damit, indem sie sagt: „Heben Sie bitte die Hand, wenn Sie der Meinung sind, dass Sie den anderen an einem Konflikt beteiligten Menschen tatsächlich ändern können." Und meistens sind die Teilnehmer zurückhaltend und keiner hebt die Hand. Und dann setzt sie noch einen drauf: „Heben Sie die Hand, wenn Sie es trotzdem versuchen."

Sie haben jeden Tag die freie Wahl, wie Sie auf andere Menschen und auf Konflikte, die im Alltag auftauchen, reagieren wollen. Jeden Tag haben Sie die Gelegenheit festzustellen, wann Sie einen Schritt zurück machen, um sich noch einmal neu zu entscheiden. Im Laufe der Zeit wird diese neue Angewohnheit die Oberhand gewinnen. „Sie werden wissen, wann es eine neue Gewohnheit geworden ist, wann dieses Verhalten so unbewusst geschieht, wie das alte", sagte sie.

Genau wie bei der Technik „so tun als ob", die wir im letzten Kapitel vorgestellt haben, ist es hier auch. Wenn Sie ein neues Verhalten immer wieder üben, wird es sich schließlich als neues Verhaltensmuster einprägen. Wiederholung und Belohnung war schon immer eine würdige Methode im Bereich des Verhaltenstrainings. Wie sonst bringt man einem Bären das Tanzen bei? Natürlich will ich damit nicht sagen, dass wir bloße Zirkustiere sind, sondern lediglich, dass wir, die menschlichen Lebewesen, *uns selbst* neue Verhaltensweisen *beibringen* können. Und obwohl uns dieses angestrebte Verhalten zu Beginn vielleicht schwierig vorkommt, wird es mit der Zeit durch Wiederholung und die damit verbundenen Belohnungen schließlich zu einem natürlichen Verhalten.

Julie wandte diese neue Erkenntnis auch auf die Beziehung zu ihrer Mutter an. Obwohl sie keine schlechte Kindheit hatte, war diese dennoch belastet mit den gängigen amerikanischen Störungen. Julie sagte: „Ich hatte die gewöhnlichen Probleme mit meiner Mutter, vor allem weil sie eine Persönlichkeit war, die nicht besonders viel Macht besaß. Mein ganzes duldsames Verhalten habe ich von ihr übernommen." Julie fuhr fort:

Es begann alles damit, dass eine Freundin von mir gerade harte Zeiten mit ihrer Mutter durchmachte und ihre Mutter einfach nicht ausstehen konnte. Eine andere Freundin von mir kannte die Mutter dieser Freundin und mochte diese wirklich sehr. Und dann sah ich diese Nebeneinanderstellung. Ich hatte diese Mutter immer nur mit den Augen meiner Freundin gesehen und dann sah ich sie plötzlich mit den Augen der anderen Freundin und dachte: „Hey, das ist bei meiner Mutter bestimmt auch so. Ich wette, es gibt Leute, die sie wirklich mögen.“

Also sagte ich mir: „Meine Mutter hat viele Freunde. Die Leute scheinen sie zu mögen. Was, wenn ich ihre Freundin wäre? Wahrscheinlich würde ich sie auch mögen; sie ist wirklich okay.“ Also beschloss ich, das praktisch umzusetzen und für eine Weile hre Freundin zu sein und nicht ihre Tochter. Damals hörte ich auf, von ihr mütterliches Verhalten zu erwarten. Und das änderte unsere Beziehung. Ich beschloss, lieber das wertzuschätzen, was sie geben konnte und das, was tatsächlich real war, als mich über die Enttäuschungen der Vergangenheit aufzuregen.

Ironischerweise stellte sich dann heraus, dass, als Julie keine mütterlichen Emotionen von ihrer Mutter mehr erwartete, sobald sie sich entspannt hatte und eine „Freundin“ ihrer Mutter geworden war, ihre Mutter sogar begann, sich mütterlicher zu verhalten!

Julie lernte, wie man einen Konflikt umwandeln konnte. Sie änderte einfach ihre Einstellung. Sie beschloss, einen Konflikt nicht als Verfolgungswahn zu betrachten, sondern als eine Möglichkeit, sich weiter zu entwickeln. Sie bestätigt, dass sich ihre Lebensqualität verbessert hat, dass ihr Leben jetzt viel unbeschwerter verläuft und die Folge war, dass sie ihr Arbeitsleben in ein Kunstwerk umwandelte.

Eine neue Einstellung

Die Macht Ihrer Verantwortung geltend zu machen bedeutet ebenfalls, Ihren Blickwinkel neu festzulegen und damit aufzuhören, mit Beschuldigungen um sich zu werfen.

Schuld. Manche von uns lieben es, anderen für unsere Lebensumstände die Schuld zu geben. Das ist so verlockend, so schön einfach. Ich hatte einmal eine 66-jährige Patientin, die sich nach dem Verlust ihres Mannes bei mir in Therapie begeben hatte, um den Tod ihres Mannes zu betrachten. Sie waren 41 Jahre verheiratet gewesen – eine sehr lange Zeit.

Wenn sich jemand bei mir in Therapie begibt, weil er einen Partner verloren hat, versuche ich nicht, irgendwelche Vermutungen darüber zu anzustellen, wie sich dieser Mensch jetzt fühlt oder wie die Beziehung war, die er jetzt betrauert. Die meisten Menschen gehen einfach davon aus, dass dieser Mensch jetzt sehr traurig ist. „Oh, es tut mir so leid, dass Ihr Mann gestorben ist; Sie müssen sich jetzt ja sehr einsam fühlen und sehr traurig fühlen." Naja, nicht unbedingt. Viele der Patienten, die zu mir kommen, erleben eine sehr „komplizierte" Trauer, weil sie Gefühle haben, die ihnen unangenehm sind. Sie wissen nicht, wie sie mit solchen Gefühlen wie Schuld, Wut, Hass und sogar Erleichterung umgehen sollen.

Als ich das erste Mal mit Marianne sprach, wusste ich, dass sie eine Frau war, die in ihrem Leben Gefühle meistens für sich behalten hatte. Sie wirkte angespannt und hatte einen grimmigen Blick, der unterdrückte Wut ausdrückte – und zwar sehr viel davon –, aber auch Verbitterung. In unserer ersten Sitzung gestand sie mir ihr Geheimnis, ein Geheimnis, das nur wenige kannten – nämlich dass 31 ihrer 41 Ehejahre eine Qual gewesen waren. Eine einzige Heuchelei.

Warum? Weil ihr Mann, Harry, nach zehn idyllischen Ehejahren mit einer anderen Frau geschlafen hatte, obwohl sie schon drei Kinder hatten und ein viertes unterwegs war. Und Harry genoss seine Seitensprünge weiter während ihrer gesamten Ehejahre. Marianne sah mich todernst an und verkündete: „Dieser Mann hat mein Leben ruiniert."

Hier saß nun diese Frau und erzählte mir, dass ihr Leben quasi vergeudet war und zwar ausschließlich *seinetwegen*. Klingt das nach einem inneren Erwachsenen, der die Verantwortung für sein eigenes Leben übernimmt? Nun, das habe ich Marianne natürlich nicht gleich am Anfang gesagt. Ich hörte zu, ich fragte, ich sammelte die Puzzleteile ihrer Geschichte zusammen, ich fühlte ihr nach, wie sie verraten worden war.

Nach der ersten Affäre war ihre Beziehung angespannt, voller Sarkasmus, verletzender Bemerkungen und ständigen Ärgers. Trotzdem blieb sie verheiratet. Sie war all diese Jahre der Kinder wegen geblieben.

„Ich musste vier Kinder großziehen und hatte keine Fähigkeiten, die ich zu Geld machen konnte. Wo hätte ich hingehen sollen? Wie hätte ich uns ernähren können? Ich saß in der Falle“, sagte sie. „Und die Kinder wussten ja nicht, dass ihr Vater fremdging. Ich wollte die Beziehung zu ihrem Vater bewahren.“

Aber warum blieb sie noch bei ihm, als die Kinder schon erwachsen waren? Weil sie sich an ihre private Hölle gewöhnt hatte und nicht sicher war, ob es bessere Alternativen gäbe, erzählte sie mir.

Bei der Arbeit mit Marianne versuchte ich, sie von ihrer Opferrolle abzubringen. Ich versuchte, ihr dabei zu helfen, Harry zu vergeben, nicht um seinetwillen, sondern um ihretwillen. Ich versuchte sie dazu zu bringen, die Vergangenheit mit anderen Augen zu sehen. Ich würde jetzt gerne behaupten, dass wir auf allen Fronten erfolgreich waren, aber 31 Jahre eingefahrenen Denkens zu ändern, ist kein leichtes Unterfangen.

Aber was wir erreichten, war sehr wichtig. Marianne konnte nie das Wort „Vergebung“ im Zusammenhang mit Harry benutzen, aber es gelang ihr, sich aus seiner Macht über sie zu lösen, und das war ein großer Schritt für sie. Sie konnte akzeptieren, dass er es jetzt nicht mehr nötig hatte, ihr Leben zu ruinieren. Sie konnte zugeben, dass sie jetzt für ihr eigenes Leben verantwortlich war und dass sie, seit er gestorben war, genauso gut weiterleben konnte und ihm nicht mehr für das Leben die Schuld geben musste, das sie hinter sich gelassen hatte.

Auf mein Drängen hin begann sie, ehrenamtlich in der örtlichen Bibliothek zu arbeiten. Sie hatte schon immer gerne gelesen und war mit Hilfe guter Romane ihrem eigenen Leben entflohen. Sie berichtete, dass sie es schon immer geliebt hatte, Zuflucht in guten Romanen zu suchen. Sie begann sogar damit, Kinder an Bücher heranzuführen und ihnen die Lust am Lesen beizubringen. Und während sie ihren Gefühlen, die sich im Lauf von 31 Jahren ihres Lebens angestaut hatten, freien Lauf ließ, musste sie sogar zugeben, dass sie auch schöne Zeiten mit Harry verlebt hatte.

Im Laufe von mehreren Monaten änderte sich Mariannes ganzes Gefühl. Ihre Augen feuerten keine Hasspfeile mehr ab. Sie lächelte sogar und die düsteren Falten, die ihr Äußeres geprägt hatten, verschwanden dadurch. Sie wirkte erleichtert. Sie lachte laut, als sie ihre Arbeit in der Bibliothek beschrieb.

Ich war stolz auf Marianne. Sie ließ es nicht zu, dass ihr verstorbener Mann auch nur das kleinste Bisschen Macht über sie hatte. Vielleicht hatte er ihrer Meinung nach ihre Vergangenheit ruiniert, aber ihre Gegenwart konnte er nicht ruinieren. Die ganze Macht, die sie so bereitwillig einem anderen überlassen hatte, floss jetzt zu ihr zurück. Und das schien sie zu beleben. Als wir unseren letzten Termin hatten, sah sie um Jahre jünger aus.

Meine Hoffnung für Marianne ist die, dass es ihr irgendwann auch gelingt, Harrys Macht über ihre Vergangenheit zu überwinden. Vielleicht kommt das im Laufe der Jahre, vielleicht nicht. Aber sie hatte jetzt verstanden, dass sie ihr eigenes Leben fest in ihren eigenen Händen hielt, dass sie dafür verantwortlich war und sie niemandem anders die Schuld für irgendwas geben konnte.

ErLAUBen Sie sich eine neue Einstellung

Natürlich führt nicht bei jedem ein Todesfall dazu, dass jemand Verantwortung für sich übernimmt. Die meisten von uns müssen die Verantwortung für ihr eigenes Leben übernehmen, während sie noch immer mit den Menschen zusammenleben, denen gegenüber wir am meisten gefährdet sind, ihnen unsere Macht zu überlassen. Dann müssen wir besonders hart daran arbeiten, unsere eigene Stärke zu behaupten. Die LAUB-Technik kann, wenn man sie regelmäßig anwendet, dabei helfen, sich diese Tatsache immer wieder bewusst zu machen.

Vor einiger Zeit fuhr ich mit meiner Familie in ein Skiwochenende und meine Einstellung ging mit Pauken und Trompeten den Bach runter. Angesichts der Tatsache, dass ich seit sechs Jahren nicht Ski gefahren war, gepaart mit meiner Abneigung gegen Kälte, hatte ich mich schon ziemlich in mein inneres Problemkind verwandelt, als ich oben auf dem Berg ankam. Mir tat alles weh, ich jammerte, ich war frustriert wegen meiner unbequemen Stiefel und als ich in den Pulverschnee fiel und nicht gleich wieder aufstehen konnte, explodierte ich. Mein Problemkind fuhr wie eine Furie aus mir heraus, als ich meinem Mann vorheulte: „Ich kann nicht fassen, dass du mich hierher gebracht hast!

Ich hasse Skifahren und ich will nicht hier sein und das ist alles deine Schuld!“

Oha! Rote Fahne! Sämtliche Alarmglocken fingen in meinem Kopf an zu läuten. In dem Moment, als ich hörte, wie ich ihm die Schuld in die Schuhe schob, wusste ich, dass ich es übertrieben hatte. Vielleicht war es seine Idee gewesen, dorthin zu fahren, aber es lag in meiner Verantwortung, zuzustimmen, mitzufahren und auf die Piste zu gehen. Er hatte mich nicht geschubst und als Erwachsene bin ich für mein Leben selbst verantwortlich.

Zum Glück ließ mich mein Mann, der ein sehr geduldiger Mensch ist, ein bisschen herumschimpfen, bis ich wieder auf meinen Skiern stand und mich beruhigt hatte. Da ich erkannte, dass ich meinen inneren Erwachsenen auf den Plan rufen musste, schaltete ich schnell auf die LAUB-Technik um. (Meine richtigen Kinder verhielten sich übrigens prächtig!) Zunächst *löste* ich mich aus der Situation und stellte mir vor, wie ich über mir selbst im Sessellift saß und auf diese Frau herunterblickte, die da wie eine Verrückte herumschrie. Dann machte ich mich auf das *aufmerksam*, was passiert war, nämlich, dass mein jammerndes inneres Problemkind total außer Kontrolle geraten war, oder besser gesagt, die totale Kontrolle übernommen hatte. Dann habe ich mich *umorientiert*, nämlich auf die Tatsache hin, dass ich eine erwachsene Frau war, die über alle Ressourcen verfügt, die notwendig sind, um mit einer solchen Situation fertig zu werden. Mein innerer Erwachsener analysierte die Situation und sagte mir, dass ich einfach nur irgendwie von dem Berg herunterkommen musste. Ich hatte die Fähigkeit dazu und könnte dabei vielleicht sogar ein bisschen Spaß haben. Die andere Alternative wäre gewesen, sich von der Bergwacht herunterbringen zu lassen, womit ich mich total lächerlich gemacht hätte. Und schließlich handelte ich bewusst und sagte mir immer wieder vor: „Tu es einfach, tu es doch einfach.“ Und so fuhr ich diesen Berg hinunter. Ich ließ mir einfach keine Möglichkeit, an meine schmerzenden Beine oder den kalten Wind in meinem Gesicht zu denken. Hin und wieder blickte ich auf, um die außerordentlich schöne Aussicht wahrzunehmen und für diese prächtige Landschaft zu danken. Und als ich endlich unten war, *bewertete* ich mein Verhalten und erkannte, dass ich mich um Welten besser gefühlt hatte, nachdem ich den Spieß umgedreht und meinen inneren Erwachsenen zum Einsatz gebracht hatte. Ich entschuldigte mich bei meinem Mann dafür, dass ich mich wie ein Baby verhalten hatte. Und ob Sie es glauben oder nicht, ich bin noch einmal auf die Piste gegangen!

Während Sie sich wahrscheinlich völlig bewusst sind, dass es auf allen Ebenen auf die richtige Einstellung ankommt, schützt es Sie nicht davor, dass das hinterhältige, weinerliche, schmollende, intolerante und ungeduldige Problemkind Sie hin und wieder besuchen kommt. Das Beste, worauf Sie hoffen können, ist, dass diese Besuche kurz und selten sind.

Die Macht der anderen

In seiner abschließenden Analyse hat Verantwortungsbewusstsein immer mit Macht zu tun. Als ich dort auf der Piste stand, beschloss ich, meine Macht zurück zu gewinnen. Jeden Tag haben wir wieder diese Entscheidungsmöglichkeit. Wo ist Ihre Macht? Besitzen Sie sie oder haben Sie sie an jemanden anders übergeben? Wo liegt die Quelle Ihres Selbstwertgefühls?

Brian war ein 42-jähriger Mann, der nach all diesen Jahren endlich wieder die Macht über sich beanspruchen wollte. Er erzählte mir, dass er sich sein ganzes Leben lang wie eine Marionette seiner Mitmenschen gefühlt hatte, die diesen gehörte und von diesen geführt wurde. Er erwartete von anderen, dass sie ihm sagten, dass er seine Arbeit gut machte. Er erwartete von anderen, dass sie ihm bestätigten, wie lustig, intelligent und nett er war. Von alleine glaubte er nicht daran und empfand auch nicht so. Und wenn er einen negativen Kommentar hörte, war er am Boden zerstört.

Nach einigen Monaten Therapie war er eher bereit, zu sagen: „Ich bin okay, egal ob jemand anders mir das sagt oder nicht." Er weiß, dass diese Botschaft aus ihm selbst kommen muss. Und auch wenn er mit dieser Botschaft nicht aufgewachsen ist, liefert ihm sein innerer Erwachsener jetzt diese Bestätigung. Jeder von uns kann diese neue innere Stimme bekommen. Hören Sie ihr zu. Glauben Sie ihr.

Natürlich werden wir alle von den Vorstellungen anderer Menschen beeinflusst. Es ist ganz natürlich dass wir durch die Äußerungen anderer geformt werden. Und natürlich genießen wir alles, wenn wir von außen Bestätigung bekommen. Ich bin die erste, die auf Lob und Komplimente reagiert. Ich liebe sie. Aber brauche ich dieses Lob, um mich komplett zu fühlen? Nein. Brauche ich Komplimente, um meine Existenz wertzuschätzen? Nein.

Bestätigung von außen sollte eher so etwas wie ein großer Eisbecher sein. Sie ist toll, sie ist köstlich, aber sie ist nicht lebensnotwendig. Es gibt andere, gesündere Alternativen. Die Energiezufuhr für Ihr Ich, Ihre mentalen Vitamine, müssen aus Ihnen selbst kommen, nicht von außen. Sie sind für Ihre Selbstachtung und Ihr Selbstwertgefühl verantwortlich – andere können nur sehr oberflächlich dazu beitragen.

Genauso ist es mit negativem Input, den Sie von anderen bekommen (zum Beispiel, wenn Ihnen jemand sagt, dass Sie nicht intelligent genug oder attraktiv genug sind oder wenn einem die Eltern ein Leben lang erzählen, man wäre unfähig, dumm oder dick). Diese Einmischungen sollten nicht darüber bestimmen, welches Gefühl Sie sich selbst gegenüber empfinden. Lösen Sie sich von diesen negativen Äußerungen. Wenn Sie zu sehr davon abhängig sind, dass andere festlegen, wer Sie sind – egal ob positiv oder negativ – dann sind Sie viel zu leicht verletzbar – wie ein Kind. Sie sind jetzt erwachsen. Sie entscheiden, wie Sie sich definieren wollen. Sie beanspruchen die Verantwortung für Ihr eigenes Selbstwertgefühl. Sie brauchen sich nicht durch die positive oder negative Meinung anderer steuern zu lassen.

Wenn Sie Anspruch auf Ihren inneren Erwachsenen erheben, bedeutet das auch, dass Sie sich nicht wie ein Chamäleon verwandeln, also ständig Ihre Persönlichkeit verändern müssen, um den Erwartungen Ihrer Mitmenschen zu entsprechen. Sie brauchen Ihr Leben nicht damit zu verbringen, die Rollen zu spielen, die andere für Sie geschrieben haben. Wenn Sie das tun, geht Ihre eigentliche Identität und Persönlichkeit verloren. Wenn Sie selbst die Macht über sich haben, bedeutet das, dass Sie ehrlich zu sich selbst stehen, egal, was andere von Ihnen erwarten.

Es kann ziemlich schwierig sein, zu lernen, die Macht über sich wieder einzufordern und sich von äußeren Kräften unabhängig zu machen, das gebe ich zu. Es ist eine Reise und diese Reise braucht Zeit. Wenn Sie Jahre damit verbracht haben, Ihre Macht per Express an andere zu schicken, ist es eine ziemliche Umstellung, zu lernen, sie in der Hand zu behalten. Aber ich bin sicher, dass Sie es lernen können, wenn Sie offen und bereit dazu sind.

Ihre Macht

Zugegeben, es ist schwierig, seine eigene Stärke und Macht anzuerkennen, wenn man gerade total am Boden zerstört ist. Man braucht schon ein gesundes Selbstvertrauen, um an seine eigene Macht glauben zu können. Man muss soweit genesen, dass man erkennt, dass unser ureigenstes Wesen, der Mittelpunkt unserer Existenz, wunderschön ist.

Das Leben ist wirklich ein Kunstwerk und Sie sind der Künstler Ihres Lebens. Was für ein Künstler sind Sie? Wenn alles im Leben davon herrührt, welche Beziehung wir zu uns selbst haben, ist es Zeit, all das zu nutzen und wertzuschätzen, was man ist. Ich benutze die „Kerncollage“-Übung dazu, Menschen zu helfen, mit sich selbst Verbindung aufzunehmen. Ich bitte die Teilnehmer, Worte und Bilder aus Zeitschriften, Katalogen oder anderen Druckmaterialien zu sammeln und sie auf ein großes Poster zu kleben. Diese Collage soll ihr inneres Wesen darstellen, den Kern dessen, was sie wirklich sind. Ich gebe folgende Anleitung: „ Begeben Sie sich in Ihr inneres Zentrum und dessen, worum es in Ihrem Leben geht. Drücken Sie diese Kreativität in einer Collage aus.“

Am Anfang lasse ich absichtlich noch offen, was genau ich unter „Kern“ verstehe, weil ich möchte, dass die Teilnehmer das so umsetzen, wie es für sie von Bedeutung ist. Bei dieser Übung gibt es kein Richtig und kein Falsch. Trotzdem empfinden es viele Teilnehmer Angst davor, diese Übung mitzumachen.

Eine Teilnehmerin in einer meiner Gruppen sah ziemlich erschrocken aus, als ich diese Aufgabe für die nächste Sitzung stellte. Sie murrte, dass sie künstlerisch überhaupt nicht begabt sei und dass sie keine Zeit dazu hätte und so weiter. Ich bat sie, es wenigstens zu versuchen. Zu meiner Überraschung kam sie in der darauf folgenden Woche mit einem riesigen Poster zur Gruppenstunde, das auf beiden Seiten mit schönen Worten und Bildern übersät war. Sie selbst war ebenfalls darüber überrascht, mit welcher Bereitwilligkeit sie sich in diese Aufgabe hineingesteigert hatte, besonders weil sie anfänglich so gezögert hatte. Sie sagte: „Wissen Sie, am Anfang war ich nicht so begeistert, aber als ich erst damit angefangen hatte, konnte ich einfach nicht mehr aufhören. Ich konnte es nicht glauben, als mir der Platz ausging und ich die Rückseite mit benutzen musste! Ich habe mich dabei so gut gefühlt und es hat mir sehr geholfen, dass ich feststellte, dass ich viel besser zu mir stehe, als ich dachte!“

Sehr häufig sind die Teilnehmer am Anfang skeptisch und behaupten, diese Übung wäre zu einfach oder sogar dumm. Aber sie machen dann doch mit. Und normalerweise bringen sie beim nächsten Mal wahre Meisterwerke mit. Manche sind ganz verblüfft, wie schön ihre Collagen sind. Es kann ein sehr einschneidendes Erlebnis sein, zu versuchen, sein wahres Ich auf diese Weise auf Papier zu bannen. Vielleicht entdecken Sie auf diese Weise Dinge, die Sie schon vergessen hatten.

Oder Sie erkennen Dinge, die schon immer in Ihnen geschlummert haben. Eine Frau machte eine wunderschöne Collage mit schönen Bildern – offene Türen, Sonne, Schmetterlinge und Regenbogen. Aber sie meinte, wenn jemand, der sie kannte, diese Collage ihres tatsächlichen Wesens sähe, wäre er wahrscheinlich ziemlich überrascht. Warum? Weil sie nicht danach lebte. Ein großer Teil dieses vollständigen Bildes von ihr, das dort auf dem Papier zu finden war, fand in ihrem täglichen Leben keinen Ausdruck. Sie selbst war schockiert darüber, wie viele wichtige Aspekte ihrer Persönlichkeit in ihrem Leben total inaktiv waren. Zum damaligen Zeitpunkt ... Es blieb mir nichts übrig, als ihr zu versichern, dass es nie zu spät war, seine Persönlichkeit auszuleben.

Andere haben Probleme mit der Auswahl der Bilder und merken, dass sie lernen müssen, sich selbst zu lieben. Wenn besonders viele Bilder auftauchen, die etwas zeigen, das beschädigt wurde oder die Angst ausdrücken, dann ist es möglicherweise Zeit, Ihre Kernpersönlichkeit zu heilen. Die Collage einer anderen Frau beschäftigte sich vor allem mit Essen, Gewicht und Trainingsergebnissen. Sie sagte dazu, dass dies ein Aspekt ihrer ureigenen Persönlichkeit war, dem sie bisher ausgewichen war. Sie hatte jahrelang mit ihrem Gewicht gekämpft und sich dabei immer wieder zwischen Essen und Sport entscheiden müssen. Sie sagte: „Wenn ich diesen Teil meines Lebens in den Griff bekommen könnte, wenn ich es schaffen könnte, Nahrung in einer Weise zu benutzen, die mein tiefstes Selbst honoriert, was ich im Moment nicht tue, dann weiß ich, dass ich erwachsen geworden bin.“

Jetzt ist der richtige Zeitpunkt für sie und für uns alle gekommen. Die Heilung geht immer einher mit Bewusstheit und Offenheit. Die Macht kommt, wenn wir anerkennen, dass der Kern unserer Persönlichkeit wunderschön ist und wir diesen Bereich entsprechend honorieren. In diesem tiefen Inneren sitzt unser innerer Erwachsener, hier können wir Kontakt zu ihm aufnehmen, hier können wir uns mit allem nur Denkbaren verbünden. Unser innerer Erwachsener weiß, dass unsere eigentliche Persönlichkeit herrlich ist. Und wenn es uns gelingt, eine Verbindung zu diesem kraftvollen Inneren einzugehen, dann wird uns das ein sinnvolles und leidenschaftliches Leben bescheren. Glauben Sie daran.

Versuchen Sie einmal Folgendes …

Stellen Sie Ihre eigene „Kern"-Collage zusammen. Benutzen Sie Wörter und Bilder aus Zeitschriften, Katalogen, Büchern und anderen Unterlagen, die das widerspiegeln, was Sie wirklich sind. Denken Sie an Ihre Interessen, Ihre Rollen und Ziele, Ihre Vergangenheit, aber auch den Kern dessen, was Sie sind, also eine symbolische Darstellung Ihrer Seele. Schneiden Sie sie aus, kleben Sie sie auf ein großes Plakat. Lassen Sie Ihre kreativen Impulse bestimmen, wie die Bilder angeordnet werden sollen. Sie dürfen das Werk auch gerne mit Farbe oder anderen Elementen vervollständigen.
Wie fühlen Sie sich dabei? Was sagt Ihre Collage über Sie und Ihr Leben aus? Nimmt Ihr Leben von hier seinen Ausgang?

Eine alternative Variante der Collage, die sich bei all denen bewährt hat, die sich wirklich nicht dazu überwinden können, eine Collage zu machen, ist ein Objekt auszuwählen, das für ihre wahre Persönlichkeit steht. Auch das kann dazu beitragen, dass Sie Verbindung zu einer tieferen Ebene Ihres Ichs aufnehmen. Eine Frau brachte beispielsweise eine Rose mit, die ihr blühendes Wesen verkörperte, aber nicht die hin und wieder vorkommenden Stacheln übersah. Aber mein Lieblingsbeispiel ist wahrscheinlich das von einer Frau, die ein Stück goldglänzender Schnur mit in die Gruppensitzung brachte, ein fast ein Meter langes Stück Schnur, das sie in einem Stoffladen gekauft hatte. Leise erzählte sie der Gruppe etwas darüber: „Das sagt eigentlich alles. Diese Schnur ist stark, solide und golden glänzend. Wenn ich meditiere, stelle ich mir vor, diese Schnur ist meine Kernpersönlichkeit, direkt in meiner Mitte. Sie verleiht mir Macht und Trost.“

Ich möchte an dieser Stelle auch betonen, dass es nicht das Gleiche ist, etwas über diese Übungen zu lesen, und sie wirklich durchzuführen. Das Erwachen, was man erleben kann, findet statt, während man nach Bildern sucht, eine Auswahl trifft und ein sichtbares Zeichen seines Inneren oder seiner Seele schafft. Wenn Sie es nicht wirklich tun, werden Sie das nur schwer verstehen. Deshalb möchte ich Sie ausdrücklich einladen, die Übungen mitzumachen – Sie haben nichts zu verlieren und können sehr viel gewinnen.

Versuchen Sie einmal Folgendes …

Suchen Sie sich ein Objekt, das für Ihre Kernpersönlichkeit steht. Was sagt es über Sie aus? Legen Sie es an einen Ort, wo Sie es häufig sehen können.

Knüpfen Sie eine Verbindung zu dieser Macht.

Ich fordere meine Teilnehmer auf, ihre Collagen oder die Symbole ihrer Persönlichkeit irgendwo aufzuheben, wo man sie häufig sieht. Ich bitte die Klienten, häufig darüber nachzudenken und die Bilder vor ihrem geistigen Auge zu sehen, während sie meditieren, um diese hoffnungsvollen, heilenden Bilder in ihr Unterbewusstsein aufzunehmen. Schon das bloße Betrachten dieser konkreten Erinnerungshilfen, diese visuellen „Stichworte“, uns helfen, unsere Macht zu stärken.

Das eigene Leben gestalten

Wenn der Heilungsprozess beginnt, wenn Sie Ihre Kernpersönlichkeit in all ihrer Schönheit anerkennen, dann können Sie wieder ihre Macht beanspruchen und Verantwortung für sich selbst übernehmen. Dann erkennen Sie, dass Sie ihr Leben, wenn es bisher nicht so verlaufen ist, wie Sie es gerne gehabt hätten, ändern müssen. Niemand anders wird das für Sie erledigen. Sie sind Gestalter Ihres eigenen Lebens.

Wenn Sie mit Ihrem Arbeitsplatz nicht zufrieden sind, ändern Sie ihn. Wenn Sie nicht gerne dort wohnen, wo Sie wohnen, ziehen Sie um. Wenn Sie nicht genug Freunde haben, machen Sie Pläne, wie Sie Ihr soziales Netz verbessern können. Und wenn Sie Freunde haben, die Ihnen auf die Nerven gehen, suchen Sie sich neue.

All das hört sich vielleicht zu einfach an und vielleicht ist es das auch. Ich weiß, dass es nicht so leicht ist, umzuziehen oder einen neuen Job oder neue Freunde zu finden. Aber ich glaube an Möglichkeiten, nicht an Stolperfallen. Ich glaube daran, etwas zu bewirken, und nicht daran, sich ständig zu beschweren. Ich glaube, wenn man in seinem Leben etwas so zum Positiven verändern will, wie man es haben möchte, wenn man endlich die Verantwortung für sich nutzbar macht, dann können unglaubliche Dinge passieren. Vielleicht dauert es eine Weile, aber Sie können den Ball ganz bestimmt ins Rollen bringen. Denken Sie daran, dass diese langfristigen Ziele nur erreicht werden, wenn man einen Maßnahmenplan aufstellt und ihn in kleine, erreichbare Schritte unterteilt. Stellen Sie Ziele auf. Unternehmen Sie die notwendigen Schritte.

Wenn Sie in Einklang mit Ihrer Kernpersönlichkeit stehen, werden Sie tief in Ihrem Herzen wissen, dass das möglich ist. Sie haben die Macht und die Verantwortung, Ihr Leben so zu formen wie Sie es haben möchten.

Wenn Sie Ihr wahres Ich verstehen – Ihre Kernpersönlichkeit lieben und wertschätzen und Verantwortung für Ihr Leben übernehmen – dann haben Sie bereits einen großen Schritt gemacht. Aber Sie dürfen hier nicht halt machen. Die letzte Stufe der Verantwortlichkeit, die tiefste Stufe, ist die, sich nicht mehr auf die eigene Heilung und sein eigenes Inneres zu konzentrieren, sondern auf die Welt als Ganzes. Sie haben in unserer Welt viele Verpflichtungen, nicht nur sich selbst gegenüber.

Jenseits des Ichs

Wenn in der letzten Instanz Ihre Welt mit Ihrer eigenen Persönlichkeit beginnt und endet (egal wie golden sie auch ist), und Ihr begrenztes Dasein sich nur um Ihre eigenen Dinge dreht – Kredite bezahlen, Frühlingskleidung für die Kinder kaufen, einen Urlaub planen, Lebensmittel einkaufen, eine Beförderung ergattern, Abendessen zubereiten, sich über dies oder jenes Gedanken machen – dann ist Ihre Welt in der Tat ziemlich beschränkt.

Jenseits Ihres Teils des Himmels existiert noch eine andere Welt, ein Welt der Hungernden, der Unterdrückten, der Verlassenen, der Ängstlichen, und die brauchen Ihre Hilfe. Das Leben eines Individuums ist mit dem Ganzen verbunden – oder wie der Schriftsteller John Donne im frühen 17. Jahrhundert es so poetisch ausdrückte: „Niemand ist eine Insel und besteht nur aus sich selbst; jeder Mensch ist Teil eines Kontinents, Teil eines Ganzen."

Das Problem ist, dass wir im Zeitalter des Anspruchsdenkens leben. Viele von uns denken, sie hätten „Anspruch" auf Sonderzulagen, auf Privilegien und auf das, was sie haben wollen und wann sie es haben wollen. Tatsächlich sind wir meistens viel mehr mit dem beschäftigt, worauf wir unserer Meinung nach einen Anspruch haben, als mit dem, für das wir Verantwortung tragen.

Unsere Gesellschaft ist richtig gut in Sachen Rechte – Grundrechte, die Rechte des Patienten, die Rechte eines Sterbenden – aber wo sind unsere Grundverantwortlichkeiten? John F. Kennedy brachte uns dazu, über unsere Rolle in der Welt nachzudenken, als er sagte: „Frage nicht, was dein Land für dich tun kann – frage was du für dein Land tun kannst." Er stellte die Rechte auf den Kopf und forderte uns auf, uns mit unseren Verpflichtungen zu beschäftigen.

Wir haben die Verpflichtung, anderen die Hand zu reichen und denen zu helfen, die uns brauchen. Im 18. Jahrhundert hingen an jedem Haus zwei Wassereimer neben der Haustür, so dass man zu Hilfe eilen konnte, wenn das Haus des Nachbarn brannte. Im 19. Jahrhundert baute, wenn der Nachbar eine Scheune brauchte, das ganze Dorf gemeinsam die Scheune und jeder half.

Wie jeder weiß, sieht die Welt heute etwas anders aus, aber was haben wir im Laufe der Zeit eigentlich verloren? Wie viele Namen Ihrer Nachbarn kennen Sie überhaupt? Und außer den Nachbarn, außer der direkten Umgebung, wie nehmen Sie an dem Leben der Menschen da draußen teil? Wie tragen Sie dazu bei, dass die Welt ein bisschen besser wird?

Na klar, denken Sie, schöne Idee, aber ich bin zu beschäftigt, zu überlastet und ich habe nichts zu verschenken. Ich bin für „diese" Leute nicht verantwortlich. (Auch nicht eine einzige Schneeflocke in einer riesigen Lawine fühlt sich jemals verantwortlich für den Schaden, den sie anrichtet.)

Einfach ausgedrückt: Wir haben die Verpflichtung, etwas zurück zu geben, denn nur so wird unsere Welt besser. Lyndon B. Johnson, noch ein großartiger amerikanischer Präsident, der uns antrieb, mehr Verantwortung zu übernehmen, liebte es, aus der Bibel zu zitieren: „Wem viel gegeben wird, von dem wird auch viel erwartet." Er und seine Frau, Lady Bird, erzogen ihre Töchter so, dass sie es für selbstverständlich hielten, regelmäßig in der Gemeinde etwas für andere zu tun. Das war ein normaler Bestandteil ihres Lebens, das wurde von ihnen erwartet.

Oberflächlich betrachtet, gibt es natürlich einige von uns, denen deutlich mehr „gegeben" wurde als anderen. Aber ich spreche nicht nur davon, dass reiche Leute etwas zurückgeben müssen. Und ich beziehe mich nicht nur auf die Privilegierten, auf die, die es bequem haben, die „beautiful people". Uns allen wurde viel gegeben, unabhängig von unserem sozioökonomischen Status. Es gibt viel Schönes, über das wir uns freuen können, wenn wir unser Leben einmal mit neuen Augen sehen – gute Gesundheit, tiefer Schlaf, der Geruch von frischem Gras, der Geschmack von Hausmannskost, ein Regenbogen, Kinderlachen, das unerwartete Lächeln eines Fremden. Sind nicht all diese Dinge etwas, was wir als Segen empfinden?

Das Geschenk, zum jetzigen Zeitpunkt auf der Erde weilen zu dürfen ist ein Segen. Und mit diesem Geschenk sind sicher religiöse Verpflichtungen verbunden. Die Juden praktizieren die „Mitzvah" oder gottesdienstliche Handlungen. Schon weil wir leben, werden wir hinsichtlich unserer heiligen Pflichten zur Verantwortung gezogen.

Glück verpflichtet

Der innere Erwachsene kennt den Ausspruch von Albert Schweitzer, dass „Glück verpflichtet" und lebt danach. Wir alle haben im Leben hin und wieder Glück, trotz der unglücklichen Situation, in der wir uns derzeit befinden mögen. Und wir alle haben etwas zu geben, mag das Geschenk auch noch so klein sein.

Am 28. Dezember 1997 erschien in der New York Times ein Artikel über den Tod von Max Uzewitz, eines polnischen Juden, der 1913 ohne einen Pfennig in der Tasche nach Amerika eingewandert war. In seinem

Testament vermachte er 5.000 Dollar seiner Urenkelin, der 25-jährigen Nancy Lublin, die an der New York University Jura studierte. Mit diesem Erbe startete Nancy „Dress for success“ im Keller der Methodistenkirche von Greenwich Village.

„Dress for success“ ist eine gemeinnützige Organisation, die Frauen mit niedrigem Einkommen zum „maßgeschneiderten Übergang“ in das Arbeitsleben verhilft. Das bedeutet, jede Klientin bekommt ein Kostüm und die Accessoires dazu, wenn sie ein Vorstellungsgespräch hat, und ein weiteres Kostüm, wenn sie den Job bekommt. Potenzielle Klientinnen kommen aus Obdachlosenheimen, aus Heimen für misshandelte Frauen, aus Umschulungsprogrammen und aus Englischkursen für Immigrantinnen. Nancy überredete gut gekleidete New Yorkerinnen dazu, einen Teil ihrer Businesskleidung abzugeben und Luxusfirmen Handtaschen, Schuhe und Kostüme zu spenden.

Seit der Gründung war „Dress for success“ gewachsen und hatte expandiert und in über fünfzig Städten in Amerika, Kanada und auch in Europa Filialen eröffnet. Darüber hinaus wurden über zwanzigtausend Klientinnen eingekleidet. Das Kostüm symbolisiert das Vertrauen der Organisation in jede Frau, erfolgreich sein zu können, und das sind die Klientinnen.

Woher hatte Nancy diese Idee? Sie sagte: „Ich war bei verschiedenen Vorstellungsgesprächen; ich wusste, dass es zu einem Albtraum werden konnte, sich dafür richtig zu kleiden. Und wenn man dann noch überlegt, wie das für eine Frau ist, die aus einem Obdachlosenheim, einem Gefängnis oder aus einem anderen Land in dieses Land der unbegrenzten Möglichkeiten kommt, ohne einen Pfennig zu haben, dann muss das wirklich schrecklich sein!“ Außerdem: „Opa Max hat immer gesagt, wenn das Leben dir zulächelt, solltest du dein Glück mit anderen teilen.“

Es geht immer nur darum, das Gute zu verbreiten, den Reichtum zu teilen. Wenn man in Fülle und Großzügigkeit lebt, erfährt man wahren Reichtum. Wenn man in Geiz und Enthaltung lebt, erfährt man eine verarmte Welt.

Der Untergang des Personalismus

Der innere Erwachsene verlangt, dass wir uns hinter den Personalismus begeben. Personalismus bezeichnet das kulturelle Phänomen des Vorrangs der Rechte vor der Verantwortung, der Freiheit vor der Verpflichtung. Es fand seinen Höhepunkt in den 1970er-Jahren, als Bewegung, die alles Handeln rechtfertigte, das einem bei seinem Streben nach persönlichem Glück dienlich war (Sie wissen schon, das „Ich"-Jahrzehnt).

Komischerweise ignorierte diese Konzentration auf Selbsterfüllung eine ganz entscheidende Tatsache: seinen Verpflichtungen gegenüber der Familie, der Kirche, der Gemeinde, der Gesellschaft oder der Welt gegenüber nachzukommen, tut *wirklich gut*. Und das ist das ultimative Paradoxon, denn am Ende ist es all das vermeintlich „Altruistische", das die Seele und unser Ich nährt und zu persönlicher Belohnung und Erfüllung führt, was ja das ursprüngliche Ziel des Personalismus war!

Der innere Erwachsene weiß, dass wir alle in dieser Welt verbunden sind, umso mehr in der heutigen Zeit, in der technologische Entwicklungen dazu beigetragen haben, dass dies schließlich wirklich eine *„kleine Welt"* geworden ist. Das Verantwortungsbewusstsein unseres inneren Erwachsenen reicht über die Person hinaus und erstreckt sich auf die gesamte Welt.

Finden Sie Ihren Weg

Ich weiß, dass Sie beschäftigt, gestresst und überlastet sind. Glauben Sie mir, ich weiß das. Okay, vielleicht ist es nicht immer möglich, mit *Habitat for Humanity* nach Latein-Amerika zu gehen und irgendwo ein Heim für Obdachlose zu bauen. Vielleicht ist es zum jetzigen Zeitpunkt nicht realistisch, dass Sie eine Pilgerreise nach Indien unternehmen, um Mutter Teresas Arbeit fortzusetzen. Es ist momentan vielleicht auch keine Option, Straßenkindern in Rumänien zu helfen. Und Geld ist knapp und deshalb stellen Sie im Moment keine dicken Spendenschecks aus.

Vielleicht, so meinen Sie, haben Sie im Moment nicht viel Glück und können deshalb auch nichts zurückgeben. Vielleicht befinden Sie sich gerade in einer wirklich schwierigen Situation. Es stimmt, es gibt

Phasen in unserem Leben, in denen wir einfach nichts zu geben haben. Trauernde beispielsweise, die vor kurzem einen schweren Verlust erlitten haben, sind meistens nicht in der Lage, auf andere zuzugehen. Jemand, der ernsthaft krank oder sehr arm oder aus anderen Gründen gerade down ist, hat wahrscheinlich etwas anderes zu tun, als anderen etwas zu geben.

Aber es werden wieder Zeiten kommen, in denen auch diese Menschen in der Lage sind, zu geben. Es werden wieder Zeiten kommen, in denen man aus einem größeren Vorrat schöpfen kann. Und vielleicht gibt es sogar in Momenten der Leere Augenblicke, in denen man etwas geben kann – ein Lächeln, Zeit, Aufmerksamkeit oder die bloße persönliche Anwesenheit.

Wenn Sie wollen, können Sie etwas finden, mit dem Sie die Welt bereichern können. Verstecken Sie sich nicht zu häufig hinter Ausreden. Lesen Sie die Lokalzeitung, dann kommen Ihnen vielleicht Ideen. Rufen Sie in sozialen Einrichtungen an und fragen Sie, wie Sie helfen können. Sie und Ihre Familie könnten ehrenamtlich irgendwo mithelfen. Ich zum Beispiel, wollte unbedingt, dass meine Kinder etwas mit mir zusammen tun, weil sie einerseits diese Erfahrung machen sollten und weil ich andererseits die Zeit, die ich dort verbrachte, meinen Kindern nicht vorenthalten wollte. Also beschloss ich, einmal im Monat zusammen mit meinen drei Kindern ein Heim für Behinderte zu besuchen. Die Kinder spielten mit den Bewohnern während ihrer Beschäftigungszeiten. Und nicht nur die Heimbewohner mochten das, auch ich hatte ein gutes Gefühl und meine Kinder lernten dabei wichtige Lektionen – und sie haben Spaß dabei.

Ich habe einmal einen Vortrag darüber gehalten, welche Vorteile es hat, wenn man auf andere zugeht, sich um andere kümmert. Ein Herr fragte mich: „Was ist mit einem älteren Menschen, der sich am Ende seines Lebens befindet und nicht mehr aus dem Haus gehen kann. Was kann der tun?“ Eine hervorragende Frage, dachte ich. Und ich antwortete mit der Botschaft, die ich dem Buch *Dienstags bei Morrie* entnahm: Unser Leben kann bis zum letzten Atemzug sinnvoll sein. Wir alle haben etwas, das wir geben können, sogar am Ende unseres Lebens. Vielleicht könnte dieser Mann Beileidskarten auf Todesanzeigen schreiben, die er in der Zeitung sieht. Vielleicht könnte er Vorschulkindern Geschichten darüber erzählen, wie das Leben war, als er noch ein Kind war. Vielleicht könnte er für seine Nachkommen seine eigene Geschichte auf Kassette aufnehmen.

Ich habe auch nicht alle Antworten auf Lager, aber ich fordere die Menschen auf, kreativ zu sein. Wenn man atmet, hat man etwas, das man geben kann, irgendwo, irgend jemandem. Egal, wie Ihre Situation auch ist. Unterschätzen Sie nicht die Möglichkeiten Ihres potenziellen Einflusses. Jeder, der ein so goldenes Herz hat wie Sie, hat etwas, das er geben kann.

Die Last der Welt

Das Problem ist, wenn man akzeptiert, dass man eine Verantwortung dafür hat, die Welt besser zu machen, dann findet man immer eine Möglichkeit, daraus eine unüberwindliche und unglaublich belastende Aufgabe zu konstruieren. Nehmen wir zum Beispiel den Prinzen in dem modernen Märchen *Ever After,* der von seiner Mutter, der Königin, und der zukünftigen Prinzessin ständig gesagt bekommt: „Du wurdest mit Privilegien geboren und damit sind bestimmte Verpflichtungen verbunden." Dieser Prinz hatte sein Leben lang das Gefühl, in einem golden Käfig eingesperrt zu sein, belastet mit seinem Rang und Titel. Er spürte lediglich die Last seiner eigenen Lebenssituation und sah nicht die Möglichkeiten, die ihm seine Privilegien eröffneten.

Aber dann veränderte ihn die Sichtweise seiner Geliebten und er erkannte neue Möglichkeiten. Er sagte: „Früher dachte ich, wenn ich mich um eine Sache kümmere, müsste ich mich um alle Sachen kümmern und ich bin schier verrückt geworden, aber jetzt habe ich den Sinn meines Lebens erkannt." Der Sinn seines Lebens bestand darin, eine Universität zu gründen, die allen Menschen eine gute Bildung gewährte, egal, welchen sozioökonomischen Status sie hatten.

Es stimmt: Wenn Sie sich für *alles* verantwortlich fühlen, sind Sie überlastet und kraftlos. Rettet die Wale, Greenpeace, BUND, Mütter gegen Trunkenheit am Steuer, Rettet die Kinder, Rotes Kreuz, UNICEF, Brot für die Welt, World Wildlife Find, Friedensdemonstrationen, Flutopferhilfe, Deutsche Krebsgesellschaft, Alzheimerhilfe, MS, Diabetes, Komapatienten und so weiter und so weiter. Wo soll man da den Schlussstrich ziehen? Wie soll man die Welt retten?

Es gibt eine jüdische Geschichte und Übung, die *Tikkun* (Heilung) heißt und die zeigt, dass wir nicht die ganze Welt retten oder uns um jedes Problem kümmern müssen, um große Wirkung zu erzielen:

Als Gott die Welt schuf, wurde sein göttliches Licht in göttlichen Schiffen verwahrt. Aber die Schiffe konnten die Kraft des Lichtes nicht zurückhalten und so drangen einzelne Strahlen durch die Schiffswände nach außen und fielen als heilige Funken auf die Erde. Diese göttlichen Funken liegen auch in jedem einzelnen von uns.

Die Welt wurde chaotisch. Jeder Jude hat die Verantwortung, die heiligen Scherben zu finden, um die Weltordnung wieder herzustellen. Seinen Verpflichtungen nachzukommen, zu geben, anderen zu helfen, ehrlich und moralisch einwandfrei zu leben – all diese guten Taten (*Tikkun*) helfen, die Ordnung in dem heiligen Königreich wieder herzustellen. Aber das Wichtigste ist, dass *Tikkun* eine gemeinschaftliche Aufgabe ist und ebenso steht keine gute Tat isoliert da, denn wenn man einen Menschen erlöst, erlöst man die ganze Welt. Die Verantwortung einer einzigen Person beeinflusst das Resultat für alle von uns.

Mein Vater, ein Rechtsanwalt in Texas, war vor einiger Zeit geschäftlich in Guatemala und hatte die Gelegenheit, dort ein Waisenhaus zu besuchen. Dieser Besuch bewegte ihn so sehr, dass er nicht tatenlos zusehen konnte. Er schrieb an alle seine Klienten einen Brief und bat um Spenden für dieses Waisenhaus, um das Elend dieser wunderbaren, aber bemitleidenswerten Kinder zu mindern. Ich sagte zu ihm: „Aber was ist mit den Waisen in Rumänien, China und Russland, was ist mit all diesen Kindern?“ Er sagte: „Ich kann zurzeit nur einem Kind helfen und das reicht. Es ist immer noch mehr als wir vorher getan haben.“ Ja, das ist es: Ein Leben zurzeit, eines mehr, dem geholfen wurde, als vorher.

Verantwortung als Kodependenz

Ich muss bezüglich der Verantwortung noch eine Warnung aussprechen: Sie kann auch als Verpflichtung missdeutet werden, sich für jeden anderen verantwortlich zu fühlen, eine Art von Kodependenz oder „Ich-muss-mich-um-dich-kümmern“-Haltung. Jemanden, der andere von sich abhängig macht und sich dadurch als Person erst definiert, nennt man co-abhängig. Co-abhängige gewinnen an Stärke wenn sie sich für jeden anderen verantwortlich fühlen können. Das ist nicht die Art von Verantwortung, die der innere Erwachsene unterstützt.

Sie können nicht für das Leben, für das Wohlergehen, für die Gesundheit, für das Gefühlsleben oder das Wohlbefinden jedes anderen verantwortlich sein. Ich habe eine Klientin, die sich für den Selbstmord ihres Bruders verantwortlich fühlt. Das wirft die uralte Frage aus der Bibel bezüglich Kain und Abel auf: „Bin ich meines Bruders Hirte?" Ich glaube, die Antwort ist ja und nein. Ja, Sie sind insoweit für Ihren Bruder verantwortlich, dass Sie auf die Brüder und Schwestern in der ganzen Welt zugehen sollten, um die Bedingungen auf diesem Planeten zu verbessern, sei es auch nur ein ganz klein wenig. Aber nein, Sie sind nicht für Ihren Bruder verantwortlich, denn Sie sind nicht dafür zuständig, Ihre Verwandten sicher, trocken, gesund oder gar am Leben zu erhalten. In dieser Hinsicht müssen diese schon ihre eigenen inneren Erwachsenen in Anspruch nehmen.

Verantwortung als Selbstbeschuldigung

Einen letzten Punkt möchte ich zum Thema Verantwortung noch anführen: Die Tatsache, dass Sie Verantwortung übernehmen sollen, bedeutet nicht, dass Sie für alles in Ihrem Leben verantwortlich sind. Es gibt Menschen, die glauben, dass man für alles im Leben – das Gute und das Schlechte – selbst verantwortlich ist und dass es so etwas wie Zufall oder den freien Willen anderer nicht gibt. Ich persönlich glaube zwar, dass es einen Zusammenhang zwischen Geist und Körper gibt, aber ich glaube nicht, dass man beispielsweise selbst Krebs erzeugen kann. Ich glaube nicht, dass man bewusst oder unbewusst einen betrunkenen Fahrer dazu bringt, ein Auto zu rammen. Man kann sich nicht für alles selbst die Schuld geben. Wenn man ein übertriebenes Verantwortungsbewusstsein hat, kann das genauso schädlich sein, wie keines zu haben.

Die Wahrheit ist, dass auch guten Menschen schlimme Dinge zustoßen. Das passiert einfach. Und es passiert auch dann, wenn Sie die richtigen Gedanken haben, die positivste Einstellung, den richtigen gelassenen Verstand. Vielleicht werden wir die Zusammenhänge des Lebens nie verstehen. Was ist Schicksal? Was ist vorbestimmt? Was ist Gottes Wille? Aber ich bin zumindest davon überzeugt, dass Verantwortungsbewusstsein nicht unbedingt bedeutet, dass man alles, was uns oder anderen zustößt, kontrollieren kann. Ich bin nicht einmal sicher, dass Gott alles kontrolliert, was uns zustößt.

Der Ursprung des Wortes „Verantwortung" enthält das Wort *Antwort*. Man ist nur dafür verantwortlich, wie man auf das antwortet, also reagiert, was das Leben uns in den Weg wirft. Wir sind nicht unbedingt für das Werfen selbst verantwortlich. Wir können die Kräfte des Lebens nicht kontrollieren, aber wir können unsere Reaktion darauf kontrollieren. Das ist unsere Verantwortung.

Also lassen Sie Ihren inneren Erwachsenen auftauchen und Ihr Inneres als etwas Wunderschönes, Heiliges und Goldenes entdecken. Lassen Sie Ihren inneren Erwachsenen ein Leben erschaffen, das verantwortungsbewusst mit Geld, Zeit, Leben und Tod umgeht. Trauen Sie sich, auf Ihren inneren Erwachsenen zu hören, wenn er versucht, Sie in ein Leben zu drängen, das sinnvoll ist, in dem sie auf andere zugehen können und das das Leben von einigen oder vielen berührt. Nehmen Sie Ihren wunderbaren inneren Kern und verbreiten Sie seinen Einfluss so weit es geht. Ihr innerer Erwachsener weiß, dass Verantwortung mit all ihren Annehmlichkeiten und Schwierigkeiten, der Weg zu wahrer Freiheit und Kraft ist.

Die Säule des Verantwortungsbewusstseins im Überblick

Erwachsene haben die Verpflichtung, die Aufgabe mit ihrer Zeit, ihrem Geld, mit ihren Taten und ihren Plänen für die Zukunft verantwortungsvoll umzugehen. Aber dahinter steckt auch, dass jeder Erwachsene sich darüber klar sein muss, dass er für ein eigenes Leben und Glück selbst verantwortlich ist. Die Verantwortung für sich selbst zu tragen bedeutet, dass man andere nicht für seine geistige, körperliche oder emotionale Situation verantwortlich machen kann.

Wenn man mit den Schuldzuweisungen aufhört, fühlt man sich befreit. Frei und ungehindert kann man seine wahre Kraft entdecken. Wenn Sie Ihr Inneres kennen und kontrollieren, können Sie diese Autorität im täglichen Leben nutzen und aus ihr Kraft ziehen.

Wenn man dann für sein eigenes Leben Verantwortung übernommen hat, ist es an der Zeit zu schauen, wie man anderen Menschen, die bedürftig sind, der Umwelt oder unserer Erde helfen kann. Wie in einem Dominospiel können Sie mit Ihren guten Taten eine Kettenreaktion auslösen, die die Energie des Universums verändert.

Verantwortlich zu sein, bedeutet auch, seine Grenzen zu kennen. Sie sind nicht dafür verantwortlich, jeden Menschen und jede Seele auf diesem Planeten zu retten. Wenn Sie sich überlastet fühlen, wird das Gewicht Ihnen zum Klotz am Bein. Der innere Erwachsene weiß, wie man das Gleichgewicht findet und auf der Linie zwischen Verantwortung und Loslassen voranschreiten kann.

Lesetext

„Autobiographie in fünf kurzen Kapiteln“

von Portia Nelson

1. Ich gehe die Straße hinunter.
Da ist ein tiefes Loch im Bürgersteig.
Ich falle hinein.
Ich habe mich verirrt, ich bin hoffnungslos.
Das ist nicht meine Schuld.
Es dauert ewig, bis ich rauskomme.

2. Ich gehe dieselbe Straße hinunter.
Da ist ein tiefes Loch im Bürgersteig
Ich tue so, als würde ich es nicht sehen.
Ich falle wieder hinein.
Ich kann nicht glauben, dass ich wieder hier bin.
Aber es ist nicht meine Schuld.
Es dauert immer noch ewig, bis ich rauskomme.

3. Ich gehe dieselbe Straße hinunter.
Da ist ein tiefes Loch im Bürgersteig.
Ich sehe, dass es da ist.
Ich falle wieder hinein ... das ist eine Gewohnheit.
Meine Augen sind offen.
Ich weiß, wo ich bin.
Es ist meine Schuld.
Ich schaffe es sofort, dort rauszukommen.

4. Ich gehe dieselbe Straße hinunter.
Da ist ein tiefes Loch im Bürgersteig.
Ich gehe drumherum.

5. Ich gehe eine andere Straße hinunter.

Visualisierung

Beginnen Sie damit, indem Sie Ihren Körper darauf vorbereiten, sich zu entspannen. Strecken Sie die Arme hoch über dem Kopf aus. Dann strecken Sie sie zur Seite. Lassen Sie die Arme fallen und rollen Sie den Kopf langsam von einer Seite zur anderen. Bringen Sie Ihren Körper in eine angenehme Position und schließen Sie die Augen.

Denken Sie an das, was Sie eben gelesen haben. Woran denken Sie dabei? Hat der Text ein Gefühl in Ihnen ausgelöst? Hat der Text Sie an eine Erfahrung aus Ihrem eigenen Leben erinnert? Akzeptieren Sie jede Botschaft, die der Text Ihnen mitteilt.

Und jetzt konzentrieren Sie sich auf Ihren Körper und, wo im Raum Sie sich gerade befinden. Achten Sie auf Ihren Atem, wie sie ein- und ausatmen. Achten Sie auf die Luft um Sie herum und wie sie sich auf Ihrer Haut anfühlt. Lauschen Sie den Geräuschen, die Sie um sich herum wahrnehmen. Achten Sie auf Gerüche. Werden Sie sinn-lich im wahrsten Sinne des Wortes, erfassen Sie Ihre Umgebung und welchen Platz Sie in ihr einnehmen. Fühlen Sie das Gewicht der Kleidung auf Ihrem Körper. Fühlen Sie das Gewicht Ihres Körpers auf dem Fußboden oder dem Stuhl. Atmen Sie dreimal tief ein und aus. Ihr Bewusstsein geht auf eine Reise.

Stellen Sie sich vor, Sie wären eine Zwiebel, die aus vielen einzelnen Schichten besteht. Wir beginnen jetzt damit, die Zwiebel zu auseinander zu pulen und ziehen eine Schicht nach der anderen ab. Zunächst entfernen wir die erste Schicht, die Ihren Körper ausmacht, den Eindruck, den Sie nach außen hin vermitteln – Ihre Größe, Ihre Haarfarbe, Ihr Gewicht und Ihre Kleidung. Diese Dinge sind nicht Ihr wahres Ich. Als nächstes entfernen Sie die Schicht, die Ihren Job darstellt, einen Job, der vielleicht das Wichtigste in Ihrem Leben ist oder einfach eine Möglichkeit, Ihre Rechnungen zu bezahlen. Auch das ist nicht Ihr wahres Ich.

Als nächstes entfernen Sie nacheinander die Schichten, die die verschiedenen Rollen in Ihrem Leben repräsentieren: Ihre Rolle als Ehepartner, Schwester, Bruder, Mutter, Vater, Tochter, Sohn, Freund, Enkel, Großmutter, Großvater, Chef, Angestellter, Unternehmer, Vereinsmitglied, Klient, Patient, Ehrenamtlicher ... alle Rollen, die Sie im Alltag und in Ihrer Familie übernommen haben. Diese Rollen sind Teil von Ihnen, aber Sie sind nicht Ihr wahres Ich.

Entfernen Sie immer weiter die verschiedenen Schichten: Ihre Interessen, Ihre Hobbys, Ihre Talente, bis Sie am Kern der Zwiebel ankommen: Das sind Sie! Was sehen Sie? Was finden Sie dort? Wie sieht Ihr innerer Kern aus, wie fühlt er sich an? Gibt es eine Farbe? Ist die Farbe matt oder glänzt und strahlt sie? Ist sie transparent? Lassen Sie sich ein bisschen Zeit und baden Sie in der Energie, die Ihrem inneren Kern entströmt.

Langsam legen Sie die Schichten wieder um Ihren inneren Kern. Bringen Sie die Rollen, Identitäten und Eigenschaften des Alltags wieder in Ihr Leben zurück. Legen Sie Schicht für Schicht wieder an, bis Sie wieder eine komplette Zwiebel sind.

Konzentrieren Sie Ihre Aufmerksamkeit auf den Kern Ihrer Persönlichkeit, der in diesen Schichten liegt und stellen Sie sich dort drinnen ein goldenes Licht vor, einen Lichtkreis, der einen heiligen Glanz ausstrahlt. Das Licht beginnt, Ihren Körper auszufüllen und Sie fühlen, wie Ihr Körper leichter und heiterer wird. Sie fühlen sich so frei, dass Sie fast schweben. Verharren Sie einen Moment in diesem Gefühl der erleuchteten Schwerelosigkeit.

Sie beginnen wieder, Ihren Körper in dem Raum wahrzunehmen. Sie fühlen, wie Ihr Körper wieder Halt gewinnt und in die reale Welt zurückkehrt. Wackeln Sie mit den Fingern und Zehen. Atmen Sie tief ein und aus. Beginnen Sie langsam, Arme und Beine sanft von einer Seite zur anderen zu bewegen. Atmen Sie noch einmal tief ein und aus. Erlauben Sie sich das Gefühl einer vibrierenden Energie, das durch Ihren Körper strömt und Sie wieder belebt. Ich zähle jetzt von eins bis fünf, und wenn Sie bereit sind, nachdem ich bis fünf gezählt habe, können Sie die Augen öffnen. Eins ... zwei ... drei ... vier ... fünf. Sie können jetzt die Augen öffnen.

Tagebuchfragen

Kernfrage: Nehmen Sie wirklich wahr, dass Ihr Glück in Ihnen selbst liegt, unabhängig von Menschen, Situationen und Umständen? Führen Sie diese Vorstellung weiter aus.

- Was ist das Schlimmste daran, erwachsen zu sein?
- Was ist das Schönste daran, erwachsen zu sein?
- In welchen Bereichen geben Sie die Kontrolle über sich selbst ab? Oder an wen?
- Wenn Sie die perfekte Kindheit und ein perfektes Liebesleben gehabt hätten, wie anders würde Ihr Leben jetzt aussehen? Was hält Sie davon ab, Ihr Leben jetzt so zu gestalten?

Übungen

Das LAUB-Denkmuster: Suchen Sie sich so oft wie möglich Gelegenheiten, in denen Sie diese Art zu denken üben können. Überlegen Sie, wie es auf die Säule „Verantwortung" angewandt werden kann. Erkennen Sie Rückschritte und lösen Sie sich dann, werden Sie aufmerksam, orientieren Sie sich um und dann handeln Sie bewusst und bewerten Ihre Situation. Beobachten Sie sich in dieser Woche und tragen Sie ein:

SITUATION	LÖSEN	AUFMERKSAMKEIT	UMORIENTEREN	BEWUSST HANDELN/ BEWERTEN
Was ist passiert?	Treten Sie zurück!	Wie habe ich mich zurückentwickelt (inneres Kind)?	Dran denken, dass die Dinge jetzt anders liegen könnten. Ich bin erwachsen.	Wie habe ich Gedanken/Verhalten tatsächlich verändert oder hätte verändern können? Wie hat es funktioniert?

Kredite: Besorgen Sie sich eine Übersicht über Ihre Kredite und wie Sie sie zurückgezahlt haben. Sind sie stolz darauf? Spiegelt diese Übersicht wider, was für ein Mensch Sie sind? Was können Sie tun, um Ihr Verhalten in Sachen Kredite in der Zukunft zu verbessern, wenn das nötig ist? Beschränken Sie sich auf eine einzige Kreditkarte, konsolidieren Sie Ihre Zahlungsverpflichtungen und zahlen Sie den Kredit auf dieser Karte vollständig ab.

Ein Testament machen: Wenn Sie noch kein Testament gemacht haben, ist jetzt der richtige Zeitpunkt dafür gekommen. Lassen Sie sich von einem Rechtsanwalt beraten und bringen Sie Ihre Vermögensangelegenheiten in Ordnung, egal wie alt Sie sind.

Ehrenamtliche Tätigkeit: Werden Sie möglichst mindestens ein- oder mehrmals im Monat aktiv. Suchen Sie sich eine Aufgabe, die Ihnen so wichtig ist, dass Sie sich wirklich engagiert einsetzen. Schätzen Sie Ihre zur Verfügung stehende Zeit und den Bedarf in der jeweiligen Einrichtung ein. Denken Sie an Kunst, Natur, Bedürftige, Gemeindeaktivitäten und so weiter. Man kann immer Ausreden finden und sagen, man hätte keine Zeit. Aber man hat doch auch genug Zeit, fernzusehen oder mit Freunden zu plaudern, oder? Überlegen Sie, ob Sie die Arbeit mit einer Freundin, einem Freund oder einem Familienmitglied gemeinsam erledigen wollen. Schaffen Sie sich Zeit für das, was Ihnen wichtig ist. Kommen Sie Ihrer Verpflichtung der Gesellschaft gegenüber nach und machen Sie ehrenamtliche Arbeit zu einer Priorität.

Kapitel 6

Zweite Säule – Der Weg zur Reife

Blicke tief in dich hinein; dort liegt eine Quelle der Kraft, die immer für dich sprudelt, wenn du dort nach ihr suchst.
– Marcus Aurelius

Es war an einem ganz normalen Nachmittag, als Shirleys vierjährige Tochter laut jammerte, ihre Mutter sollte doch den Fernseher anstellen. Shirley sagte: „Du weißt doch, wie das geht; das kannst du selbst." Dann jammerte ihre Tochter nach einem Glas Wasser. Und dann quengelte sie, dass sie eine Decke haben wollte.

Shirleys Vater (der sich viele Jahre zuvor von Shirleys Mutter hatte scheiden lassen) war aus der Stadt zu Besuch gekommen und bemerkte zu der Szene, die sich da vor seinen Augen abspielte: „Weißt du, es geht immer nur um Kontrolle. Das ist ein Kontrollproblem. Ich denke, das hat sie von dir gelernt, und du hast es natürlich von deiner Mutter gelernt. Du bist in vielen Dingen genau wie deine Mutter."

Rums. Shirley hatte das Gefühl, man hätte eine Schubkarre voller Steine über ihr ausgeladen. Shirleys Mutter war tablettenabhängig gewesen, hatte an mehreren Therapien teilgenommen und Shirley emotional und sogar körperlich vernachlässigt. Shirleys schlimmster Albtraum, jetzt, da sie selbst Mutter war, war der, dass sie wie ihre Mutter werden würde. Deshalb war das, was ihr Vater gesagt hatte, ein Schlag ins Gesicht gewesen.

Ihre Reaktion war spontan und instinktiv. Ihr Herz begann zu rasen; sie wurde rot. Sie wurde hysterisch und schrie: „Ich bin überhaupt nicht wie meine Mutter", und sie lief nach oben und weinte. In dem Moment hatte ihr inneres Problemkind die Oberhand gewonnen. Zunächst einmal schämte sie sich für die Kritik, die sie von ihrem Vater erhielt. Und zweitens reagierte sie auf den Angstknopf, den ihr Vater gedrückt hatte, nämlich die Angst, sie würde wie ihre Mutter werden.

Schließlich stand sie auf, ging ins Badezimmer, spritzte sich ein bisschen kaltes Wasser ins Gesicht, gewann die Fassung wieder und sagte sich: „Ich brauche nicht so zu reagieren. Das geht auch anders." Dann wandte sie die LAUB-Technik an, um Abstand zu gewinnen und sich auf eine höhere Ebene zu bewegen. Sie *löste* sich von der Situation, um herauszufinden, was passiert war. Sie richtete ihre Aufmerksamkeit auf die Tatsache, dass ihr Vater einen emotionalen Auslöser betätigt hatte, der sie dazu brachte, unreif und wie ein verletztes inneres Kind zu reagieren. Sie nahm sich vor, sich *umzuorientieren* und besann sich auf ihre Machtposition, indem sie sich auf ihren inneren Erwachsenen verließ und sich mit Reaffirmationen davon überzeugte, dass sie die Energie eines Erwachsenen hatte.

Und dann *handelte sie bewusst*: sie war bereit, hinunter zu gehen und mit ihrem Vater zu reden und zwar aus der Position einer Erwachsenen heraus. Als sie wieder nach unten kam, war sie in der Lage, mit ihrem Vater ein offenes Gespräch darüber zu führen, wie sie sich verhalten hatte und warum. Und er wiederum entschuldigte sich für seine Bemerkung und lobte ihre Fähigkeiten als gute Mutter. Als sie die Situation *bewertete*, so berichtete sie später, stellte sie fest, dass sie durch ihr Verhalten aus der Position ihres inneren Erwachsenen heraus, sich ihrem Vater viel näher fühlte. Und das, obwohl es Zeiten gegeben hatte, in denen solche Bemerkungen von ihm dazu geführt hatten, dass sie mehrere Wochen nicht mit ihm gesprochen hatte.

Um zu lernen, wie man von dem inneren Problemkind auf den inneren Erwachsenen umschaltet, erfordert Aufmerksamkeit und Übung. Vielleicht ist es nicht leicht, aber es ist auf jeden Fall möglich. Das reaktivierte verwundete Kind zu spielen, ist zweifellos manchmal viel einfacher, weil man sich so daran gewöhnt hat und es so bequem ist. Und es gehört zu unserem Wesen als Menschen, dass wir uns hin und wieder mit den Gefühlen unseres inneren Problemkindes auseinandersetzen – egal wie alt wir sind.

Die Probleme mit seinem inneren Problemkind zu lösen ist der wichtigste Schritt zum inneren Erwachsenen und die Basis für geistige Reife.

Das Fundament der Angst

In der ersten Sitzung in meiner Gruppentherapie zur Stärkung des inneren Erwachsenen bitte ich jeden Teilnehmer, drei Eigenschaften seines inneren Problemkindes aufzuschreiben, die ihn im Leben behindern. Dann lassen wir die ausgefüllten Kärtchen in einer Art Ritual herumgehen, das wir „Der stumme Zeuge" nennen. Das Schöne an dieser Übung ist, dass die Teilnehmer erkennen, dass sie nicht allein gegen ihre kindlichen Dämonen kämpfen. Was mich am meisten erstaunt, ist, dass in etwa 80 Prozent der Fälle Angst die Liste anführt.

Angst ist eine Eigenschaft des Problemkindes, die uns sowohl als Kinder als auch als Erwachsene befällt. Unsere Angst reicht von Angst im Dunkeln oder vor Ungeheuern bis zur Angst vor Versagen oder Verlust. Angst ist einfach ein Bestandteil unseres Lebens. Aber sie muss nicht die Kontrolle über uns haben. Wir können lernen, mit ihr zu leben.

In der bezaubernden Kindergeschichte von Katharine Holabird *Alexander and the Dragon* hat Alexander Angst vor der Dunkelheit. Er kommt zum Frühstück herunter und erzählt seiner Familie, dass unter seinem Bett ein Drachen säße und er deshalb nicht mehr in seinem Zimmer schlafen könne.

„Hmm", sagt Alexanders Vater. „Es gibt nur zwei Möglichkeiten, was man mit Drachen machen kann. Entweder, du musst ihn so einschüchtern, dass er wegläuft, oder du musst dich mit ihm anfreunden."

Zuerst will Alexander den Drachen vertreiben, aber dann freundet er sich doch mit ihm an. „Ich habe mich mit dem Drachen unter meinem Bett angefreundet und er ist überhaupt nicht furchteinflößend", erzählt er abends seinen Eltern. „Das Gute ist", fügt Alexander hinzu „Ich habe jetzt auch keine Angst mehr vor Schatten und ihr müsst nachts nicht mehr das Licht anlassen."

Unser Ziel ist es nicht, die Problemkindreaktionen aus unserem Leben zu verbannen. Das wäre ein vergebliches Unterfangen. Aber wir können uns mit unseren Ängsten anfreunden, sie ans Tageslicht zerren und dann entdecken, dass sie gar nicht so unüberwindlich sind.

Als ich selbst Kind war, habe ich immer, wenn ich Angst hatte, das Lied aus dem Musical *Anna und der König von Siam* von Rodgers und Hammerstein gesungen: „Du kannst so tapfer sein wie du erscheinst."

Erstaunlicherweise hat das wirklich funktioniert. Das ist ein perfektes Beispiel für die „So-tun-als-ob“-Übung, die ich in Kapitel 4 vorgestellt habe. Unsere Gefühle, aber auch unser Verhalten werden davon beeinflusst, wie wir wirken. Ändern Sie Ihr Auftreten und Sie werden Ihr Verhalten und schließlich ihre Gefühle ändern. Also „tun Sie so, als wären Sie tapfer“, dann spielen Sie die Tapfere und schließlich werden Sie sich tapfer fühlen. Viele der Techniken, die ich auf dem Weg zum Erwachsenwerden vermittle, basieren darauf, negative Zwiegespräche in seinem Kopf in positive umzuwandeln.

Mut ist etwas für Feiglinge

Mut heißt, *trotz* Angst zu handeln, nicht während der Abwesenheit der Angst zu handeln. Wenn wir darauf warten, dass die Angst weggeht, warten wir vielleicht ewig. Der Trick besteht darin, loszustürmen, sogar *mit* der Angst.

Ein Professor aus New Hampshire, Dr. Bill Cuff, schrieb seine Doktorarbeit über Mut. Er befragte Menschen aus den unterschiedlichsten Gruppen und Schichten und suchte nach Formen des Muts in Notsituationen. Die Ergebnisse seiner Untersuchungen belegen, dass mutige Menschen mit einer großen Portion Angst leben, aber einfach beschließen, trotz der Angst zu handeln.

Dr. Cuff erkannte ein dreistufiges Modell, das für die gesamte Untersuchung zutraf: 1. Stadium: Antizipieren, 2. Stadium: Eintauchen, 3. Stadium: Lösung. Er schreibt: „Das erste Stadium ist von einem starken Angstgefühl geprägt, das uns hindert, zu handeln. Dazu gehört, dass man bereit ist, diese Gefühle anzuerkennen und zu tolerieren, anstatt sie zu verleugnen und abzulehnen. Dazu gehört, dass man akzeptiert, dass man verletzlich ist. Man erleidet dadurch in dieser Phase einen gewissen Sicherheitsverlust, aber man überwindet diese Phase.“

Im zweiten Stadium (Eintauchen) springt man trotz der Angst in das kalte Wasser. Und im dritten Stadium (Lösung) überwiegen Gefühle wie Stärke und Stolz darüber, dass man das Risiko auf sich genommen hat. Der Angst ins Gesicht zu blicken gehört dazu, wenn ein Mutiger mutig handelt. Der innere Erwachsene weiß, wie man das macht.

Der Mut in uns

In den buddhistischen Lehren spricht man von *Bodhisattwa,* was „erleuchtetes Herz“ oder „mutiges Herz“ bedeutet. Buddha behauptete, dass jeder ein *Bodhisattwa* hat – es ist in uns, auch wenn wir uns dessen nicht bewusst sind. Meistens vergleicht man *Bodhisattwa* mit einem Diamant, der Tausende von Jahren im Schmutz verborgen lag. Man kann an jedem beliebigen Punkt durch den Schmutz kriechen und ihn freilegen und dann ein wunderschönes Juwel darin entdecken. Jeder von uns hat dieses mutige Herz, aber nicht jeder von uns hat den Mut, daran zu arbeiten, es für sich in Anspruch zu nehmen.

Eine Methode, wie Buddhisten daran arbeiten, ihr mutiges Herz zu entdecken, besteht in einer Meditation, die man *Tonglen* nennt. Als ich das erste Mal von Tonglen las – das war in dem unglaublichen Buch *Awakening Loving-Kindness* von Pema Chodron – war ich begeistert. Ich hatte schon oft von der Technik gehört oder gelesen, bei der man Güte und Licht und positive Energie einatmet und Stress, Negatives und Schlechtes ausatmet. Das fand ich schon immer logisch. Aber bei Tonglen soll man genau das Gegenteil tun. Man atmet Schmerz, Elend, Leiden und Angst ein und Freude, Wohlbefinden und Gesundheit aus. Chodron schrieb:

> *Grundsätzlich geht es bei Tonglen darum, dass man beim Einatmen bereit ist, Schmerzen zu empfinden: man muss bereit sein, das Leiden der Welt anzuerkennen. Vom heutigen Tag an werden Sie Ihre Tapferkeit und Ihre Bereitschaft kultivieren, diesen Zustand der Menschheit zu fühlen. Man atmet ein, so dass man wirklich versteht, was der Buddha meinte, als er sagte, die erste noble Wahrheit sei die, dass das Leben Leiden sei. Was bedeutet das? Mit jedem Atemzug, den Sie tun, versuchen Sie den Ursprung des Leidens anzuerkennen, nicht als Fehler, den Sie begangen haben, nicht als Bestrafung, sondern als Teil des Zustands der Menschheit. Mit jedem Atemzug erforscht man diese unangenehme Seite der Menschheit, die akzeptiert und gefeiert werden kann und vor der man nicht weglaufen muss. Tonglen bringt es auf den Punkt.*

Mit anderen Worten: man atmet bereitwillig den Schmerz und das Leiden der Welt ein. Dann, beim Ausatmen, atmet man Freude, Spaß, Güte und Frieden aus. Oftmals wünschen wir uns, das Leben würde nur aus Ausatmen bestehen, aber natürlich hat das Leben zwei Seiten.

Bei der *Tonglen*-Übung stärkt man sein mutiges Herz, indem man es für unvermeidliches Leid öffnet. Und man stärkt sein liebendes Herz, indem man Geschenke des Glücks und der Freude zurück in das Universum bläst. Ist das nicht eine interessante Vorstellung? Man wird aufgefordert zu akzeptieren, dass Leiden und Schmerzen tatsächlich existieren, dass Angst und Problemkind-Eigenschaften und all der dunkle Ballast aus der Vergangenheit existieren und immer existieren werden ... Aber dann wird man aufgefordert, zu akzeptieren, dass es Güte und Stärke und Glück gibt und dass diese Dinge uns genauso zur Verfügung stehen. Und nicht nur, dass sie uns zur Verfügung stehen, sondern dass wir sie mit anderen teilen und dadurch vervielfachen können. Das alte Sprichwort kennen Sie sicher: „Geteiltes Leid ist halbes Leid. Geteilte Freude ist doppelte Freude.“

Der innere Erwachsene spiegelt sich in der *Tonglen*-Übung wieder. Er ist in den unglaublichen Möglichkeiten dessen, was im Ausatmen liegt, verwurzelt, aber er ignoriert nicht die Tatsachen die im Einatmen liegen. Der innere Erwachsene entscheidet sich in Angst einflößenden Situationen für den Mut.

Ich will aber nicht

Ich will aber nicht den Schmerz einatmen – das klingt schrecklich. Und ich will nicht tapfer sein, wenn ich Angst habe – das ist zu schwierig. Und ich will das Bett nicht machen oder die Küche aufräumen – ich bin zu müde. Seien wir doch mal ehrlich: Manchmal ist es schlichtweg einfacher, sich wie ein unreifes Kind zu benehmen. Ich arbeite gerade mit einem 27-jährigen jungen Mann, der von einer Mutter aufgezogen wurde, die ihre Kinder sehr verwöhnt hat. Immer war sie es, die für ihre Kinder die Wäsche gewaschen, das Bett gemacht, das Essen gekocht und für sie aufgeräumt hat. John machte nie einen Finger krumm, hatte nie irgendwelche Verpflichtungen. Aber er erfuhr auch nie, welch angenehmes Gefühl von Stärke es mit sich bringt, etwas zum täglichen

Leben beizutragen oder sich um seine Belange selbst zu kümmern. Und so wurde er jemand, der immer von anderen abhängig war.

John wurde erwachsen und heiratete eine moderne Frau, die einer anderen Generation angehörte und keine Lust hatte, den Haushalt alleine zu bewerkstelligen und gleichzeitig ganztags zu arbeiten. John wusste genau, dass er ihr helfen sollte, ihr einen Teil der Arbeit abnehmen müsste ... aber John sagte, er wäre faul. Er würde viel lieber von der Arbeit nach Hause kommen, sich auf der Couch lang machen, sich ein bisschen ausruhen, während seine Frau ihn bedienen könnte – wem würde das nicht gefallen? Er weiß, dass er nicht in den fünfziger Jahren lebt, aber er scheint nicht aus seinem Faultierpelz heraus zu können. Seine innere Stimme flüstert ihm immer wieder zu: „Ich will aber nicht."

Natürlich ist es viel einfacher, wenn seine Frau alles erledigt – selbst wenn sie ihn anschreit und sich beschwert, aber am Ende dann doch alles selbst macht, weil John ihr einfach nicht hilft. Das Problem besteht darin, dass John seine Ehe gefährdet, weil er so unreif und faul ist. Der reife innere Erwachsene weiß, dass Verhalten oder Nicht-Verhalten Konsequenzen hat. Wer weiß, wie lange seine Frau ihn noch unterstützen wird? Vielleicht ist ihre Toleranzschwelle bald erreicht.

Seine Einstellung ähnelt der meiner Kinder, die mir immer mal wieder vorjammern: „Aber ich will meine Hausaufgaben nicht machen." Oder „Ich will nicht Klavier spielen üben." Oder „Ich will meine Zähne jetzt nicht putzen." Und ich antworte dann mit meiner mütterlichen Reife: „Es wird noch viele Dinge im Leben geben, die du nicht willst, aber du musst sie trotzdem tun. So machen es die Erwachsenen nun einmal."

Auch John hat eine Reihe von Dingen, die er lieber nicht tun möchte, aber sein innerer Erwachsener weiß, dass er aktiv werden muss. Sowohl John als auch meinen Kindern versuche ich beizubringen, dass es eigentlich völlig unerheblich ist, ob man helfen möchte oder nicht, man tut es einfach. Natürlich hat man die freie Wahl, aber die Entscheidung eines Erwachsenen ist die, dass man eine bestimmte Sache tut, ob man nun Lust dazu hat oder nicht.

Reife – die Kunst sich als menschliches Wesen vollkommen entwickelt zu haben – hat auch etwas damit zu tun, dass man seine eigene Stärke findet, dass man Widerstände überwindet, sich ändert und tut, was man tun muss (ob man nun will oder nicht), weil es einfach getan werden muss. Damit man das schafft, muss man natürlich manchmal seine Gefühle hinter die Vernunft stellen.

Das Testament der Vernunft

Wir leben in einer Gesellschaft, in der dem freien Ausdruck von Gefühlen fast schon gehuldigt wird. Und Gefühle sind etwas Wunderbares; sie sind unglaublich. Sie heben uns auf Wolke sieben. Sie lassen uns in die tiefsten Täler fallen. Das Leben wäre ziemlich langweilig ohne Gefühle, oder? Stimmt, aber ich würde einwenden, dass sie auch hinderlich sein können. Und vielleicht ist es für eine Therapeutin, die ihre Patienten dazu auffordert, ihren Gefühlen freien Lauf zu lassen (ich habe neben jedem Stuhl eine Packung Papiertaschentücher liegen), untypisch, Gefühle kritisch zu betrachten. Aber ich würde sagen, dass ich persönlich die Vernunft als genauso wichtig ansehe, in manchen Fällen sogar als *noch wichtiger* als Gefühle.

Im Gegensatz zur allgemein herrschenden Meinung glaube ich, dass ein Großteil des Unglücks in unserer Gesellschaft von einer Überbetonung der Gefühle herrührt. Emotionen blenden unser logisches Denken. Emotionen machen aus gesundem Menschenverstand etwas völlig Irrationales. Und meistens sind es irrationale Gefühle, die dazu führen, dass wir Schwierigkeiten mit unserem inneren Problemkind bekommen.

Gefühle sagen mir, dass ich als Kind verletzt worden bin und deswegen jetzt ein niedriges Selbstwertgefühl habe. Vernunft hilft mir, die Vergangenheit abzuschütteln und mich auf meine vorhandene Kraft zu konzentrieren. Gefühle sagen mir, ich sollte eine Affäre haben. Die Vernunft sagt mir, dass ich mich meiner Ehe verpflichtet fühlen soll. Gefühle sagen mir, ich soll aus Wut jemanden anderen verletzen. Vernunft verhindert, dass ich impulsiv reagiere. Gefühle drängen mich dazu, das Kleid zu kaufen, obwohl ich es mir nicht leisten kann. Die Vernunft erinnert mich an mein Budget. Wenn man von seinen Emotionen getrieben wird, wird man wie die Kugel in einem Flipperspiel von einem Gefühl zum anderen geschleudert. Die Vernunft verschafft uns dagegen Bodenhaftung. Die Vernunft, so könnte man sogar vermuten, ist es, die die Zivilisation erst ermöglicht.

Ich sage nicht, dass man Gefühle überdecken, unterdrücken oder verdrängen sollte, sondern nur, dass man nicht zulassen darf, dass sie außer Kontrolle geraten. So wie ein Kind Grenzen braucht, braucht unser Gefühlsleben manchmal eine Einschränkung. Die Vernunft hilft uns, rational zu reagieren anstatt impulsiv. Der innere Erwachsene weiß, wann er das Kommando über außer Kontrolle geratene Gefühle übernehmen muss, indem er eine gesunde Portion Gedankenmanagement verordnet.

Gedanken können genauso leicht wie Körper aus den Fugen geraten. Betrachten Sie den inneren Erwachsenen wie einen Aerobiclehrer für Gedanken. In hohem Maß austrainierte Gedanken konzentrieren sich auf das, was getan werden muss, wie man seine Kraft einsetzen kann anstatt Gift zu versprühen. Wenn Sie regelmäßig daran arbeiten, können Sie haltlose Gedanken (die Ihnen weismachen wollen, dass Sie nicht gut genug sind oder Ihnen etwas fehlt) abwerfen und jene durch starke Gedanken (solche, die Ihnen sagen, dass Sie wunderbar sind und sich auf das konzentrieren sollen, was sie haben) kräftigen.

Darum geht es im Grunde bei dem vierstufigen LAUB-System (Loslassen, Aufmerksamkeit lenken, Umorientieren, Bewusst handeln/Bewerten). Es geht darum, problematisches Denken und Verhalten zu erkennen und durch bessere und gesündere Gedanken und Maßnahmen zu ersetzen (unter Aufsicht des inneren Erwachsenen). Es geht darum, dass rationaler freier Wille die Oberhand über irrationale Gefühle bekommt, die die Kontrolle zu übernehmen drohen. Es geht darum, sich einen Ruck zu geben und in die Gegenwart zu springen und die Macht der Vergangenheit zu schwächen. Auch diese Art inneren Gedankentrainings braucht seine Zeit, bis es funktioniert, aber es führt zu der Fähigkeit, Vernunft über Gefühl walten zu lassen, wo es notwendig ist.

Meilensteine zur geistigen Reife

Bei all dieser Betonung des Denkens, der Vernunft, der Kontrolle und des Selbstgesprächs gibt es ein Problem: Im Kopf hat man das Problem vielleicht im Griff, aber nicht im Herzen. Man kann das vielleicht eine Weile so durchhalten, aber nicht für ewig. Wie ich schon im Zusammenhang mit dem Singen sagte, man kann seine Töne mit dem Kopf formen, aber man muss sie aus dem Bauch heraus mit seinem Atem stützen. Genauso müssen Sie irgendwann die Botschaften, die jetzt in ihrem Kopf angekommen sind, in ihr Herz und in den Bauch befördern und verinnerlichen. Erst dann werden diese Botschaften zu unbewusstem, natürlichem Verhalten.

Eine Frau in einer meiner Selbsthilfegruppen berichtete, dass sie, als sie noch Kind war, ihre Mutter gefragt hatte: „Was ist ein Erwachsener?“ und ihre Mutter geantwortet hatte: „Das sind einfach Menschen, die „schauspielern“. Das ist alles. Menschen, die so tun, als wären sie erwachsen.“ Ich entgegnete: „Schauspielern ist vielleicht der erste Schritt, aber das darf nicht das Endziel sein. Wahres Erwachsensein muss weiter gehen, vom Kopf in das Herz.“

Die „so-tun-als-ob“-Technik, das Lied aus *Anna und der König von Siam* und ich über den Trick, so zu tun, als wäre man tapfer, funktionieren, weil man zuerst schauspielert, aber dann etwas anderes passiert. Im Laufe der Zeit integriert man sein Schauspiel. Das Verhalten gelangt auf eine tiefere Ebene und plötzlich ist das, was man gespielt hat, keine Schauspielerei mehr. Es wird Wirklichkeit. Denken Sie daran: Der innere Erwachsene schlummert bereits voll entwickelt in Ihnen. Sie müssen nur eine Verbindung zu ihm herstellen. Und Ihr innerer Erwachsener ist keine Täuschung. Ihr innerer Erwachsener hilft Ihnen, sich authentisch zu fühlen, indem er aus der „Rolle“ etwas macht, das sie mit Leib und Seele verinnerlichen.

Natürlich klappt das nicht immer und bei jedem. Manchen Menschen gelingt es einfach nicht, das zu verinnerlichen und zu integrieren, was sie „spielen“. Ich glaube, wenn es darum geht, etwas mit dem Herzen zu verinnerlichen, liegt das größte Hindernis darin, dass das Herz mit etwas anderem beschäftigt ist – mit Schuld- und Schamgefühlen und Selbstverleugnung. Und hier kommt das Thema Vergebung ins Spiel. Man muss vergeben können, um sein Herz zu befreien, damit man neues Wachstum und neue Möglichkeiten zulassen kann.

Die Reise zur Vergebung

Eine wichtige Grundlage für die Säule „Reife“ ist es, sich auf die Reise zur Vergebung zu machen und sich wirklich zu bemühen, das Ziel zu erreichen. Vergebung kommt wahrscheinlich nicht in einem Augenblick göttlicher Offenbarung. Vielmehr ist sie ein Prozess, der sich über einen längeren Zeitraum entwickelt. Und die meisten von uns müssen sich täglich dazu durchringen, jemandem zu vergeben. Vergeben bedeutet nicht, Missbrauch oder Gewalt zu verzeihen. Es bedeutet aber, sich von Ereignissen der Vergangenheit zu lösen.

Immer wieder liest man in der Zeitung davon, dass jemand einem anderen großzügig vergibt: eine Mutter, die dem Mörder ihrer Tochter vergibt, ein Mann, der dem angetrunkenen Autofahrer vergibt, der ihn zum Querschnittsgelähmten gemacht hat. Und man liest diese Geschichten und denkt: „Sind die verrückt? Oder Heilige? Gibt es solche Menschen wirklich?"

Ja, es gibt sie wirklich. Wenn man sich an Hass und Rachestrategien klammert, leidet man immer weiter und verkümmert. Menschen, die vergeben, wissen tief in ihrem Inneren: sich an Groll und Wut zu klammern ist, als würde man sich an einem heißen Stück Kohle festhalten. Man möchte das glühende Ding am liebsten dem betreffenden Menschen entgegenschleudern, aber am Ende verbrennt man sich nur selbst die Hand daran. Wenn Sie nicht vergeben, ziehen Sie toxische Energie in Ihr Leben.

Jedem, der noch tiefer in das Thema „Vergebung" eindringen möchte, rate ich zu dem Buch von Robin Casarjian *Forgiveness: A Bold Choice for a Peaceful Heart*. Der Untertitel zeigt schon, warum Vergebung so wichtig is – sie führt zu einem friedlichen Herzen. Einander zu vergeben befreit den Geist und erweitert die Seele. Man vergibt nicht um des anderen Willen, man vergibt um seiner selbst Willen, damit der eigene Geist Frieden findet. Casarjian betont in ihrem Buch noch eine weitere Tatsache: Vergebung ist eine freie Entscheidung; Vergebung ist Einstellungssache; Vergebung ist eine Lebensweise.

Eine ganz persönliche Odyssee

Ich hatte einmal eine Klientin, die 55 Jahre alt war und Felicia hieß. Sie erzählte mir von einem Traum, in dem ihre Mutter (die schon seit zwanzig Jahren tot war) sie um Vergebung bat. Felicias Mutter war eine ziemlich schwierige Frau gewesen – sie hatte immer an Felicia herumkritisiert und sie verbal häufig sehr verletzt. Bei der Therapie mit Felicia ging es vor allen Dingen darum, das innere Problemkind in den Griff zu bekommen, das so von dieser Mutter beeinflusst war.

Ich fragte Felicia, was sie von dem Traum hielt. „Oh“, antwortete sie, „das kommt überhaupt nicht in Frage, dass ich meiner Mutter vergebe. Die lass ich nicht vom Haken. Meinetwegen soll sie in der Hölle schmoren.“ Ich entgegnete: „Aber vielleicht würden Sie *sich selbst* vom Haken lassen, wenn Sie Ihrer Mutter vergeben.“

Danach nahm unsere gemeinsame Arbeit eine Wende. Obwohl sie sich anfangs sträubte, konnte Felicia sich schon bald damit abfinden, dass sie ihrer Mutter nicht um ihrer Mutter Willen, sondern um ihrer selbst Willen vergeben sollte. Sie würde dadurch eine schwere Last abwerfen, die auf ihrem Herzen lag, würde die Kette durchtrennen, die sie noch immer mit ihrem problematischen Verhalten aus der Vergangenheit verband.

Und so willigte Felicia ein, zu versuchen, ihrer Mutter zu vergeben. Zunächst bat ich sie, eine Liste mit all den Dingen aufzustellen, die ihre Mutter getan hatte und mit denen sie Felicia verletzt hatte. Dann bat ich sie, eine Liste mit all den Dingen aufzustellen, die ihre Mutter getan hatte und die einen positiven Einfluss auf Felicias Leben gehabt hatten. (Sicher können Sie sich vorstellen, welche Liste kürzer war!) Schließlich sprachen wir über Felicias Mutter und darüber, wie sie aufgewachsen war und wie sie zu der harten und kritischen Mutter geworden war, die Felicia kannte. Indem sie die negativen Kräfte erkannte, die ihre Mutter geprägt hatten (zum Beispiel deren alkoholkranke Mutter, die diese misshandelte), erweiterte Felicia ihre Perspektive zumindest soweit, dass sie verstehen konnte, wie ihre Mutter diese negativen Einflüsse ihrer eigenen Erziehung verinnerlicht hatte.

Dann ließ ich Felicia einen offenen Brief an ihre Mutter schreiben, in dem sie ihre Gefühle beschreiben und ihr Herz ausschütten sollte. Sie sollte damit erstmals versuchen, den Weg zur Vergebung einzuschlagen. Sie brauchte mehrere Wochen, um diesen Brief zu beenden, aber als sie endlich damit fertig war, kam sie in die nächste Sitzung und berichtete: „So langsam komme ich der Sache näher. Ich habe ihr zwar noch nicht völlig vergeben, aber ich denke, ich bin dabei, ihr zu *verzeihen*. Und ich fühle mich ein bisschen erleichtert.“ Ich bat sie, noch einmal an ihre Mutter zu schreiben und sich wieder an das Thema „Vergebung“ zu halten.

Bei Felicia dauerte dieser Prozess mehrere Monate, bevor sie endlich an einen Punkt kam, an dem sie sagen konnte: „Ja, ich habe meiner Mutter vergeben und ich hoffe, dass sie aus dem Fegefeuer, oder wo immer sie jetzt stecken mag, befreit wird. Ich möchte, dass sie frei ist, weil ich es jetzt auch bin." Welch ein unglaublicher Fortschritt. Und welches Privileg für mich, dass ich dabei sein durfte. Jetzt war Felicia in der Lage, aus einem großzügigen Herzen heraus zu agieren. Ein Herz, das Frieden nicht nur für sich selbst sondern auch für die Mutter wünschte.

Außerdem stellte Felicia fest, dass ihr inneres Problemkind sich nicht mehr so daneben benahm, jetzt, da sie ihrer Mutter verziehen hatte. Wenn sie jetzt eine leicht negative oder kritische Äußerung von einem Kollegen oder Freund hörte, fiel sie nicht mehr in tiefe Verzweiflung. Sie sah sich nicht mehr als Kind, das von einem Elternteil schikaniert wurde. Sie konnte aus der Position einer Erwachsenen darauf reagieren und wusste, das ihr Ich dadurch nicht angegriffen wurde. Indem sie ihrer Mutter vergab, befreite sie sich selbst auf mehreren Ebenen.

Den Eltern vergeben

Ein wichtiger Schritt auf dem Weg zur geistigen Reife ist es, in der Lage zu sein, seinen Eltern zu vergeben. Vielleicht haben sie nichts weiter getan als zu zeigen, dass sie auch nur Menschen sind – sie haben ihre Liebe nicht genug oder nicht auf die richtige Weise gezeigt; sie haben nicht an der Abiturfeier teilgenommen; sie haben sich nie eines Ihrer Baseballspiele angesehen; sie waren nie zu Hause, wenn Sie aus der Schule kamen. Oder vielleicht haben sie sich scheiden lassen, zuviel getrunken, Sie mit einem Gürtel geschlagen oder Schlimmeres. Die Liste kann lang oder kurz sein, aber jede Liste ist relativ. Niemand hatte die perfekten Eltern. Sie so zu nehmen, wie sie sind, mit all ihren Grenzen und Schwächen, zu wissen, dass sie unter den besonderen Umständen ihr Bestes gegeben haben – das ist es, worum es bei der Vergebung geht.

Marsha war eine 48-jährige Frau, die, als sie acht Jahre alt war bis zum Alter von 12 Jahren, von ihrem Vater sexuell missbraucht worden war. Ungefähr ein Jahr lang arbeitete Marsha mit mir in Einzeltherapie, bei der es um die Themen von Verlust und Vergebung ging. Sie versuchte damals, ihre eigenen Wunden zu verstehen. Sie versuchte, ihrem Vater zu vergeben, den sie immer noch hin und wieder traf. Und sie kämpfte mit sich, ob sie ihren Kindern erlauben sollte, ihren Großvater unter bestimmten Bedingungen kennen zu lernen. Und während sie emotional unglaubliche Fortschritte machte, hatte sie noch immer das Gefühl, dass ein schweres Gewicht um ihren Hals hing, wenn es um das Thema Vergebung ging. Sie kämpfte mit sich, jemandem etwas zu vergeben, was unverzeihlich ist.

Als Marsha von unserer Selbsthilfegruppe zur Behauptung des inneren Erwachsenen hörte, meldete sie sich an und hoffte dadurch an größerem persönlichem Wachstum arbeiten zu können. Als ich sie bat, einen Brief an die Person zu schreiben, der sie vergeben wollte (und natürlich wählte sie ihren Vater aus), und dabei alles Widersprüchliche zuzulassen (in dem Bewusstsein, dass dieser Brief ja nie abgeschickt werden würde) und dann einen „Antwortbrief" ihres Vaters zu verfassen (den sie selber schreiben musste), war sie in der Lage, auf einer ganz neuen Ebene loslassen zu können. Sie sagte mir gegenüber: „Etwas hat sich verschoben. Was mich beim Schreiben dieser Briefe am meisten gereizt hat, war der Glaube, dass ein gewisses Maß an Frieden erreicht werden konnte, und zwar Frieden *für mich*. Es ging nicht nur darum, ob er es verdiente, dass ich ihm verzieh oder dass ich nicht mehr sauer auf ihn sein darf, denn das bin ich noch, sondern dass ich einen großen Schritt auf dem Weg zum Frieden machen würde, und zwar für mich. Und als ich dann tatsächlich los schrieb und alles herausließ? ... ja, da begann der Frieden einzusetzen."

Vergebung findet in Stufen statt. Es ist ein längerer Prozess. Was Marshas Vater getan hatte, war inakzeptabel – egal welche Vergangenheit ihn zu diesem Verhalten getrieben hatte. Für ein Verhalten, das immer inakzeptabel bleiben wird, gibt es keine Entschuldigung. Aber Marsha brauchte sich nicht mehr selbst an der Kohle zu verbrennen. Sie konnte einfach loslassen. Die Verbindung war durchtrennt und so hatte sie sich selbst befreit.

Die Briefe, die Marsha an ihren Vater schrieb, enthüllten noch einen anderen Aspekt. Sie erkannte, dass ihr Vater mehr war als der schwache und verletzte Mann, der verabscheuungswürdige Dinge tat. Er war auch der Mann, der mit ihr ins Eiscafe gefahren war, der ihre Hand gehalten hatte, als sie krank war, der sie zum Lachen gebracht hatte, wenn sie gemeinsam Sportsendungen geschaut hatten.

Letzten Endes ist doch niemand nur gut oder nur schlecht. In der Realität gibt es verschiedene Grautöne, vor allem in der Welt der inneren Erwachsenen. Nur sehr wenige Dinge sind wirklich ganz weiß oder ganz schwarz. Die meisten Menschen sind eine Mischung, eine Legierung aus vielen wunderbaren und weniger wunderbaren Eigenschaften. Der innere Erwachsene sucht das Grau im Leben und akzeptiert es. Marsha akzeptierte mehr Grau bei ihrem Vater und das half ihr, Vergebung überhaupt möglich zu machen.

Es ist wichtig, dass man Vergebungsarbeit leisten kann, unabhängig davon, ob die Person, der man vergeben möchte, noch lebt oder verstorben ist. Und selbst wenn diese Person noch am Leben ist, ist ein „kathartisches Treffen" nicht nötig. Der gesamte Prozess kann innerlich, rein psychisch ablaufen. Denken Sie daran, dieser Prozess soll nicht dem anderen helfen; er soll Ihnen helfen.

Versuchen Sie einmal Folgendes …

Schreiben Sie einen Brief an die Person, der Sie vergeben möchten (egal, ob sie noch lebt oder verstorben ist – Sie werden diesen Brief sowieso nicht abschicken). Beginnen Sie damit, indem Sie Ihre Gefühle zu dieser Person schildern; schreiben Sie auf, wie diese Person Ihnen Unrecht getan hat, was sie Ihnen gegeben hat. Und wenn möglich, schreiben Sie schon im Hinblick auf Vergebung an diese Person. Wie fühlen Sie sich dabei?

Schreiben Sie einen Antwortbrief von dieser Person an Sie. Zwar sind Sie es, die diesen Brief schreibt, aber versuchen Sie, sich wirklich vorzustellen, was diese Person Ihnen sagen würde. Fühlen Sie die Antwort. Stehen Sie sich nicht selbst im Wege, sondern lassen Sie deren Worte durch Ihre Finger auf das Papier fließen. Warten Sie ab, was dabei herauskommt. Wie fühlen Sie sich dabei?

Sich selbst vergeben

Wenn Sie erst Ihren Eltern für all das, was sie getan oder nicht getan haben, vergeben haben, ist es Zeit, sich umzuschauen. Ist da noch jemand anders? Eine Schwester, ein Bruder, ein Kind, ein Freund? Wie ist es mit Ihnen? Müssen Sie sich selbst für etwas vergeben, das Sie getan oder nicht getan haben?

Sandra hatte sich bei einer Selbsthilfegruppe für Trauernde angemeldet, nachdem ihre 78-jährige Mutter gestorben war. Sandra war relativ gut in der Lage, den Verlust ihrer Mutter zu betrauern. Sie hatten immer eine gute Beziehung gehabt. Sie vermisste ihre Mutter schrecklich, aber sie war durch die Tatsache getröstet, dass ihre Mutter ein langes und schönes Leben gelebt hatte. Daher kam das, was bei den Sitzungen passierte, für Sandra ziemlich unerwartet. Sie hörte, wie eine andere Frau den Verlust ihres Sohnes betrauerte. Und während Sandra zuhörte, wie die andere Frau um ihren Sohn trauerte, begannen auch ihre eigenen unterdrückten Tränen zu fließen.

Sandra hatte ebenfalls einen Sohn verloren, eigentlich sogar zwei Söhne, allerdings nicht durch den Tod. Sandra hatte ihre beiden Söhne zwanzig Jahre zuvor in einer Scheidungstragödie verloren und erst vor Kurzem waren die beiden wieder in ihr Leben getreten.

Sandra war wegen ihrer Söhne in einer Ehe geblieben, in der sie körperlich und emotional misshandelt wurde. Sie hatte viele Jahre ertragen, in denen ihr Mann sie mit verletzenden Bemerkungen, Beleidigungen und sogar vereinzelter körperlicher Gewalt, teilweise sogar in Anwesenheit der Söhne, gequält hatte. Ihr Mann hatte damals einen so abgrundtiefen Hass Frauen im Allgemeinen und ihr im Besonderen gegenüber, dass er diese Ansicht auch seinen Söhnen wie bei einer Gehirnwäsche einzutrichtern begann. Sandra fühlte sich verängstigt und allein. Und sie fühlte sich schwach und wusste, dass er sie irgendwann töten würde, zumal er schon fast ihren Geist getötet hatte.

Mit Hilfe von Freunden und einer Therapeutin hatte Sandra ihre „Flucht“ geplant und zog schließlich von zu Hause aus. Sie nahm nur ihre persönlichen Sachen mit und hinterließ einen Abschiedsbrief für ihre Söhne. Das Gericht stempelte sie als eine Mutter ab, die ihre Kinder im Stich gelassen hatte und sprach dem Vater das Sorgerecht zu. In den nächsten Jahren kämpfte sie darum, Kontakt mit ihren Söhnen aufzunehmen, aber immer, wenn sie auf sie zuging, schlugen sie ihr die Tür vor der Nase zu oder ließ sich am Telefon verleugnen. Aber sie hatte während dieser ganzen Zeit nicht eine Sekunde aufgehört, ihre Söhne zu lieben.

Sie verfolgte, wo sie zur Schule gingen und bekam durch ihre Freunde Informationen darüber, wie es ihren Söhnen ging und was sie taten. Sie fuhr fort, ihnen Briefe zu schreiben und sie anzurufen, aber immer wieder wurde sie vehement abgewiesen und ignoriert. Manchmal verlor sie den Kontakt zu ihren Söhnen und wusste nicht einmal, ob sie lebten oder gestorben waren. Bei dem Gedanken daran, was ihr Vater ihnen gesagt haben musste, um eine solche Mauer um sie herum zu errichten, die weder durch Zeit noch durch Entfernungen zu überwinden war, schauderte sie.

Als Sandra zu mir in die Therapie kam, waren glücklicherweise beide Jungen gerade wieder in ihr Leben getreten. Obwohl beide ziemlich weit entfernt wohnten, schien die Mauer nun doch zu bröckeln. Für sie war es wie ein Wunder. Wie überbrückt man eine Lücke von 20 Jahren der Stille?

Meine erste Annahme war, dass sie daran arbeiten wollte, ihnen zu vergeben, dass sie sie abgewiesen und verlassen hatten. Aber als ich sie dahingehend fragte, sagte sie: „Oh nein, nicht ihnen muss ich vergeben; *ich* bin es, der ich vergeben muss."

Sie musste noch immer verarbeiten, dass sie sie so viele Jahre zuvor verlassen hatte. Sie musste mit sich selbst Frieden schließen und anerkennen, dass sie alles in ihrer Macht stehende versucht hatte, um wieder mit ihnen in Kontakt zu kommen. Sie musste anerkennen, dass die Vergangenheit der Vergangenheit angehörte.

Mehrere Dinge geschahen, die ihr bei diesem Prozess halfen. Während sie mir ihre Geschichte erzählte und sich wieder mit ihrer Vergangenheit beschäftigte, stöberte in einigen Kisten herum und fand ihr Tagebuch aus dieser schwierigen Zeit. Als sie noch einmal die Klagen der verzweifelten Frau las, die sie damals gewesen war, empfand sie auch wieder mehr Verständnis für die schwierige Situation, in der sie sich damals befunden hatte. An einem bestimmten Punkt forderte ich sie auf, einen Brief von ihrem jetzigen Ich an ihr Ich von vor zwanzig Jahren zu schreiben. Und als zweites sollte ihr Ich von vor zwanzig Jahren einen Brief an ihr heutiges Ich schreiben.

Sandra empfand diese Übung als unglaublich befreiend. Irgendwie konnte sie sich selbst dadurch mit mehr Freundlichkeit und Mitgefühl betrachten. Sie erkannte, dass sie zwar eine Alternative gehabt hatte, dass sie aber so gehandelt hatte, wie sie es damals für richtig empfunden hatte, einfach um ihr bloßes Leben zu retten. Sie hatte damals ja noch nicht gewusst, dass sich ihre Söhne gegen sie wenden würden. Aber selbst dann verstand sie den Schmerz, der bei ihren Söhnen zu diesem Verhalten geführt hatte.

Nach kurzer Zeit war Sandra in der Lage, sich selbst zu vergeben und weiter zu gehen. Seitdem hat sie ihre beiden Söhne jeweils zu Hause besucht und mit ihnen die Gefühle im Einzelnen analysiert, die zwanzig Jahre lang unterdrückt worden waren. Sie hat um Verzeihung gebeten (so wie ihre Söhne sie auch um Verzeihung baten) und im Moment von nun an wird sie langsam wieder ein enge Beziehung zu ihnen aufbauen.

Versuchen Sie einmal Folgendes ...

Wenn Sie sich selbst für bestimmtes Fehlverhalten verzeihen müssen, schreiben Sie darüber einen Brief an sich selbst. Schreiben Sie über Ihre Schuldgefühle und darüber, wie Sie versagt haben. Schreiben Sie einen Brief an das Ich, das Sie damals waren, als sie den Fehler begingen. Lassen Sie Ihr Ich aus der Vergangenheit einen Antwortbrief an Ihr jetziges Ich schreiben. Und dann schauen Sie mal, was Sie daraus lernen können.

Treibstoff für die Zukunft

Vielleicht ist es ja auch gar kein spezielles Ereignis, das Sie aufarbeiten müssen; vielleicht ist es einfach die Art, wie Sie selbst waren – und vielleicht noch sind – die Ihnen ein Dorn im Auge ist. Vielleicht waren Sie früher launisch oder haben zuviel getrunken oder waren besonders egoistisch oder vielleicht ist es Ihnen nie gelungen mit einer bestimmten Person Frieden zu schließen, weil Sie immer so wütend waren, die Schuld nur bei dem anderen gesehen haben und nicht auf den anderen zugegangen sind.

Sie können nicht ewig wegen all der Dinge, die Sie getan oder nicht getan haben, mit sich hadern, denn Selbstvorwürfe bringen Sie auch nicht weiter. Sie könnten doch zum Beispiel sagen: „Ja, so war ich;

ich habe das alles getan und gesagt und darauf bin ich nicht besonders stolz. Aber ich kann das als Ausgangspunkt sehen, um jetzt etwas zu ändern. Ich kann es mir erLAUBen, mich zu ändern. Ich kann dafür sorgen, dass ich meine Mitmenschen nicht mehr so behandle. Ich kann mein damaliges Verhalten als Antrieb für die Zukunft sehen."

Das sind die Gedanken, mit denen sich Carol jetzt gerade herumschlägt. Sie hat jahrelang ihren Vater für ihr eigenes Leben verantwortlich gemacht. Sie hat ihm die Macht über sich überlassen und viele Jahre vergeudet, weil sie sich ihm gegenüber so bissig verhalten hat. Vor kurzem ist er unerwartet verstorben und sie ist voller Schuldgefühle und Reue. Einerseits muss sie diese Gefühle jetzt verarbeiten, andererseits muss sie sich an ihre Fehler erinnern, damit sie nicht wieder in dieselbe Falle tappt. Wenn sie weiterhin ihre Freunde und ihren Mann so behandelt, wie sie es immer getan hat, hat sie nichts aus ihren Fehlern gelernt. Die gemachte Erfahrung war dann völlig sinnlos. Oder sie nutzt das, was passiert ist, um dafür zu sorgen, dass sich etwas ändert.

Ich bin in Texas aufgewachsen und dort gibt es einen bekannten Ausspruch: „Denk an Alamo." Früher wusste ich nicht so genau, was damit gemeint war, bis ich ein bisschen älter wurde und erkannte, dass die Texaner die Schlacht von Alamo gegen die mexikanischen Truppen *verloren* hatten. Aber sie nutzen diese Niederlage als Motivation. „Denk an Alamo." bedeutet, erinnert euch daran und arbeitet gemeinsam daran, dass wir nächstes Mal gewinnen.

Jetzt kann Carol selbst entscheiden, wie sie ihr kindisches Verhalten ihrem Vater gegenüber interpretieren will. Sie kann sich selbst niedermachen oder sie kann sich selbst vergeben, loslassen und es nächstes Mal besser machen. Sie kann loslassen und der Veränderung zum Gedenken an ihren Vater eine Chance geben.

Jeder von uns hat immer die freie Wahl, wie er bestimmte Informationen interpretieren will. Wir können uns dafür entscheiden, uns selbst Vorwürfe zu machen oder uns selbst vergeben. Jeder von uns ist es wert, dass man ihm vergibt, denn ich glaube, tief in unserem Inneren sind wir alle gut. Erinnern Sie sich noch an die Collage mit der Sie in Kapitel 5 Ihr tiefstes Inneres darstellen sollten? Dieses Innere, dieses Zentrum von Ihnen, Ihre Seele, ist gut und golden. Vielleicht machen Sie Fehler, vielleicht tun Sie schreckliche Dinge, aber Sie sind es wert, dass Sie sich vergeben, genau wie anderen. Seien Sie nicht zu streng mit sich.

Die innere Weisheit

Wenn Sie sich und anderen vergeben und wenn Sie Ihren sie erstickenden Groll gehen lassen, betreten Sie eine erweiterte Ebene. Sie entdecken und stärken sogar unter Umständen Ihren Geist. Wenn Vergebung zu einem natürlichen Bestandteil Ihrer Persönlichkeit wird, werden Sie emotional befreit. Dann sind sie in der Lage, eine neue Perspektive zu erreichen, dann können Sie das riesige Lagerhaus voller Erwachsenen-Eigenschaften betreten. Der innere Erwachsene ist weiser als Sie es sich in Ihren kühnsten Träumen vorstellen können, aber Sie können die Tür zu dieser Weisheit nicht öffnen, wenn Ihr Herz besetzt ist durch emotionalen Tumult.

Jean Houston ist eine der führenden Persönlichkeiten, wenn es um das Potenzial der Menschen geht. Sie ist für ihre inspirierenden Bücher, Vorträge und Workshops bekannt, die den Menschen helfen, das zu erreichen, was möglich ist. Im Grunde, so meine ich, hilft sie den Menschen, Kontakt zu ihrem inneren Erwachsenen aufzunehmen.

In einer Zeitschrift für Psychotherapeuten las ich kürzlich einen Artikel über Houston und ihre Arbeit. Sie erzählt dort eine Geschichte, die mit der Weisheit des inneren Erwachsenen übereinstimmt:

> *Eines Tages, als sie acht Jahre alt war, fuhr sie mit ihrem Vater zu dem berühmten Bauchredner Edgar Bergen, um dort ein Manuskript abzugeben. Als sie sein Hotelzimmer betraten, war Bergen in einen philosophischen Dialog mit seiner Puppe, Charlie McCarthy, vertieft, der, um die Sache noch merkwürdiger zu machen, ganz klar der Wortführer war.*
>
> *Als Bergen bemerkte, dass Houston und ihr Vater im Zimmer standen, schaute er ein bisschen verlegen hoch und erklärte, dass das Gespräch keine Probe für einen Auftritt gewesen war, sondern eine Diskussion mit Charlie, der weisesten Person, die er kannte. „Wenn er mir antwortet, habe ich keine Ahnung, wo die Antwort herkommt oder was er als nächstes sagen wird“, sagte Bergen. „Der weiß so viel mehr als ich.“*

Diese Erklärung von Bergen bezüglich seines Gesprächs mit Charlie als Austausch mit einer anderen Quelle der Weisheit, die in ihm selbst lag, hatte bei Houston einen tiefen Eindruck hinterlassen. „In diesem Moment", erinnert sie sich, „bekam ich eine Gänsehaut und eine elektrische Hand schien mich zu berühren. Plötzlich wusste ich, dass wir alle so viel mehr in uns herumtragen, als wir meinen. Vor mir entstand das Bild eines Hauses mit vielen Stockwerken und ich erkannte, dass diejenigen von uns, die in einem normalen Bewusstseinszustand leben, lediglich ein kleines Regal auf dem Dachboden unseres Ichs bewohnen und die anderen Stockwerke relativ unbewohnt bleiben und der Keller ganz verschlossen ist."

Ich liebe dieses Beispiel innerer Weisheit. Edgar Bergen war von Charlies Weisheit beeindruckt, aber Bergen *war selbst* Charlie McCarthy. Und trotzdem schrieb er Charlies Weisheit einer unbekannten Quelle zu, die außerhalb von ihm lag. Ich glaube, es war Bergens innerer Erwachsener, der Charlies Antworten vorgab. Unser innerer Erwachsener ist eng mit der Weisheit, die jenseits von uns aber doch in uns liegt, verbunden. Man muss nur still zuhören, um seine Stimme zu hören. Aber wenn Ihnen eine Marionette hilft, diese weise innere Stimme zu hören, dann sollten Sie sich auf jeden Fall eine Marionette zulegen!

In Würde altern

Auch wenn der innere Erwachsene uns eigentlich in jedem Lebensalter mit Weisheit versorgen kann, wird in vielen Kulturen Weisheit mit Alter in Verbindung gebracht. Unsere Alten sollen weise sein, weil sie eine Perspektive erreicht haben, die nur ein gewisses Maß an Lebenserfahrung bieten kann. Also warum geben wir riesige Mengen Geld dafür aus, zu versuchen, diesen unvermeidlichen Alterungsprozess umzukehren oder wenigstens hinauszuzögern? Warum betrachtet man Falten mit Erschrecken und nicht voller Ehrfurcht? Warum lügen Männer und Frauen wegen ihres Alters und verschweigen ganze Jahrzehnte, wenn es keiner merkt?

Der innere Erwachsene hat keine Angst vor dem Älterwerden oder den Lebensabend zu erreichen. Der reife innere Erwachsene *begrüßt* das Alter wegen seiner Freuden, seiner Herausforderungen und seines erweiterten Horizonts. Man könnte sich den inneren Erwachsenen wie ein altes Weib vorstellen oder einen inneren Alten, der sich damit begnügt, das Gold jeder einzelnen Lebensphase heraus zu waschen.

Ich habe einmal von einer Gruppe von Frauen aus Kalifornien gelesen, die sich „Verein der roten Hüte“ nannten. Dieser Club nahm Mitglieder erst ab einem Alter von 50 Jahren auf. Diese Frauen tragen rote Hüte und violette Kleider (inspiriert von einem Gedicht von Jenny Joseph, das „Wenn ich eine alte Frau bin“, heißt). Sie gehen zusammen zum Kaffeetrinken und schwelgen in ihrem würdevollen Alterungsprozess. Der Sinn des Clubs ist es, so viel aus seiner momentanen Lebensphase zu machen, wie die jeweilige Situation es erlaubt, und die Freude und die Weisheit des Alters zu feiern.

Natürlich bringt das Alter ein paar ganz reale Dinge wie Krankheit, Einschränkungen und auch den Tod mit sich, aber der innere Erwachsene sieht das Altern ganz realistisch und sieht den Vorgang als natürlichen Freund und nicht als Feind an. Wenn man es so betrachtet, ist das Alter eine einzigartige Phase in der man wertvolle Einblicke gewinnt, eine Goldmiene, die jungen Menschen normalerweise nicht zugänglich ist.

Probieren Sie einmal Folgendes ...

Entwickeln Sie ein Ritual, mit dem Sie Ihr Älterwerden feiern. Sie können das alleine oder mit anderen Menschen tun, die in Ihrem Alter sind. Überlegen Sie, wie Sie den Alterungsprozess anerkennen und Freude an dieser Lebensphase voller Grazie haben können. Betrachten Sie die Zeichen des Alters als Symbole eines gut gelebten Lebens.

In der Vergangenheit einen Sinn finden

Wenn Sie mit Ihrer inneren Weisheit in Kontakt stehen, wenn Sie das Leben aus einer höheren Perspektive betrachten, haben Sie die Möglichkeit, Ihre Vergangenheit anders zu bewältigen. Sie können die Perspektive eines echten, geistig reifen Erwachsenen einnehmen und sich fragen: „Was lehrt mich diese Situation?“, „Was kann ich aus ihr lernen?“, „Wie passt dieses Puzzleteil in das Gesamtbild meines Lebens?“, „Auf welchen Weg führt mich dieser Vorfall, den ich sonst nicht beschritten hätte?“

Grundsätzlich hat die Vergangenheit natürlich die Macht, unsere Gegenwart zu beeinflussen, aber genauso kann unsere Gegenwart sich nachträglich auf unsere Vergangenheit auswirken. Wenn man der Vergangenheit eine neue Seite abgewinnen, sie in einem anderen Licht betrachten kann, sie aus einer weiseren Position heraus beurteilt, dann gewinnt die Vergangenheit an Potenzial.

Mir wurde das wahrscheinlich in Zusammenhang mit der Scheidung meiner Eltern als ich zwölf Jahre alt war am deutlichsten. Natürlich gehörte ich zu der Generation, in der sich scheinbar alle Eltern scheiden ließen. Aber Teil eines statistischen Trends zu sein, machte die Sache auch nicht einfacher.

Als meine Eltern sich scheiden ließen, war meine Welt unwiderruflich zusammengebrochen, ohne dass ich etwas dafür konnte. Nichts war so wie es vorher war. Ich wechselte die Schule. Wir zogen in ein kleineres Haus. Meine Wochenenden waren jetzt mit „Besuchsrechten“ belegt. Und ich kam mit den ungewollten Veränderungen in meinem Leben überhaupt nicht zurecht. Ich war in der Pubertät und ich war wütend (abgesehen davon, dass ich vielleicht aufgrund meines Alters auch wütend gewesen wäre, wenn ich nicht in dieser Situation gewesen wäre).

Es hat Jahre gedauert, bis ich die Wut und den Groll, den ich zuerst meinem Vater gegenüber und später meiner Mutter gegenüber empfand, überwinden konnte. Es war in vielerlei Hinsicht keine leichte Jugend. Und meine Wut zog sich vereinzelt bis in mein junges Erwachsenenalter hinein und manifestierte sich in einer Essstörung.

Aber viele Jahre später, als ich selbst zur Vergebung fand, lernte ich, meine Vergangenheit *neu zu interpretieren*. Ich konnte erkennen, dass die Scheidung am Ende doch auch eine nützliche Seite für mich hatte. Die meisten Untersuchungen belegen, dass Scheidungskinder dazu neigen, dasselbe Schicksal durchzumachen. Aber in dem Buch *Innocent Victims* beschreibt Thomas Whiteman auf der Grundlage seiner Erfahrungen vier Bereiche, in denen Scheidungskinder anderen

Kindern überlegen sind: 1.) Scheidungskinder sind anderen Kindern und ihren Problemen gegenüber sensibler. 2.) Scheidungskinder sind meistens reifer und verantwortungsbewusster als ihre Altersgenossen. 3.) Scheidungskinder sind oftmals besser in der Lage, Erfahrungen in das richtige Licht zu rücken. 4.) Scheidungskinder bemühen sich später scheinbar besonders, eine erfolgreiche Ehe zu führen.

Angesichts dieser Fakten können Sie sicher leicht nachvollziehen, warum ich Trauerberaterin und Therapeutin geworden bin. Kein Wunder, dass ich jetzt über meinen inneren Erwachsenen schreibe und mich um meine Ehe bemühe – alles nur, weil meine Eltern sich scheiden ließen! Dieser prägende Verlust eines Elternteils in einer sehr wichtigen Lebensphase mag möglicherweise in der Tat dazu geführt haben, dass ich die Person geworden bin, die ich jetzt bin. Und dafür, das kann ich sagen, bin ich dankbar. Ich war nicht immer in der Lage, das von mir zu sagen.

Können Sie Ihre Vergangenheit neu interpretieren? Können Sie sehen, wie sie Sie auf einen Weg geführt hat, den Sie sonst nicht gegangen wären? Die Frage ist nicht „War meine Vergangenheit angenehm?" sondern „Kann ich einen Sinn in jenem Teil meines Lebens erkennen?" Und wenn nicht, wenn Ihre Vergangenheit Sie nicht auf einen besseren Weg gebracht hat, können Sie den Kurs ändern und sich auf einen besseren Weg machen? Sind Sie jetzt bereit, nach dem Sinn zu forschen? Es ist nie zu spät, seinen Kurs zu ändern.

Die Vergangenheit in einem anderen Licht sehen

Carly war eine 35-jährige Frau, die sich bei mir in Einzeltherapie begab, weil sie keine wirkliche Freude an ihrem Leben hatte. Sie vermutete, dass das vor allem daran lag, dass sie den Verlust ihrer Mutter, die, als Carly fünf Jahre alt war, gestorben war, nie wirklich betrauert hatte,. Man hatte sie als Kind nie dazu ermutigt, zu trauern. Kinder werden oft von wohlmeinenden Erwachsenen abgeschirmt, die nicht wissen, wie wichtig es ist, dass man die Trauer und den Verlust durchlebt.

Aber Carly verlor mehr als ihre Mutter. Im Grunde verlor sie auch ihren Vater, da er so von seiner eigenen Trauer eingenommen war, dass er sich emotional völlig von seinem Kind zurückzog. Carly erinnerte sich noch daran, dass sie versuchte, ihren Vater zu beschützen, weil sie wusste, wie empfindlich er war und dass er emotional nicht über seinen Schatten springen konnte. Fürsorglich wie sie vielleicht war, endete das Ganze wohl damit, dass ihre eigenen Bedürfnisse nie befriedigt wurden.

Als ich Carly bat, einen Gegenstand mitzubringen, der ihr inneres Kind darstellen sollte, brachte sie eine Karte mit einem Gebet mit, das auf der Beerdigung ihrer Mutter gesprochen worden war. Der Tod ihrer Mutter war das entscheidende Ereignis in ihrem Leben geworden, eine Entschuldigung für alles, was mit der Vergangenheit und der Gegenwart zu tun hatte. Carly behauptete, dass sie nicht wusste, wie man wirklich liebt, weil sie nie die Liebe einer Mutter kennen gelernt hatte; sie könnte keine wirklich gute Mutter sein, weil sie nie gelernt hatte, wie man jemanden bemuttert. Denn schließlich hatte sie ihre Mutter ja verloren, als sie fünf war ... müsste das nicht alles erklären?

Bei der Arbeit mit Carly versuchte ich ihr dabei zu helfen, zu erkennen, dass der Tod ihrer Mutter zweifellos ein einschneidendes Erlebnis gewesen war, und dass er sie sicher immer beeinflusst hat und sie auch in der Zukunft immer beeinflussen wird, aber dass er nicht *die* Erklärung für Carlys Leben ist. Carlys Leben ist jetzt Carlys Leben. Es war nun Zeit, die verletzte Fünfjährige zu entthronen, deren Schmerz und Einsamkeit Carlys Leben in den letzten 30 Jahren bestimmt hatte. Es war jetzt an der Zeit, dass Carly auf die Verantwortung für ihre Gegenwart und ihre Zukunft Anspruch erhob.

Ich hatte das Gefühl, dass Carly sich nicht darauf konzentrieren sollte, das verlassene, verletzte fünfjährige innere Kind zu bemuttern oder zu maßregeln. Dieses Kind hatte in den vergangenen dreißig Jahren bereits viel zu große Aufmerksamkeit und Macht gehabt. Stattdessen sollte Carly daran arbeiten, sich mehr auf ihren inneren Erwachsenen zu konzentrieren. Als erstes bat ich sie, sich als mehr zu sehen als als eine Frau, deren Mutter gestorben war, als sie fünf Jahre alt war. Da ist so viel mehr, das die Person Carly – ihre Identität, ihr Leben – ausmachte, als nur dieses eine Ereignis. Ich bat sie, doch einmal darauf zu achten und aufzuschreiben, in wie vielen Bereichen sie tatsächlich eine wunderbare Mutter war. Ich wollte, dass sie ein paar ihrer Stärken anerkannte, die sie zweifellos hatte, und dass sie die dynamische Energie in sich beanspruchte.

Und später forderte ich sie auf, den Fokus von sich selbst auf ihren Mann und ihre Kinder zu verlagern, indem sie ihnen „Liebesgaben“

bringen sollte. Nicht nur, dass die Carlys verändertes Verhalten bemerkten, sie waren begeistert! Sie fühlten sich dazu animiert, ihrerseits bewusst Liebe zurückzugeben. Die gesamte Dynamik in dieser Familie verlagerte sich von einer permanenten Spannung hin zu einer fürsorglichen Liebe.

Im Laufe mehrerer Monate, in denen Carly sich mit diesen Themen abmühte, löste sie sich langsam von ihrer Opferrolle. Die Gefühle, die sie beschrieb, waren nun weniger von Verletzbarkeit oder Verletzungen und mehr von Liebe und Freude geprägt. Natürlich wird Carly immer ein trauriges Vermächtnis mit sich herumtragen und für immer von diesem tragischen Verlust beeinflusst sein, aber sie hat jetzt eine engere Bindung zu ihrer eigenen Macht und der Pflicht, ihr Leben selbst in die Hand zu nehmen.

Und was noch wichtiger ist: Carly begann langsam zu begreifen, dass es *gerade* der Verlust ihrer Mutter war, der sie zu der wunderbaren Person gemacht hat, die sie ist, mit all ihrem Mitgefühl, ihrer Stärke und ihrer Sensibilität. Ihr frühes Erlebnis war also die Gussform, die sie zu dem gemacht hat, was sie heute ist, und dazu gehören auch ihre positiven Eigenschaften.

Wenn Sie erkennen, dass Ihre Kindheit nicht nur für den Schaden verantwortlich ist, dann können Sie ihre Beziehung zur Vergangenheit korrigieren. Mit Schmerzen aus der Vergangenheit ist der Weg zu zukünftiger Stärke gepflastert. Sie müssen nur Ihre Perspektive erweitern, um zu erkennen, wie die Puzzleteile zusammenpassen. Wenn Sie eine Verbindung von der Gegenwart zur Vergangenheit herstellen, können Sie den alten Schmerz mit weißer Farbe übertünchen. Alles hatte seinen Sinn. Und da Sie das eigentliche Geschehen nicht ändern können, müssen Sie Ihre Reaktion darauf ändern und überlegen, wie Sie das Ereignis neu in Ihr jetziges Leben einbinden können. Auf diese Weise können Sie die Vergangenheit neu schreiben. Wir gehen auf diese Möglichkeit in Kapitel 9 noch ausführlicher ein, in dem es um Integration geht und wo wir erklären, wie Ihr innerer Erwachsener Ihrem inneren Kind helfen kann, ein neues Puzzle zusammenzulegen.

Reife Akzeptanz

Reife bedeutet für den inneren Erwachsenen, das Leben zu akzeptieren, wie es ist und es gelassen hinzunehmen. Das heißt, man kann einfach nicht immer glücklich sein. Negative Dinge geschehen. Leiden ist unvermeidlich – es ist Bestandteil des Menschseins. Und vielleicht sind die schlechten Dinge und das Leiden in Wirklichkeit gar nicht, was sie auf den ersten Blick zu sein scheinen. Schließen Sie Ihren Frieden mit den Schatten. Es gibt so vieles, das wir nicht sehen, nicht wissen können. Zur geistigen Reife gehört es, dass man still und mit Würde akzeptiert, dass die Dinge nicht von Bestand sind, dass Veränderungen, Verluste, Altern und sogar der Tod feste Bestandteile unseres Lebens sind. Also lauschen Sie Ihrer inneren Stimme der Weisheit. Vielleicht sagt sie Ihnen Folgendes:

- Hab Vertrauen und nimm das Leben, wie es kommt.
- Lass Dein Leben wie ein Fluss sein, trenne Dich von Deinen Sorgen und lass sie fließen, wohin sie wollen.
- Wenn Deine Energievorräte sich erschöpfen, spring nicht von der Brücke, sondern finde die richtige Perspektive.
- Biege Dich im Wind. Es ist die Weide, die sich neigt und überlebt und die starke Eiche, die im Sturm umkippt.
- Pflege ein ruhiges und stilles Selbstvertrauen.
- Glaube an das Universum.
- Lass das Leben sich entfalten.
- Hab Geduld, sei beharrlich und dann lass los.
- Sei Meinungen gegenüber tolerant, die von Deiner abweichen.
- Wir sind alle miteinander verbunden.
- Que será, será – whatever will be, will be.
- Alles ist so, wie es sein soll.
- Wenn Gott eine Tür zuschlägt, öffnet er woanders ein Fenster. Suche nach dem Fenster.
- Akzeptiere. Die Dinge, denen Du Dich widersetzt, werden fortdauern.
- Ich habe alles, was ich will, weil ich alles will, was ich habe.
- Gib mir die Gelassenheit, Dinge zu akzeptieren, die ich nicht ändern kann und den Mut, Dinge zu ändern, die ich ändern kann und die Weisheit, den Unterschied zu erkennen.

Hören Sie der inneren Stimme zu, die voller Weisheit, Mut, Vergebung und Akzeptanz ist. Hören sie auf diese Stimme. Sie ist da, in Ihnen drin. Es ist möglich, sie zu hören. Seien Sie ganz still und lauschen Sie. Diese Stimme hilft Ihnen in schwierigen Zeiten. Diese Stimme leitet und unterstützt Sie. Es ist die Stimme der Macht, der Stärke, der Liebe und der Würde.

Die Säule der inneren Reife im Überblick

Ihr innerer Erwachsener ist mutig. Er weiß, wie man der Angst begegnet und trotzdem handlungsfähig bleibt. Es gibt da einen großen Vorrat an Stärke und Mut in Ihrem Inneren.

Der innere Erwachsene weiß, wie man handelt, auch wenn er nicht will oder ihm nicht danach ist. Seine Vernunft ist in der Lage Emotionen zu beherrschen, wo es nötig ist.

Der reife innere Erwachsene kann vergeben und weiß, dass er durch Vergebung selbst befreit wird. Sich selbst oder einem anderen nicht zu vergeben ist eine große Bürde, die uns ständig behindert. Oftmals sind es die Eltern, denen wir vergeben müssen, bevor wir unser reifes Ich freisetzen können.

Der reife innere Erwachsene erkennt seine ihm angeborene Weisheit und weiß, dass diese Gabe sich im Alter immer weiter entwickelt. Der innere Erwachsene fürchtet sich nicht vorm Älterwerden, auch nicht in einer Kultur, die die Jugend verehrt.

Der reife innere Erwachsene sieht, wie sich alle Fäden des Lebens zu einem wunderschönen Stoff verweben. Er akzeptiert das Leben so, wie es ist, mit all seinem Leid und mit all seinen Freuden. Er akzeptiert, dass sein eigener Lebensfaden ein wertvoller Bestandteil des gesamten Stückes ist.

Lesetext

Gedanken über die Reife

von Ashley Davis Prend

1. Szene: Ich weiß nicht mehr, was die genaue Situation war, aber ich war 12 Jahre alt und einige meiner Klassenkameraden betrachteten mich mit Abscheu. In ihren Augen lag Ekel, als sie mir zuflüsterten: „Ach ja, du bist ja sooo vernünftig." Kein Kompliment. Wenn man ein Kind ist, ist es nicht besonders cool, „vernünftig" zu sein.

2. Szene: Ich gehe mit meiner Mutter shoppen. Wir stehen an einem Ständer mit bunten, jugendlichen Sommerkleidern, die mit Blumen bedruckt sind. Sie betrachtet die Kleider und seufzt: „Ich kann solche Kleider nicht mehr tragen. Und selbst bei dir ist es wohl Zeit dafür, dass du dich ein bisschen erwachsener kleidest." irgendwie war auch das kein Kompliment.

3. Szene: Vorsprechen für eine Rolle in einem Musical (die ich dann nicht bekam). Eine Freundin, die hörte, dass ich für diese Rolle vorsprach, sagte daraufhin: Oh, diese Rolle habe ich eigentlich immer als eine eher naive Rolle gesehen. Es wäre interessant zu sehen, wie eine reifere Person diese Rolle spielt." Auch das fühlte sich nicht wie ein Kompliment an.

Die Wahrheit: Reife und sollte eigentlich das größte Kompliment sein. Nutze deine Stärke. Nutze deinen Mut. Nutze deine Macht. Trage deine Reife wie einen Mantel der Würde über deinen wunderschönen, alternden Schultern ... stolz, mit Stil. Und verbreite das gute Wort über die geistige Reife.

Visualisierung

Beginnen Sie damit, indem Sie Ihren Körper darauf vorbereiten, sich zu entspannen. Strecken Sie die Arme hoch über dem Kopf aus. Dann strecken Sie sie zur Seite. Lassen Sie die Arme fallen und rollen Sie den Kopf langsam von einer Seite zur anderen. Bringen Sie Ihren Körper in eine angenehme Position und schließen Sie die Augen.

Denken Sie an das, was Sie eben gelesen haben. Woran denken Sie dabei? Hat der Text ein Gefühl in Ihnen ausgelöst? Hat der Text Sie an eine Erfahrung aus Ihrem eigenen Leben erinnert? Akzeptieren Sie jede Botschaft, die der Text Ihnen mitteilt.

Und jetzt konzentrieren Sie sich auf Ihren Körper und wo im Raum Sie sich gerade befinden. Achten Sie auf Ihren Atem, wie sie ein- und ausatmen. Achten Sie auf die Luft um Sie herum und wie sie sich auf Ihrer Haut anfühlt. Lauschen Sie den Geräuschen, die Sie um sich herum wahrnehmen. Achten Sie auf Gerüche. Werden Sie *sinn-lich* im wahrsten Sinne des Wortes, erfassen Sie Ihre Umgebung und, welchen Platz Sie in ihr einnehmen. Fühlen Sie das Gewicht der Kleidung auf Ihrem Körper. Fühlen Sie das Gewicht Ihres Körpers auf dem Fußboden oder dem Stuhl. Atmen Sie dreimal tief ein und aus. Ihr Bewusstsein geht auf eine Reise.

Stellen Sie sich vor, wie Sie eine Treppe hinunter gehen. Immer weiter hinunter und wenn Sie unten ankommen, ist dort eine Tür. Die Tür öffnet sich und während Sie hindurchgehen, sehen Sie einen reißenden Fluss. Sie sehen auch ein großes Floß in der Nähe und ohne Angst besteigen Sie es und stoßen sich vom Ufer ab in den schnell fließenden Strom. Sie erlauben sich, sich zurückzulehnen und zu fühlen, wie die Strömung Sie den Flusslauf hinab trägt. Manchmal fließt das Wasser langsam und bedächtig, manchmal schneller und kraftvoller. Sie lassen sich mit dem Fluss treiben, ganz ohne Angst. Sie entspannen sich, haben absolutes Vertrauen und lassen alles so laufen, wie es läuft.

Nach einiger Zeit kommt das Floß zum Stillstand, Sie setzen sich auf und stellen fest, dass Sie sich in der Mitte eines wunderschönen, klaren Sees befinden. Sie tauchen die Finger Ihrer rechten Hand über den rechten Rand des Floßes in das kühle Wasser. Und während Sie das tun, stellen Sie sich all die negative, nachtragende, feindselige, ängstliche Energie vor, die manchmal durch Ihren Körper fließt und die jetzt durch Ihre Fingerspitzen in den rechten Teil des Sees fließt. Ihr Körper enthält jetzt keine unreifen und kindischen Energien mehr.

Als nächstes tauchen Sie die Finger der linken Hand über den linken Rand des Floßes in das kühle Wasser. Und während Sie das tun, stellen Sie sich vor, wie starke, weise, verzeihende, friedvolle, vernünftige Energie durch Ihre Fingerspitzen in den Körper gesaugt wird und Ihren Körper ganz ausfüllt. Ihr Körper ist jetzt voller geistiger Reife.

Und schließlich tauchen Sie wieder Ihre rechte Hand in das Wasser und geben all die vernünftige, friedvolle, ruhige und reife Energie wieder an den Fluss des Lebens zurück, wo sie geteilt und vervielfältigt werden kann.

Schließlich treibt das Floß wieder an Land und Sie können problemlos ans Ufer springen und das Floß an Land ziehen. Sie fühlen sich ausgeruht und friedvoll. Es ist Zeit, wieder ins Bewusstsein zurückzukehren.

Jetzt, sofern Sie bereit sind, kehrt Ihr Bewusstsein auf einer Welle des Lichts in Ihren Körper zurück. Fühlen Sie Ihren Körper in dem Raum, in dem Sie sich befinden. Fühlen Sie, wie Ihr Körper Bodenhaftung bekommt und in seine Umwelt integriert ist. Wackeln Sie mit den Fingern und Zehen. Atmen Sie tief ein. Bewegen Sie sanft Ihre Arme und Beine von einer Seite zur anderen. Atmen Sie noch einmal tief ein. Spüren Sie, wie ein vibrierender Energiestrom durch Ihren Körper fließt und Ihnen neue Kraft verleiht. Ich zähle jetzt von eins bis fünf und wenn Sie dann bereit sind, nachdem ich bis fünf gezählt habe, können Sie die Augen öffnen. Eins ... zwei ... drei ... vier ... fünf. Sie können jetzt die Augen öffnen.

Tagebuchfragen

Kernfrage: Wem müssen Sie vergeben? Was hält Sie davon ab, dieser Person zu vergeben?

- Was behindert Sie im Leben?
- An welchem Zeitpunkt im Leben waren Sie sich Ihres Mutes, Ihrer Stärke und Ihrer Weisheit bewusst?
- Wie würde Ihr Leben anders aussehen, wenn Sie es aus einer Position der Vernunft heraus lebten und Ihre Emotionen im Griff hätten? Wie wären Sie selbst anders?
- Wann stehen Sie sich selbst im Weg und kommen nicht weiter? Wie ist es möglich, dass Sie freier mit dem Fluss des Lebens fließen können?
- Wie stehen Sie zu Ihrem eigenen Älterwerden? Wie feiern Sie Geburtstage – mit Freude oder mit Trauer? Ist das Älterwerden für Sie eine beängstigende Aussicht? Wovor fürchten Sie sich dabei am meisten? Wie können Sie das besser akzeptieren anstatt davor wegzulaufen?

Übungen

*D*as LAUB-Denkmuster: Versuchen Sie Wege zu finden, diese Technik bei der Säule der Reife einzusetzen.

Beobachten Sie diese Woche und tragen Sie ein:

SITUATION	LÖSEN	AUFMERKSAMKEIT	UMORIENTEREN	BEWUSST HANDELN/ BEWERTEN
Was ist passiert?	Treten Sie zurück!	Wie habe ich mich zurückentwickelt (inneres Kind)?	Dran denken, dass die Dinge jetzt anders liegen könnten. Ich bin erwachsen.	Wie habe ich Gedanken/Verhalten tatsächlich verändert oder hätte verändern können? Wie hat es funktioniert?

Schreiben Sie eine Geschichte: Schreiben Sie Ihre Lebensgeschichte und verwenden Sie dabei die Sprache der Märchen: Böse Königinnen, Zauberer, fliegende Pferde, böse Hexen. Beginnen Sie mit „Es war einmal ...“ und schließen Sie mit einem Ende Ihrer Wahl. Geben Sie sich die Macht, Ihr Leben und seine Möglichkeiten in ganz neuem Licht zu sehen.

Finden Sie die Stimme Ihres inneren Erwachsenen: Diese Welt dreht sich so schnell, dass wir manchmal vergessen, dass es möglich ist, ein bisschen langsamer zu gehen und ruhig zu sein, wenn wir nur unsere Prioritäten entsprechend setzen. Wir schaffen es doch auch, unsere Zähne täglich zu putzen und täglich zu duschen (jedenfalls meistens), oder? Jeder von uns muss sich Zeit freihalten für bestimmte Rituale der Besinnung. Das sind heilige, meditative Phasen, in denen wir still sein sollten und auf unsere innere Stimme lauschen.

Sie sollten mindestens fünf Minuten (besser 15 Minuten oder mehr) pro Tag einen Ort aufsuchen, an dem Sie alleine sein können und nichts zu sagen brauchen. Das kann der Schreibtisch am Arbeitsplatz sein, wenn man die Tür schließt, das kann zu Hause sein oder draußen, es spielt keine Rolle. Machen Sie es sich bequem und seien Sie dann still und lauschen Sie auf die innere Stimme, die Sie leitet, Ihnen Weisheit, Mut, Vernunft und Kraft gibt. Hören Sie auf diese Stimme; sie ist da. Sie müssen dabei nichts tun, nichts visualisieren, nichts sagen, obwohl es helfen kann, sich auf das Atmen zu konzentrieren. Geben Sie sich einfach jeden Tag fünf Minuten die Gelegenheit, auf Ihre innere Stimme zu hören.

Zuerst werden Sie vielleicht nichts hören. Vielleicht finden Sie diese Übung sogar albern. Tun Sie so als müssten Sie die Gewässer in Ihrem Kopf beruhigen, die Oberfläche ganz glatt und klar machen, damit Sie schließlich in die Tiefe blicken können und dann warten Sie auf das, was sich daraus ergibt. Haben Sie Geduld, halten Sie durch (Eigenschaften des reifen inneren Erwachsenen) und Sie werden sich wundern, welche unterschwelligen Veränderungen schließlich eintreten werden. Seien Sie still und hören Sie zu.

Kapitel 7

Dritte Säule – Alles, was Sie brauchen, ist Liebe

Das Herz, das sich öffnet, wird größer und reicher.
– Horace Mann

Am diesjährigen Muttertag wurde der Sonntagsgottesdienst von unserer Jugendgruppe der High School-Oberstufen gestaltet. Das Thema war, dem Anlass entsprechend, „Liebe." Sie sangen Lieder, lasen Gedichte und ihre persönlichen Aufsätze über die Liebe vor. Es war wundervoll, die Stimmen der Teenager von heute zu hören. Und ich musste feststellen, dass sie sich von meinen Jugendzeiten gar nicht so sehr unterschieden. Es gab einige Jugendliche, die über ihren jüngsten Schwarm sprachen, das Mädchen oder Jungen, das oder den sie mochten oder vielleicht sogar liebten (Kinderliebe).

Eine junge Frau sprach davon, wie sehr sie ihren Vater liebte. Eine andere über die Liebe zu ihrer Mutter. Und wiederum andere reflektierten darüber, wie sehr sie ihre Freunde liebten, die Kirche und Gott.

Achten Sie auf die Vielzahl der Arten von Liebe: Da gibt es die romantische Liebe – die Spannung, die Ekstase, der Adrenalinstoß und die Romantik, die den Stoff der meisten unserer Kinofilme, Musiktexte, Anzeigenkampagnen und Romanhandlungen ausmachen. Da gibt es die elterliche Liebe – die ergreifende und komplexe Liebe zu unseren Eltern, die uns liebten und uns manches Mal nicht gerecht werden konnten, sowie die Liebe zu unseren Kindern, die wir wiederum liebten und denen wir nicht immer genügten. Dann gibt es die Liebe zu unseren Haustieren, unseren Verwandten, Freunden, Nachbarn und die Liebe zu unserer Gemeinde, zu unserer Nation und unserer Erde.

Ich habe einmal gehört, dass die Eskimos Dutzende von Namen für Schnee haben; die Griechen hatten verschiedene Worte für Liebe. Für uns jedoch gibt es nur ein Wort: Liebe. Es ist das eine Wort, mit dem eine Mutter ihr Neugeborenes bezeichnet, und das vielleicht gleichzeitig von einem Teenager benutzt wird, um seine Vorliebe für Pizza auszudrücken.

Es heisst „die Liebe dreht das Rad der Welt". Aber leider führt Liebe auch manchmal zu Eifersucht, Gewalt, Mord oder sogar Krieg. Und der Verlust von Liebe führt zu der schmerzhaftesten Zerstörung überhaupt – einem gebrochenen Herzen. Liebe verursacht in unserem Leben viel Freude und Leid zugleich.

Das Ding namens Liebe

Wie ich schon an einigen Stellen ausgeführt habe, ist einer der Schlüssel zu unserem Erwachsenen-Ich die Anpassung unserer Perspektive. Außerdem ist es wichtig, die empfindliche Balance zwischen Ihrem Erwachsenen- und Ihrem Kind-Ich zu halten. Es ist manchmal interessant zu beobachten, wie das, was wir als Kinder als wahr erachteten, im Erwachsenenalter eine neue Bedeutung erhält. Dieser Aspekt wurde mir kürzlich erst wieder klar, als ich mit meinen Kindern in einer Buchhandlung war. Während meine Blicke an den Bücherregalen entlang schweiften, kamen viele Erinnerungen zurück.

Als Kind liebte ich das Buch *The Giving Tree* von Shel Silverstein. Ich habe immer gedacht, dass es eine süße Liebesgeschichte sei. Die Komplexität der Interpretationen habe ich erst als Erwachsener begriffen.

Die Geschichte handelt von einem Apfelbaum und einem Jungen. Der Junge liebt den Baum und der Baum den Jungen. Der Junge verbringt Stunden damit, am Baum zu hängen, darauf zu klettern und in seinem Schatten zu verweilen. Aber, wie das Leben so spielt, wird der Junge älter, zieht fort und die Beziehung zwischen den beiden ändert sich.

Jedes Mal, wenn der Junge zurückkehrt, ist der Baum mit Freude erfüllt. Und jedes Mal gibt der Baum etwas von sich, was der Junge nimmt und dann verschwindet. Schließlich kehrt der Junge als alter Mann zurück. Der Baum, der mittlerweile nur noch ein Stumpf ist, entschuldigt sich dafür, dass er nichts mehr zu geben hat. Der alte Mann erwidert, dass er nichts weiter sucht als einen Platz zum Ausruhen. Er setzt sich auf den Stumpf und der Baum ist glücklich.

Wenn ich heute über diese Geschichte nachdenke, scheint sie mir von einem Jungen zu handeln, der egoistisch nimmt und nimmt und nimmt, ohne an den Baum zu denken, der ihn liebt. Und der Baum gibt und gibt und gibt auf eine abhängige Art, ohne auch nur einen Gedanken an die eigene Regeneration zu verschwenden, bis er mit praktisch nichts mehr zurückbleibt.

Dies kann kein Modell für eine gesunde Liebe sein. Offensichtlich gibt es unterschiedliche Ausdrucksformen von Liebe und unterschiedliche Dynamiken, Liebe zu erleben. Einige Menschen lieben auf eine von ihrem inneren Kind dominierte Art, während andere vornehmlich von ihrem Erwachsenen-Ich durch die Gewässer der Liebe gesteuert werden.

Die Inneres-Kind-Liebe

Das innere Kind ist bedürftig. Eine klare und eindeutige Sache. Es gibt daran grundsätzlich nichts zu kritisieren – denken Sie an Säuglinge, deren Bedürfnisse gänzlich von ihren Behütern gestillt werden müssen. Und denken Sie an Kleinkinder und Schulkinder, die abhängig und verletzlich sind. Diese Art der Bedürftigkeit ist ihrem Entwicklungsstand entsprechend angemessen.

Wie dem auch sei, kindliche Liebe stellt die Erfüllung seiner eigenen Bedürfnisse an erste Stelle. Folglich werden Sie, wenn Sie als Erwachsener aus dieser Position heraus Liebe für sich einfordern, danach suchen, durch den anderen ergänzt, über ihn definiert und geheilt zu werden. Manchmal werden Sie diese Art von Liebe von Ihren Freunden einfordern oder von Ihren Partnern und Verwandten, möglicherweise sogar von Ihren eigenen Kindern. Vielleicht unbewusst, wird Ihre Erfahrung der Liebe unter dem Motto „Und, was hast Du zuletzt für mich getan?“ stehen.

Diese Inneres-Kind-Haltung mag temporär eine Berechtigung haben, wenn Sie krank oder verletzlich sind, aber das Problem dieser Art von Bedürftigkeit ist, dass sie unersättlich ist. Niemand ist in der Lage, jeder Art von Bedürfnis gerecht zu werden wie im Säuglingsalter. Und außerdem liegt es nicht in der Verantwortung anderer. Letztlich ist die Liebe des inneren Kindes selbstsüchtig und egozentrisch, genauso wie der Junge in *The Giving Tree.*

Eine weitere Falle der Kind-Ich-Liebe ist, dass sie häufig in der Angst ihren Ursprung findet – Angst, die Liebe nicht verdient zu haben, sie zu verlieren, nicht genug von ihr zu bekommen, zurückgewiesen zu werden oder Angst vor Intimität, Verletzlichkeit, Ausgrenzung, Identitätsverlust oder vor Verpflichtungen.

Wenn Sie also die Inneres-Kind-Liebe anfänglich als rein, süß und einfach erachten, lauern die versteckten Probleme aus der Kindheit bedrohlich – auf uns alle.

Die Innerer-Erwachsener-Liebe

Erwachsenen-Ich-Liebe bedeutet, Angst und Unsicherheiten loszulassen, sich dafür zu entscheiden, das Lieben zu riskieren anstatt sich in den Gefahren zu verlieren. Liebe aus der Perspektive des inneren Erwachsenen bedeutet außerdem auf das Geben zu achten, darauf, wie Sie Liebe und Zuneigung mit anderen teilen und diese verbreiten können. Diese Art der Liebe ist weniger mit Bedürfnissen verbunden als mit dem, was Sie geben können, so wie der Baum in *The Giving Tree*. Es gibt ein Sprichwort aus Nepal, das den Kern der Sache trifft: „Vergiss nicht, dass die beste Beziehung die ist, in der die Liebe füreinander größer ist als das Bedürfnis nach einander."

Erwachsenen-Liebe ist altruistisch, ohne Hintergedanken. Sie ist gekennzeichnet von Zuneigung und Interesse für den anderen. Aber sicherlich kann niemand stets selbstlos sein, denn sonst würde, wie bei dem Baum, nichts als ein Stumpf übrig bleiben. Ich plädiere hier nicht für Selbstverleugnung oder Selbstaufopferung. Es bedarf eines gegenseitigen Gebens und Nehmens, eines Anbietens und Annehmens. Die ‚gebende' Liebe eines inneren Erwachsenen muss mit der ‚nehmenden' Liebe des inneren Kindes im Einklang stehen. Sie brauchen beides.

Ich habe einmal Elisabeth Kübler-Ross, die Koryphäe zum Thema Tod und Sterben, zu ihrem Publikum sagen hören, zwei der wichtigsten Lehren des Lebens seien zu lernen, nämlich Liebe zu geben und sie anzunehmen. Sie können kein Wasser spenden, wenn die Quelle versiegt ist. Energie aufzutanken bedeutet Annehmen – es ist leichter, Liebe zu geben, wenn Sie vorher welche empfangen haben.

Diese energiespendende Liebe erfolgt durchaus von anderen, das ist natürlich, aber diese Art der Liebe muss auch von Ihnen selbst kommen. Zuerst müssen Sie sich selbst lieben. Alles fängt direkt bei Ihnen zu Hause an, in Ihrem eigenen Herzen. Sich selbst zu lieben ist die Grundlage, der Anfang. Denn wenn Sie sich selbst nicht lieben können, sind Sie nicht wirklich fähig, andere zu lieben. Zumindest nicht auf eine erwachsene Art.

Sich selbst lieben

In dem 1984 erschienenen Film *Die unendliche Geschichte* muss der Held während seiner Mission, die Kaiserin des Fantasia-Landes zu retten, zwei Tore passieren. Das erste Tor wird von zwei riesigen Sphinxen bewacht, die einem direkt ins Herz schauen und feststellen können, ob man sich seines Selbstwertes bewusst ist. Wenn nicht, wird man von den Sphinxen vernichtet. Selbst der fein herausgeputzte und schwer gepanzerte Ritter wird zu Staub, weil die Sphinxen erkannt haben, dass er sich im tiefsten Inneren seines Herzens nicht wirklich wertvoll fühlte. Das zweite Tor bildet der Zauberspiegel, in dem man sich seinem wahren Gesicht stellen muss. Der alte Mann erzählt dem Helden: „Freundliche Menschen erkennen, dass sie brutal und tapfere Menschen, dass sie eigentlich Feiglinge sind. Mit ihrem wahren Ich konfrontiert, laufen die meisten Menschen schreiend davon."

Was würde mit Ihnen geschehen? Was würde der Zauberspiegel über Ihre wahre Selbsteinschätzung verraten? Würden die Sphinxen Sie vernichten oder sind Sie sich Ihres Selbstwertes bewusst?

Vielleicht ist Ihnen irgendwann erzählt worden, dass Eigenliebe arrogant, egoistisch und eingebildet sei. Schon der Gedanke daran ist Ihnen unangenehm. Es gibt diejenigen, die jeden Morgen in den Spiegel schauen und zu sich selbst sagen können: „Ich liebe Dich." Gehören Sie zu diesen Menschen? Oder lässt Sie dieser Gedanke schaudern?

Eine Frau erzählte mir einmal, dass Eigenliebe ein wenig wie Kuchenbacken sei. Wenn Sie nicht mit allen vorgesehenen Zutaten anfangen, das heißt, wenn Sie zum Beispiel im Kindesalter keine „Eier" bekommen haben, können Sie sie nicht nachträglich hinzugeben, wenn der Kuchen gebacken ist. Einige Dinge können nachträglich einfach nicht ergänzt werden.

Dies ist vielleicht eine interessante Analogie, aber ich denke, dass es ein negatives und vernichtendes Bild ist. Denken Sie an Ihren inneren

Erwachsenen als Eier oder zumindest als Ei-Ersatz. Sie brauchen nicht nachträglich die versäumten Zutaten hinzufügen. Erinnern Sie sich, dass der innere Erwachsene die ganze Zeit in Ihnen war. Alles, was Sie brauchen, ist den Zugang zu ihm zu gewinnen. Auch wenn Sie nicht mit dem Glauben an sich selbst aufgewachsen sind, wenn Sie nicht angemessen mit Lob und Bestätigung gewürdigt wurden und wenn Sie nicht die Eltern hatten, die Ihnen halfen, an sich selbst zu glauben, ist es trotzdem nicht zu spät, sich all dies selbst zu geben. Sie müssen lernen, sich selbst zu lieben, egal wie schwierig es ist, egal wie merkwürdig es sich für Sie anfühlt und wie unbequem Sie es finden. Denn wenn Sie sich nicht selbst lieben können, können Sie andere nicht aufrichtig lieben.

Selbstsucht und Egozentrik ist nicht mit Eigenliebe gleichzusetzen. In der Tat, Menschen, die vor Tapferkeit und Eigeninteresse strotzen verbergen damit lediglich eine tiefe Unsicherheit über Ihr eigenes Selbstwertgefühl. Sich wirklich selbst zu lieben, bedeutet eine ehrliche Würdigung Ihres Selbst sowie Ihrer Stärken und Schwächen. Ferner schätzen Sie ehrlich, wer Sie sind und was Sie zu bieten haben.

Denken Sie darüber nach. Sie kommen allein auf diese Welt, reisen den Geburtskanal entlang – nur Sie allein. Und wenn Sie diese Welt verlassen, werden Sie ebenfalls allein sein. Selbst wenn Menschen bei Ihrem letzten Atemzug Ihre Hand halten, überschreiten Sie die Schwelle zwischen Leben und Tod allein; Ihre Lieben gehen nicht mit Ihnen. Sie müssen sich selbst der beste Freund sein. In gewisser Hinsicht sind Sie alles, was Sie haben, auch wenn Sie Hilfe von anderen auf Ihrem Lebensweg bekommen, sind Sie letztlich über die Jahre betrachtet Ihr eigener gemeinsamer Nenner.

Versuchen Sie einmal Folgendes ...

Listen Sie die zwanzig Eigenschaften auf, die Sie an sich mögen. Wählen Sie die Qualitäten, die Sie einzigartig, besonders und liebenswert machen.

Wie schwer fällt es Ihnen, diese Liste aufzustellen?

Die Kraft der Liebe des inneren Erwachsenen

Kathy besuchte eine meiner Selbsthilfegruppen und litt eindeutig an mangelnder Eigenliebe. Als ich der Gruppe die Frage stellte: „Spiegelt Euer Leben wider, dass Ihr Euch selber liebt?“, lachte Kathy laut auf und sagte: „Das ist leicht zu beantworten: Nein, nein, nein. Mein Leben reflektiert eher Selbstverachtung.“ Sie konnte leicht die Ursachen für ihre Selbstverachtung auf die Erziehung durch einen narzisstischen, alkoholkranken Vater und eine passive, desinteressierte Mutter zurückverfolgen. Wohl wissend, dass es für sie dadurch nicht leichter wurde.

Sie erzählte mir, dass sie nie das Konzept der Eigenliebe aus der Inneres-Kind-Bewegung verstehen konnte. „Die Leute sagten mir, ich sollte mich selbst ‚bemuttern‘, aber ich verstand die Bedeutung dessen nicht. Meine Erfahrung von elterlicher Liebe reduzierte sich auf Vernachlässigung und Misshandlung.“

Aber dann haben wir die Visualisierung durchgeführt, in der man seinem inneren Erwachsenen begegnet. Sie erinnern sich vielleicht daran durch die Visualisierung am Ende des vierten Kapitels, in der Sie durch die Kristallstadt in den Kristallpalast gehen und dort Ihr Erwachsenen-Ich treffen. Für Kathy war dies eine eindrucksvolle Erfahrung. Sie sagte: „Ich kann es nicht glauben. Sie war so energiegeladen, selbstbewusst und großartig. Sie trug einen fliederfarbenen Anzug. Und ich glaube, sie war ein Teil von mir, denn schließlich habe ich sie herbeigerufen. Ist sie wirklich in mir?“

Ich bestätigte sie darin, „Ja, diese gefestigte Frau, zu der Du gerade Verbindung aufgenommen hast, ist Deine innerere Erwachsene. Du kannst jederzeit zurückgehen und sie besuchen. Sie ist immer da. Sie ist in Dir. Sie kann Dir helfen anzufangen, Dich selbst zu lieben.“

„Was meinst Du damit?“ fragte Kathy. „Kann Sie mir tatsächlich dabei helfen zu lernen, mich selbst zu lieben?“

„Ja“, antwortete ich. „Führe diese Woche die Meditation eigenständig durch, triff diese Frau, lass Dich, Dein derzeitiges Ich oder selbst Dein Kindheits-Ich, von ihr umarmen und sogar halten und schau, was passiert.“

Nun ja, die Woche darauf kam Kathy in die Gruppe und strahlte. Sie trug zum ersten Mal, seitdem wir uns trafen Make-up (was für sie bedeutete, die Aufmerksamkeit auf sich zu ziehen). Sie hatte einen schönen fliederfarbenen Pullover an und trug ein breites Grinsen zu Tage. Sie platzte förmlich vor Vorfreude darauf, der Gruppe vom dem „Wunder" zu berichten, das geschehen war. Sie hatte eine weitere Begegnung mit ihrem Erwachsenen-Ich, besser gesagt, mehrere. Und sie hatte ihrem Erwachsenen-Ich erlaubt, sie zu trösten, zu umarmen und zu halten, sie auf eine Art zu „bemuttern", die sie erst jetzt begriff.

„Ich glaube ernsthaft, dass sich etwas Unglaubliches in meinem Leben bewegt hat. Noch nie habe ich so etwas erlebt. Ich habe wirklich etwas in mir gefunden, etwas, das ich bin, das mir zu einem gewissen Maß an Frieden und Selbstvertrauen verhelfen kann." Sie fuhr fort, dass sie nun etwas Hoffnung sah, eine Möglichkeit zu lernen, sich selbst zu lieben, sich und ihre Fähigkeiten in einem anderen Licht zu sehen. „Ich fühle mich, als ob sich das Leben für mich öffnet, und ich würde sagen, mit 54 Jahren wird es langsam Zeit."

Erinnern Sie sich, sich selbst zu lieben, bedeutet zu akzeptieren, wer man ist, mit seinen Schwächen und allem, was dazugehört. Niemand ist perfekt, und selbst nach Jahren der Therapie und jahrelangem Lesen von Ratgebern, werden Sie nicht perfekt sein. Wir alle fühlen uns manchmal unzulänglich, überlastet, merkwürdig und „weniger als" ..., aber das macht uns nicht weniger liebenswert. Vergeben Sie sich für Ihre Unvollkommenheit und nehmen Sie sich vollständig an. Lassen Sie ihren inneren Erwachsenen spiegeln, wie besonders sie wirklich sind.

Sobald Sie lernen, sich selbst zu lieben (was ein nie endender Prozess ist), oder zumindest die ersten Schritte in diese Richtung zu gehen, wird Ihr Herz erfüllt und frei sein, seine Liebe mit anderen zu teilen. So, wie Sie in der Säule Verantwortung Ihren Fokus von „innen" nach „außen" verlagern, so verlangt die Säule Liebe das Gleiche von Ihnen. Fangen Sie an, nach innen zu schauen und sich selbst zu lieben, dann nutzen sie diese Liebe, um sich selbst zu transzendieren.

Ein verzauberter Abend

So ziemlich alles in unserer Gesellschaft zielt darauf ab, das Unglaubliche zu begehren, die *ultimative* Liebe: Die romantische Liebe. Wir sehnen uns nach dem Kribbeln, der Spannung, den Höhen und der Besessenheit von wahrer Romantik. Wir suchen, manchmal unser Leben lang, nach dem perfekten Partner, dem Menschen, der alle unsere Träume wahr werden lässt. Und wenn wir diese Vollkommenheit nicht finden können, fühlen wir uns verraten und leer. Leider ist fast alles, was wir über die „wahre Liebe“ glauben sollen, ein Mythos!

Mythos Nr. 1: Sie können (und sollten) sich auf den ersten Blick verlieben.

Ich gebe zu ... auch ich habe an diese Theorie geglaubt, aufgewachsen mit den klassischen Liedern der Rodgers-und-Hammerstein-Version von Liebe: Aus *Aschenputtel* die Textzeile „Vor zehn Minuten sah ich Dich ... Du hast mir das Gefühl gegeben, das Zimmer hätte weder Decke noch Boden.“ Oder aus *South Pacific* die Zeile „An einem verzauberten Abend siehst Du vielleicht einen Fremden auf der anderen Seite eines überfüllten Zimmers stehen.“

Wer kann solchen Erwartungen widerstehen? In der Tat, ich glaube nicht an „die Liebe“ auf den ersten Blick, obwohl ich natürlich an „Anziehungskraft“ oder sogar „Begehren“ auf den ersten Blick glaube. Und ich glaube nicht, dass herzflatternde Liebe von Dauer sein kann oder sollte. Vieles von dem, was wir mit dem Verlieben verbinden, knüpft direkt an unser inneres Kind an: Sofortige Befriedigung, magischer Staub und Feuerwerk, impulsive Symbiose-Fantasien. Wahre Liebe passiert nicht augenblicklich. Sie muss sich mit der Zeit entwickeln, vertiefen und entfalten. Nur die Zeit kann eine reiche, reife Liebe produzieren, die sich mit dem Alter festigt. Aber das erzählen Ihnen die Kinofilme nicht.

> Der Erwachsene in uns genießt die Zeit, die er braucht, Liebe zu entwickeln

Mythos Nr. 2: Wenn ich mich verliebe, ist alles in mir erfüllt und vollkommen. Dann habe ich meine zweite Hälfte gefunden.

Wenn Sie erwarten, all Ihre Bedürfnisse durch Ihren Geliebten erfüllt zu bekommen, werden Sie tief enttäuscht sein. Und ich habe weitere Neuigkeiten für Sie: Sie brauchen niemanden, der Ihre andere Hälfte ergänzt, denn Sie sind von vornherein komplett! Außerdem ist der Kern wahrer Liebe nicht darin zu finden, seine eigenen Bedürfnisse gestillt zu bekommen ... sondern darin, die Bedürfnisse des Menschen, den Sie lieben, zu befriedigen.

Ich habe einmal eine Radiosendung gehört, in der eine Frau anrief, die mehr Liebe von ihrem Mann einforderte. Sie sagte, er ignoriere sie. Der Moderator sagte sinngemäß, dass sie mehr Liebe geben müsste, wenn sie mehr haben wollte. Das Paradoxe ist, sobald Sie Ihren Mann liebevoll behandeln, wird er sich geliebt fühlen und anfangen, Sie auf noch liebevollere Weise zu behandeln. Sie müssen sich zuerst verändern.

Der Erwachsene in uns weiß, wie er sich anderen zuwenden und sie lieben kann.

Mythos Nr. 3: Die wahre Liebe währt ewig ... mit wenig oder gar keinem Aufwand.

Die Wahrheit ist, dass eine tolle Beziehung nicht einfach von allein „passiert“. In der Tat, die Basis der Liebe ist ziemlich zerbrechlich, da sie kommt und geht. Die Menschen entlieben sich fast so spontan wie sie sich verlieben. Deshalb ist es so unglaublich wichtig, in der Verantwortung für seine Beziehung zu bleiben (vorausgesetzt, sie ist nicht gewalttätig oder gefährlich).

Ich habe einmal eine Frau sagen hören: „Liebe ist kein Wort. Liebe ist kein Gefühl. Liebe ist eine Entscheidung.“ Das ist eine ziemlich extreme Vorstellung. Ich glaube, dass Liebe alles drei ist, aber ich denke, dass die Schärfe ihrer Äußerung einen wichtigen Aspekt verdeutlicht – einen, den wir häufig vergessen in einer Zeit, in der Scheidung so verbreitet ist wie Eisessen im Sommer.

Wir *entscheiden* uns zu lieben. Wir *wählen*, in der Verbindlichkeit zu bleiben. Wenn wir schließlich über die höchste Bindung sprechen, das heißt, in einer Ehe oder anderen monogamen Beziehung zu bleiben, müssen wir uns der Wahrheit stellen, dass wir nicht immer Liebe für den anderen *fühlen*. Wie dem auch sei, das spielt keine Rolle. Der Punkt ist, dass Sie in der Verantwortung bleiben, weil Sie eine Vereinbarung getroffen haben; und diesem Vertrag widmen Sie sich hingebungsvoll.

Es wird Zeiten geben, da schauen Sie sich den Menschen am Frühstückstisch an und wundern sich, „Was habe ich überhaupt an ihm gefunden?“ oder „Warum genau habe ich sie eigentlich geheiratet?“

Niemand, der sich in das Abenteuer stürzt, erzählt Ihnen, dass dies gelegentlich passieren wird. Aber es passiert, und Sie müssen durchhalten wie beim Surfen auf einer Welle. Es spielt wirklich keine Rolle, ob Sie immer noch Schmetterlinge im Bauch haben, wenn Ihr Partner das Zimmer betritt. Wahrscheinlich nicht. Aber Sie haben sich gebunden und der innere Erwachsene weiß diese Verantwortung zu honorieren.

Sicher fallen Ihnen Millionen Gründe dafür ein, dass bestimmte Verpflichtungen aufgelöst werden sollten: Ehen voller Missbrauch, Ehen ohne Liebe, die nichts zurückgeben und so weiter. Es gibt natürlich die Ausnahme von jeder Regel, aber, im Großen und Ganzen, glaube ich, dass Liebe Verpflichtungen erfordert, selbst dann, wenn sich die Liebe nicht so großartig *anfühlt*. Erinnern Sie sich an das letzte Kapitel, Vernunft geht vor Emotion. Die Vernunft sagt Ihnen, in der Verantwortung zu bleiben und eine Lösung zu finden. Und wenn Sie das tun, wird die Liebe wachsen.

Zu meinen Patienten gehörte einmal eine Frau, die mit einer Therapie begann, weil sie um ihren verstorbenen zweiten Ehemann trauerte. Sie hatte dann freiwillig zugegeben, dass sie die Scheidung von ihrem ersten Ehemann, dem Vater ihrer zwei Söhne, veranlasst hatte. Ich fragte, „Warum haben Sie sich von ihm scheiden lassen?“ Die Antwort war nicht etwa, dass er sie misshandelt hatte, brutal oder eklig gewesen war. Es war auch nicht so, dass er Ehebruch begangen hatte, alkoholabhängig war oder verantwortungslos. Sie sagte ganz einfach, „Ich habe ihn nicht mehr geliebt.“ Und dann fuhr sie fort: „Es war wahrscheinlich die egoistischste Entscheidung, die ich jemals getroffen habe, und in vieler Hinsicht habe ich es bereut, insbesondere wegen der schrecklichen Auswirkungen, die es auf meine Kinder hatte.“

Lediglich der Glaube, dass Sie jemanden nicht mehr lieben, ist kein ausreichender Grund, den Vertrag zu lösen. Warten Sie eine Weile ab. Sehr wahrscheinlich wird die Liebe zurückkehren. Liebe kommt und geht. Liebe fühlt sich intensiv an und dann wieder distanziert. Liebe schwankt und ist unberechenbar. Warum? Weil sie in *Gefühlen* verwurzelt ist. Aber die Vernunft kann die Oberhand über Gefühle gewinnen. Vernunft weiß Verpflichtungen zu schätzen. Nehmen Sie Kontakt zu

Ihrem inneren Erwachsenen auf und lassen sie sein rationales und verbindliches Selbst den Sturm durchschiffen.

Eine andere Bekannte, die unter dem Verlust ihres Ehemannes, mit dem sie 35 Jahre verheiratet gewesen war, litt, erzählte mir: „Ein Gedanke, der mir in dieser schweren Zeit den größten Trost schenkt, ist mein Wissen darum, dass wir unsere Verantwortung füreinander erfüllt haben. Mit diesem Wissen kann ich beruhigt leben." Für sie war die erfüllte Verantwortung der Beweis ihrer Liebe.

Verantwortung und die Erfüllung dieser Verantwortung würdigt die Liebe, wächst aus der Liebe und hebt sie sogar auf eine höhere Ebene, während sie die Seele ruhen lässt.

> Der innere Erwachsene weiß, wie er Verantwortung erfüllen kann.

Ein Vertrag mit dem Selbst

Die Verantwortung für sich selbst zu übernehmen (Ihre Gesundheit, Ihr Wohlbefinden und Ihren Seelenfrieden) ist der Schlüssel zur Verantwortung für andere. Die Art, wie Sie sich selbst behandeln, ist unmittelbar mit Ihrem Verhalten gegenüber anderen verbunden und dieses wiederum mit deren Behandlung Ihrer Person.

Die Art, wie Sie sich selbst lieben, wird das Raster, das Modell sein, nach dem Sie nicht nur sich selbst lieben, sondern andere auch Sie. Cherie Carter-Scott berichtet in ihrem sehr informativen Buch *If Love Is a Game, These Are the Rules*:

> *Wie Sie sich selbst erleben und behandeln, ist genau die Art, wie andere Sie sehen und behandeln. Unbewusst zeigen und sagen Sie jeden Tag anderen Menschen, wie sie Sie behandeln sollen, ohne jemals ein Wort geäußert zu haben. Da Sie vornehmlich Ihr eigener Herr sind, brauchen andere Ihre Anleitung für das Maß an Liebe, das Sie brauchen. Sie geben anderen das Stichwort; Sie diktieren, wie Menschen mit Ihnen sprechen, wie sie Sie behandeln, was sie über Sie denken und was sie von Ihnen erwarten.*

> *Ob Sie sich dessen bewusst sind oder nicht, Sie sind die Person, die das Modell vorgibt, wie andere zu Ihnen stehen.*

Deshalb ist es so wichtig, dass Sie sich selbst lieben, denn daraus wird deutlich, wie andere Sie ebenfalls lieben können. Wenn Sie sich selbst ein gutes Beispiel sind, folgen Ihnen andere entsprechend. Einige Menschen, zum Beispiel, demonstrieren ihre Liebe zu sich selbst, indem sie auf ihre Gesundheit achten, sich selbst mit Massagen und heißen Bädern verwöhnen, Auszeiten für die „Gesundheit des Geistes" nehmen und Kurzurlaube machen. Andere reagieren auf „Geschenke" und überschütten sich mit frischen Blumen, Shopping-Touren und Glitzerkram.

Wiederum andere wissen für sich, dass zwischenmenschlicher Kontakt und Kommunikation für ihr Gefühl geliebt zu werden wesentlich sind. Dem entsprechend planen sie interessante Aktivitäten und treffen Freunde, um diesem Bedürfnis gerecht zu werden. Und einige Menschen schätzen die Einsamkeit und den Kontakt zur Natur für diesen Zweck und sorgen dafür, sich Klettertouren und Camping Trips zu organisieren, um der Seele einen Gefallen zu tun. Der Punkt ist, dass der innere Erwachsene weiß, was er braucht, um sich geliebt zu fühlen. Fühlen Sie sich verpflichtet, für Ihre eigenen Liebesbedürfnisse zu sorgen?

Sie müssen Ihren inneren Erwachsenen aktivieren, um Ihre eigenen Liebesbedürfnisse zu erfüllen. Das Problem mit der Liebe ist, dass sich das innere Kind häufig einmischt, und das meistens aus der Problemkind-Perspektive. Sich auf seinen inneren Erwachsenen zu berufen ist vielleicht genau das, was der „Liebes-Arzt" verordnet hat. Lassen Sie uns schauen, wie Sie sich mit der LAUB-Methode das Problemkind vom Leibe halten können.

GLAUBen Sie an die Liebe

Edith hat ein trauriges und schwieriges Leben geführt. Sie hat eine von extremem körperlichem und emotionalem Missbrauch gezeichnete Kindheit durchgemacht. Ihr Vater war ein gewalttätiger Alkoholiker und ihre Mutter gefühlskalt. Als Erwachsene steckte sie in einer schrecklichen Ehe, die jahrelang eine solche Belastung darstellte, so dass sie sich schließlich scheiden ließ. Als sie in den Vierzigern war, verlor sie ihren

18-jährigen Sohn durch einen tragischen Unfall. In Ediths Augen ist die Traurigkeit zu sehen und sie kämpft mit Depressionen. Dennoch hat sie ihr Leben wieder positiv aufgebaut. Sie hat eine stärkende Beziehung zu Gott und praktiziert ihren Glauben in einer Kirchengemeinde. Und vor Kurzem hat sie eine neue Liebesbeziehung aufgenommen.

Dieser Mann hat natürlich sein eigenes Päckchen zu tragen, einschließlich der Tatsache, dass er gerade eine dreißigjährige Ehe beendet hat. Die Beziehung entwickelt sich nur langsam und dennoch hat es sie überrascht, als er ihr eines Tages sagte, „Weißt Du, ich liebe Dich nicht." Stellen Sie sich vor, wie verletzend eine solche Bemerkung ist. Wir können nur erahnen, welcher Selbstschutz dahinter steckt. Er versicherte ihr, dass sie ihm viel bedeute und dass er die Beziehung weiterführe wolle. Aber Edith war bis ins Mark verletzt. Sie hat sich als Kind niemals geliebt gefühlt, und vor diesem Hintergrund, war diese Bemerkung mehr als sie schlucken konnte. Ihr reaktiviertes verletztes Kind reagierte mit Fluchtgedanken. Und diesen gab sie auf der Stelle nach. Sie weigerte sich, ans Telefon zu gehen, ging ihm mit allen Mitteln aus dem Weg und wollte ihn nie wieder sehen. Mit anderen Worten, Edith besann sich nicht sofort auf ihren inneren Erwachsenen. Sie suchte nicht nach dem Werkzeug, das ihr helfen konnte, ihr Gefühlschaos zu bewältigen. Sie war gesteuert von ihrem Schmerz und zog sich zurück. In vieler Hinsicht ist es einfacher und vertrauter, in dem problematischen inneren Kind zu verharren.

Schließlich gelang es ihm, Kontakt zu ihr aufzunehmen und zu fragen, „Was ist los? Was ist passiert? Können wir darüber reden und es lösen?" An dem Punkt kroch Edith aus ihrer Höhle hervor und fing an zu analysieren, was geschehen war. Mit dem Bewusstsein, sich in der Höhle sowieso nicht wohl zu fühlen, beschloss sie, sich der Situation auf eine andere Art zu stellen, selbst wenn es noch so schwierig war.

Mit Hilfe der LAUB-Technik gelang es Edith, sich erst einmal von ihren Schmerzen zu *lösen* und von der Situation Abstand zu nehmen. Sie suchte sich einen ruhigen Ort, schloss ihre Augen und stellte sich vor, sich die gesamte Situation im Fernsehen anzuschauen.

Dann konnte sie *anerkennen*, wie sehr diese Bemerkung sie an Kindheitsverletzungen erinnerte. Sie dachte an ihre Eltern, die sie misshandelt hatten und ihr das Gefühl gaben, eine Plage, eine Last zu sein. Sie wurde sich eines Teils ihrer selbst bewusst, der sich als nicht liebenswert fühlte. Sie dachte daran, wie viel verletzlicher sie sich seit dem Tod ihres Sohnes fühlte.

Und dann, immer noch mit geschlossenen Augen an dem ruhigen Ort sitzend, *orientierte sie sich um* in Richtung ihres inneren Erwachsenen. Sie bestätigte sich bewusst, dass sie trotz aller Bemerkungen in ihrer Kindheit und trotz der Andeutungen dieses Mannes ein liebenswerter Mensch war. Sie ging noch einmal ihre Liste mit Affirmationen durch und erinnerte sich, dass sie ein erwachsener Mensch war. Sie rief göttliche Kräfte an und erinnerte sich, dass Gott sie für das liebte, was sie war. Sie verharrte einen Moment in der Visualisierung ihres inneren Erwachsenen im Kristallpalast, der sie umarmte und mit „erdendem" Staub bestreute. Und schließlich stellte sie sich ihren inneren Kern vor, der in ihrer Fantasie so dick und stark war wie ein Seil.

Und während sie all diese Techniken anwandte, beendete sie sie durch *Bewerten* ..., ja, sie konnte anders mit seiner Aussage umgehen. Sie konnte „die Frequenz ändern" und musste nicht wie ferngesteuert reagieren. Dann rief sie ihn an und sprach mit ihm über ihre Gefühle.

Edith bemühte sich aus dieser reiferen Position heraus, seine Seite zu verstehen, seine Ängste und Unsicherheiten zu erkennen. Als sie offen miteinander sprachen, erreichten sie ein gegenseitiges Verständnis für ihre Beziehung. Er konnte begreifen, dass seine Bemerkung seine eigenen Kindheitsängste reflektierte und sie war in der Lage zu verstehen, dass seine Bemerkung mit Sicherheit kein Maßstab dafür war, ob sie liebenswert war oder nicht. Durch das *Bewerten* wurde ihr klar, wie dankbar sie war, diesen neuen Frieden gefunden zu haben. Sie begriff, dass die alten Knöpfe nicht auf die gleiche Art gedrückt werden mussten oder zumindest ihre Reaktionen nicht beherrschen brauchten. Bis heute treffen sie sich regelmäßig, respektieren gegenseitig ihre Gefühle und lassen der Beziehung ihre Zeit, sich zu entfalten.

Wie dem auch sei, romantische Verbindungen sind nicht die einzigen Liebesbeziehungen, die mit Stolpersteinen gepflastert sind. Alle Beziehungen bieten Gelegenheiten für beides, große Freude und großen Schmerz. Und das innere Kind hat die Neigung, in beiden an die Oberfläche zu kommen.

Vom Elternteil zum Kind

Die Bibel sagt uns „Ehre Deinen Vater und Deine Mutter.“ Für einige von uns ist das leichter als für andere. Aber während unsere Gesellschaft älter wird, die Statistik der Lebenserwartung neue Vorstellungen von Lebenszeitentwicklung ermöglicht, werden wir Kinder auch Eltern für unsere Eltern. Für viele ist das eine merkwürdige und verwirrende Rollenumkehrung. Unser inneres Kind sagt uns, dass die Eltern auf *uns* aufpassen sollen.

Francine war eine 35-jährige Frau, die wusste, was Elend bedeutete. Mit 29 Jahren, nach nur dreijähriger Ehe, wurde ihr unerwartet die Witwenrolle auferlegt, nachdem ihr Ehemann bei einem Jagdunfall ums Leben kam. Verständlicherweise brach für Francine die Welt zusammen. Sie war am Boden zerstört, doch mit der Zeit gelang es ihr, ihr Leben wieder in den Griff zu bekommen. Sie erzählte mir: „Nachdem diese Tragödie passiert war, habe ich die Welt mit anderen Augen gesehen. Und was ich sah, war, dass Liebe das Einzige ist, was bleibt, wenn Dir alles genommen wird. Nichts kann die Liebe, die ich weiterhin für meinen Mann empfinde, zerstören. Liebe ist das, was wirklich zählt.“

Folglich, als sie hörte, dass bei ihrer Mutter die Alzheimer'sche Krankheit diagnostiziert worden war, wusste sie sofort, dass sie ihre Pflege übernehmen würde. Dafür kündigte sie ihren Job, verließ ihr Zuhause in Kalifornien und zog zurück in ihr Elternhaus an die Ostküste. Ihre Schwestern waren nicht bereit und nicht in der Lage, dieses Opfer zu bringen. Aber Francine tat es aus Liebe. Sie erklärte: „Wenn Du jemanden liebst, hilfst Du ihm. Du tust alles für diesen Menschen in seiner Not.“

Francine pflegt ihre Mutter nun schon seit einigen Jahren, und es ist keine leichte Aufgabe. Sie putzt ihr die Zähne, sie zieht sie an, sie macht all die Dinge, die ihre Mutter einst für sie getan hat. Die Konfrontation mit solch einem plötzlichen Rollentausch ist schwierig, aber Francine schafft es, wenn sie weiterhin aus Liebe handelt.

Francine betrachtet ihre Bemühungen nicht als widerwilliges Opfer oder mit einem Beigeschmack von märtyrischem Stolz; sie fühlt sich gut mit der Wahl, sich um ihre Mutter zu kümmern. Sie sagt, „Ich habe mich von meiner Mutter immer geliebt gefühlt – sie hat es mir vorgelebt. Und nun gebe ich es zurück. Ich fühle mich dadurch stärker und friedvoller, im tiefen, inneren Frieden." Die Liebe, die Sie in ihrem Leben verschenken, wird zu Ihnen zurückkommen.

> Der innere Erwachsene weiß, wie er selbstlos lieben kann.

Vom Kind zum Elternteil

Ich habe einmal einen Roman gelesen, in dem die weibliche Hauptfigur eine dermaßen narzisstische Mutter war, dass ich mich durchweg abgestoßen fühlte und aufhören musste, das Buch zu lesen. Obwohl die Tochter in Not war, konnte die Mutter ihr keine Unterstützung bieten, weil sie zu sehr damit beschäftigt war, darüber nachzudenken, was andere Leute über sie denken würden.

Und mir fallen häufig Artikel in die Hände, die „Vaterlosigkeit aus Desinteresse" als Amerikas größtes soziales Problem erklären. Die desinteressierten und verantwortungslosen Väter versäumen es, ihren Verpflichtungen gegenüber ihren Kindern nachzukommen. Sie stellen ihre eigenen egoistischen Bedürfnisse an die erste Stelle. Die Konsequenzen sind in der Tat entsetzlich, denn die Abwesenheit des Vaters wird mit Gewalt, Schwangerschaften von Teenagern, Kriminalität und anderen sozialen Problemen in Verbindung gebracht.

Ein Kind großzuziehen ist mit permanenter Verantwortung verbunden, unabhängig davon, ob man sich danach *fühlt* oder nicht. Wenn Sie ein Kind in diese Welt setzen – und vergessen Sie nicht, dass dieses Kind nicht von alleine, sondern auf Ihre Einladung hin das Licht der Welt erblickt – stehen Sie in der Verantwortung für das Kind. Die bleibende Bindung sollte auf Liebe basieren, aber zumindest mit Verantwortung gewürdigt werden.

Erziehung sollte den Bedürfnissen des Kindes gerecht werden, nicht den eigenen. Wenn Sie Eltern werden, um ihre eigenen Bedürfnisse zu befriedigen, haben Sie die falsche Einstellung. Es ist gefährlich, wenn Teenager den Wunsch nach einem Kind idealisieren. Sie denken, „Oh, wäre es nicht toll, gebraucht zu werden. Würde es sich nicht gut anfühlen, mein eigenes Puppenkind zu versorgen, das mir das Gefühl von Wichtigkeit vermittelt."

Keiner sollte ein Kind haben, um sich älter oder jünger zu fühlen, seine unerfüllten Bedürfnisse zu stillen, die Ehe zu retten oder das Image aufzubessern. Ein Kind zu haben, es großzuziehen, hat nichts mit den eigenen Bedürfnissen zu tun.

Wahre Elternliebe ist ein Akt totaler Selbsttranszendenz. Aus diesem Grund ist Ihr innerer Erwachsener immer glücklich für sein Kind, möchte das Beste für sein Kind und ist nicht neidisch, wenn es Sie auf irgendeine Art und Weise übertrifft. Ich glaube, dass wahre Elternliebe die heiligste aller Formen von Liebe ist, vielleicht weil sie nachahmt, was Gott für uns, seine Kinder, fühlen muss.

Als ich all meine drei Kinder taufen ließ, lasen die Pfarrer Folgendes aus Kahlil Gibrans *Der Prophet*:

Eure Kinder sind nicht eure Kinder.
Sie sind die Söhne und Töchter der Sehnsucht des Lebens nach sich selber.
Sie kommen durch euch, aber nicht von euch,
Und obwohl sie mit euch sind, gehören sie euch doch nicht.

Ihr dürft ihnen eure Liebe geben, aber nicht eure Gedanken,
Denn sie haben ihre eigenen Gedanken
Ihr dürft ihren Körpern ein Haus geben, aber nicht ihren Seelen,
Denn ihre Seelen wohnen im Haus von morgen, das ihr nicht besuchen könnt, nicht einmal in euren Träumen.
Ihr dürft euch bemühen wie sie zu sein, aber versucht nicht, sie euch ähnlich zu machen
Denn das Leben läuft rückwärts, noch verweilt es im Gestern.

Ihr seid die Bogen, von denen eure Kinder als lebende Pfeile ausgeschickt werden.
Der Schütze sieht das Ziel auf dem Pfad der Unendlichkeit, und
Er spannt euch mit Seiner Macht, damit Seine Pfeile schnell und weit fliegen.
Lasst euren Bogen von der Hand des Schützen auf Freude gerichtet sein;
Denn so wie Er den Pfeil liebt, der fliegt,
So liebt er auch den Bogen, der stabil ist.

Aber natürlich, wir sind menschlich. Manchmal sind wir narzisstisch. Wir können nicht perfekt lieben, weil wir keine perfekten Menschen sind. Unsere Egos funken unserer Elternliebe dazwischen. Die Befriedigung und die Abhängigkeit unseres eigenen inneren Kindes wollen ausgelöst werden. Und unsere eigenen Belange und Verlustängste schweben ständig über uns.

Eltern zu sein hat immer mit Loslassen zu tun, immer mit Verlust, immer mit der Neudefinition der Beziehung zwischen Ihnen und Ihrem Baby, Ihrem Kleinkind, Ihrem Vorschulkind, Ihrem Grundschulkind, Ihrem Teenager, Ihrem fast und schließlich ganz erwachsenen Kind. Veränderung ist die einzige Konstante im Leben. Sie müssen gewillt sein, die schwierige Balance zwischen Festhalten und Lieben und gleichzeitigem Loslassen zu halten.

Ich habe einen Artikel mit dem Titel *Where Did My Baby Go?* geschrieben, weil ich in vielerlei Hinsicht das Gefühl hatte, mir würde etwas fehlen, als meine erste Tochter größer wurde, und der Mensch, der sie einmal gewesen war, einfach nicht mehr existierte. Fast fühlte ich mich verraten. Dieses Baby, das ich so sehr liebte, dieses pausbäckige, kahle, zahnlos lächelnde Wunderkind, hatte sich verflüchtigt. Sie hatte sich in einen kleinen, laufenden, sprechenden und fordernden Bären verwandelt. Schließlich verschwand auch dieser kleine Bär und entwickelte sich zu einem vollständig unabhängigen Teenager.

Das genau bedeutet Erziehung ... man genießt die Freuden jeder Phase und jeden Moments. Denn diese Phase wird vergehen. Dieser Mensch verwandelt sich in einen neuen, und Sie werden sich beeilen müssen, um mit den Veränderungen Schritt zu halten. Doch während dieser Zeit sind Sie als Eltern dafür da, die Entwicklung Ihrer Kinder zu unterstützen. Es ist nicht die Aufgabe Ihrer Kinder, Ihre Entwicklung zu fördern – das mag ein willkommener Nebeneffekt sein, ein extra Verdienst als Rückzahlung für all das Windelwechseln und die schlaflosen Nächte, denn mit großer Wahrscheinlichkeit wird Erziehung Sie unglaublich bereichern, doch das ist nicht der vornehmliche Grund dafür Eltern zu sein.

Der innere Erwachsene weiß, wie er sich verantwortlich zeigt und ein Kind erzieht.

Jenseits Ihrer Person, jenseits Ihres Partners und Ihrer Eltern, Ihrer Kinder und Ihrer Familie verbirgt sich mehr. Da gibt es Ihre Nächsten, die es zu lieben gilt.

Liebe Deinen Nächsten

In meiner Kirche bat eine Frau die Gemeinde, Lebensmittel zur Auslieferung für die ortsansässigen Suppenküchen zu sammeln. Wir haben das einige Monate lang getan und es war ein großartiges Gefühl. Es war nicht nur ein großartiges Gefühl, ein extra Glas Spaghettisauce zu kaufen, um es für die Sammlung mitzubringen, sondern auch zu sehen, wie andere ihre Gläser am verabredeten Sonntag mitbrachten. Es schien, als würde die Anzahl der Teilnehmer größer als die Summe der gesammelten Teile.

Als diese Frau jedoch nach Kalifornien zog, nahm niemand ihren Platz ein, um die Sammlungen zu organisieren. Als ich diese Entwicklung sah, dachte ich zuerst, „Das ist wirklich schade. Ich vermisse diese Sammlungen." Dann fing es an, mich ernsthaft zu ärgern, und ich fragte den Pfarrer, ob wir die Sammlungen fortführen würden. Er antwortete darauf, dass sich niemand freiwillig gemeldet hatte, um das Projekt zu übernehmen.

„Hmmm", dachte ich. Und dann, „Oh, nein, ich kann mich unmöglich darum kümmern. Ich bin viel zu beschäftigt. Mein ‚Teller' ist zu ‚voll'." Ich habe Dutzende von Ausreden gefunden, um mich nicht darauf einlassen zu müssen.

Aber dann fing ich an, über Liebe nachzudenken ... darüber, meine Nächsten zu lieben, den Menschen in Not zu helfen, darüber, wie „eigenes Glück verpflichtet." Zusammen mit einem anderen interessierten Kirchenmitglied entschied ich mich daher, die Mobile Nachbarschaftshilfe formell zu organisieren.

Sie hat sich letztlich als die einfachste ehrenamtliche Tätigkeit herausgestellt, die möglich ist – aber mit der größten Wirkung. Jeden Monat muss man lediglich eine der ortsansässigen Sozialeinrichtungen auswählen und fragen, was sie braucht (ein oder zwei Dinge funktionieren am besten), die Gruppe über das Sammeldatum und den Bedarf informieren (durch den Newsletter, das Schwarze Brett oder andere

Gruppenkommunikationswege) und dann die Sachen einsammeln und zum verabredeten Zeitpunkt ausliefern. Die Sache ist ein Kinderspiel.

Es entwickelt sich aber zu mehr als einfach ein Paar Handschuhe zur Heilsarmee zu bringen. Es wird zu einem Zusammenschluss mit anderen, um etwas zu verändern. Es geht darum, persönlich Einfluss auf das Leben derer zu nehmen, die momentan weniger Glück haben als man selbst. Es geht um Nächstenliebe.

Ich fordere jeden, der diese Zeilen liest, auf, das Gleiche zu tun. Jeder kann jederzeit solch eine Auslieferung organisieren. Sie müssen nicht einer Kirchengemeinde angehören, um ein Programm dieser Art ins Leben zu rufen. Fangen Sie am Arbeitsplatz damit an. Initiieren Sie es mit irgendeinem Verein oder einer sozialen Einrichtung. Es gibt nichts Schlimmeres als herumzusitzen und zu wissen, dass Sie helfen sollten, sich aber nicht sicher sind wie oder das Gefühl haben, dass Ihnen die Zeit fehlt.

Nehmen Sie sich die Zeit. Finden Sie kleine Möglichkeiten zu helfen. Treten Sie in Aktion. Sie werden sich besser fühlen. Und fühlen Sie sich nicht nur an den Feiertagen dazu motiviert. Denken Sie daran, das ganze Jahr über zu geben.

Sie können natürlich noch mehr machen, als zu sammeln und auszuliefern. Denken Sie einmal darüber nach, direkt am Leben Ihrer Nachbarn in Not teilzunehmen, wie zum Beispiel durch ein Mentorenprogramm oder eine Patenschaft, ein Hospiz, ein Krankenhaus, ein Alten- oder Obdachlosenheim. Lassen Sie die Ideen wachsen. Wie sieht es mit den Nachbarn aus, die weit entfernt wohnen? Wie wäre es mit einer Patenschaft für ein bedürftiges Kind im Ausland? Was ist mit einer Spende für die Menschen, die unter Naturkatastrophen leiden, wo auch immer sie auf der Welt leben?

Sobald Ihr Herz anfängt zu wachsen, ist das Wachstum grenzenlos.

> Der innere Erwachsene weiß, dass wir alle miteinander verbunden sind.

Versuchen Sie Folgendes ...

Das nächste Mal, wenn ein neuer Nachbar in Ihre Nachbarschaft oder Ihr Haus zieht, backen Sie eine Kuchen oder Kekse und übergeben Sie diese mit einem Lächeln und einem Willkommensgruß. Es wird die Nachbarn umhauen und Ihnen ein tolles Gefühl vermitteln!

Der Welleneffekt

Jeden Sommer machen meine Familie und ich an einem kleinen, abgelegenen See in New Hampshire Urlaub. Und jeden Sommer gehört es zu meinen Lieblingsbeschäftigungen, mit dem Kajak in eine ruhige Bucht zu fahren und dort zu verweilen, versunken in die Schönheit der Natur. Ich tauche meinen Finger in das kalte Wasser des Sees und das gesamte Bild der Oberfläche verändert sich plötzlich, während eine einzige Stelle durch meinen Finger Wellen hervorruft, die sich fortlaufend vergrößern und verteilen. Ich lasse mein Paddel ins Wasser sinken, was sich unmittelbar auf die Fische und Wasservögel um mich herum auswirkt. Ich beeinflusse damit, wie subtil auch immer, meine Umgebung.

Deshalb ist es ein wichtiger Ausdruck von Liebe, diese enge Verbindung zwischen uns und unserer Umgebung zu verstehen und zu würdigen. Folglich müssen wir unsere natürlichen Ressourcen schützen, uns verantwortlich zeigen mit „weniger verbrauchen, wieder benutzen, wieder verwerten“, wie es so schön in einem Vorschullied meines Sohnes heißt. Die Kultur der Ureinwohner Amerikas demonstriert uns, wie wir unsere Mutter Erde ehren und segnen, für ihre Spende danken und ihre Grenzen respektieren sollen.

Noch etwas anderes passiert, wenn ich mit dem Kajak auf dem See bin. Gelegentlich fährt ein Motorboot oder auch nur ein Kanu vorbei und jedes Mal ist die Wirkung auf mich enorm. Nur wenige Minuten danach werde ich plötzlich durch die Wellen, die sie erzeugen, durchgeschüttelt. Ich bin wieder einmal beeindruckt, wie eng wir alle miteinander verbunden sind. Sie fahren vorbei und ich bin im wahrsten Sinne des Wortes „bewegt“.

Dies passiert überall, jeden Tag. Wir müssen selbst die Kraft der kleinsten Begegnungen wahrnehmen, da jede einzelne Erledigung im Supermarkt, in der Drogerie, der Bank, der Reinigung etc. uns auf irgendeine Weise beeinflusst. Der Energieaustausch im Alltag ist ansteckend. Wenn Sie sich barsch und garstig benehmen, verbreitet sich das Gift langsam wellenartig weiter. Und umgekehrt, wenn Sie höflich und freundlich sind, verteilt sich dieses Wohlwollen ebenfalls in so einem langsamen Welleneffekt.

Wie man in den Wald hereinruft, so schallt es heraus

Kürzlich habe ich den Welleneffekt deutlich gespürt, als ich mit meinen Kindern in einem Discount-Markt war. Ich war in Eile, weil wir schon zu spät für einen Termin waren, und ich kam mit meinem einen Artikel im gleichen Moment an die Kasse wie eine Frau mit ungefähr zehn Sachen.

„Würden Sie uns vorlassen?" fragte ich. „Wir sind in großer Eile."

„Ich ebenfalls", zischte die Frau zurück, obwohl sie es offensichtlich nicht war.

Sie bummelte vor uns hin, packte langsam ihre Sachen einzeln auf das Fließband. Mein Magen verkrampfte sich. Ich fühlte mich schikaniert und beleidigt. Als wir endlich unseren Einkauf erledigt hatten, rannten wir wie wahnsinnig zum Auto, und ich sah die Frau mit einem Grinsen im Gesicht langsam über den Parkplatz schlendern.

Ich bekam Beklemmungen. Mir wurde schwer ums Herz. Es ist wahr, dass ich für meine eigenen Antworten verantwortlich bin. Ich konnte ihr nicht die Schuld für mein Verhalten zuweisen. Ich habe es schließlich geschafft, im Auto tief Luft zu holen, ein, zwei Gebete zu sprechen und mich dann an meinen inneren Erwachsenen zu wenden, damit er mir aus dieser Situation half.

Stellen Sie sich den Unterschied vor, wenn die Frau gesagt hätte: „Oh, ja, natürlich, bitte gehen Sie vor. Kein Problem." Ich hätte mich erleichtert, unterstützt und bestätigt gefühlt in meinem Glauben an die Großzügigkeit der Menschen. Ich hätte das Geschäft dankbar und erfreut verlassen. Oder selbst wenn die Frau gesagt hätte, „Nein, ich kann Sie nicht vorlassen, es tut mir sehr leid. Ich bin schrecklich in Eile, da meine kranke Schwiegermutter auf mich wartet und Angst hat allein zu sein. Ansonsten hätte ich Ihnen gern geholfen.“ Nun, das hätte ich natürlich verstanden und Mitgefühl gehabt mit jemandem, der zu viele Dinge auf einmal unter einen Hut zu bringen versucht, so wie ich selbst. Aber stattdessen erhielt ich eben völlig unbegründet eine Abfuhr.

Bei jedem einzelnen Kommunikationsprozess haben wir die Möglichkeit, gute Stimmung zu verbreiten. Versuchen Sie, beim nächsten Mal, wenn Sie die Drogerie verlassen, der Kassiererin ein Kompliment zu machen – „Was für schöne Ohrringe Sie tragen“ oder „Vielen Dank für die rasche Bedienung heute, ich weiß es zu schätzen.“ Es ist nicht mehr Aufwand nett zu sein als gemein. Sie verschönern jemandem den Tag und der karmische Effekt verbreitet sich um ein Zehnfaches. Energie ist *ansteckend*, im positiven wie im negativen Sinne.

Seltene Geschenke der Liebe

Verteilen Sie ein wenig Liebe. Es ist so leicht und jedem geht es damit besser. Eine Möglichkeit, dies zu tun, ist die Einführung einer kleinen, ganz bewussten Routine in den Alltag: Verteilen Sie Liebesgaben. Sie haben wahrscheinlich schon von den „Seltenen Akten der Freundlichkeit“ gehört; nun denken Sie doch einmal nach über solche „Seltenen Gaben der Liebe“ nach. Das Ziel ist Liebe, das Ziel ist, ein Geschenk zu machen. Es muss nichts Großes oder Eindrucksvolles sein; vielleicht ist es so etwas Einfaches, wie dem Kollegen eine Tasse Kaffee einzuschenken. Vielleicht bedeutet es, jemandem ein Kompliment für das neue Kleid zu machen. Der Empfänger erkennt möglicherweise noch nicht einmal, dass ihm ein Geschenk gemacht wurde, aber das ist irrelevant. Sie wissen, dass Sie etwas Kleines, Subtiles, jedoch Wirkungsvolles gegeben haben. Sie sind erfüllt von der Liebe, die die Motivation hinter dem Geschenk war.

Pfeifen Sie, wenn Sie ein Ladengeschäft betreten. Geben Sie einen positiven Kommentar zum Wetter ab. Antworten Sie mehr als nur „gut“, wenn Sie von einem Verkäufer nach Ihren Befinden gefragt werden oder ob Sie alles gefunden haben, was Sie brauchen. Ergreifen Sie die Chance. Gucken Sie, was passiert. Sie brauchen noch nicht einmal etwas zu sagen ... segnen Sie Menschen im Stillen, überschütten Sie sie mit Wünschen für Frieden und Wohlstand. Wenn Sie eine Sirene hören, segnen Sie die Menschen in Not.

Wenn Sie diese „Geschenk"-gebende Praxis in Ihr alltägliches Leben einführen, werden Sie von den Ergebnissen überrascht sein. Energie zieht Energie an. Wenn Sie von sich aus Liebe in die Welt strömen lassen, wird die Welt sie in Ihre Richtung zurückfließen lassen. Das, was Sie ins Universum geben, wird zu Ihnen zurückkommen.

> Das Erwachsenen-Ich weiß, wie es Liebe verbreiten kann.

Gott ist Liebe

Ich vermute, dass keine Diskussion über Liebe ohne die Erwähnung von Gott komplett ist. Ich benutze den Begriff Gott, aus der jüdisch-christlichen Tradition kommend, aber ich könnte ebenso leicht Allah, Jehova, Großer Geist, Höhere Macht, die Göttin, die Ewige sagen oder irgendeine andere Anrede benutzen, um das Heilige zu beschwören. Mein ehemaliger Pfarrer hat oft behauptet, dass Gott nicht Gottes Name ist, sondern nur unserer für das, was größer ist als wir, aber in jedem von uns repräsentiert wird.

Was die Liebe anbelangt – wenn Sie sich dafür entscheiden, der Liebe treu zu bleiben, wenn Sie sich dafür entscheiden, die Erde zu lieben, Ihre Nachbarn, Ihre Feinde, Ihre Familie und sich selbst – wählen Sie, ein Ausdruck von Gott zu sein.

> ***Versuchen Sie Folgendes ...***
>
> Vergeben Sie für die folgenden sieben Tage willkürlich jeweils ein Geschenk der Liebe. Bedenken Sie sich selbst, Ihren Partner, Ihre Eltern, Ihre Kinder, einen entfernten Bekannten und/oder einen Fremden. Das Geschenk sollte klein, aber bedeutend, gezielt und doch subtil sein. Es könnte ein Brief, Anruf, überraschender Besuch, spontaner Kauf, eine Tasse Kaffee einzuschenken, einem Freund den Rücken zu kratzen, einen Beileidsbrief an einen Fremden zu senden ... seien Sie kreativ.

Der Empfänger muss nicht wissen, dass Sie es waren, aber Sie wissen, dass es ein Geschenk der Liebe ist. Achten Sie darauf, wie Sie sich fühlen, während Sie diese Zeichen der Liebe verschenken. Wie beeinflusst es Ihre Woche?

Listen Sie Ihr Geschenk für jeden Tag auf.

Geschenk	Tag	Empfänger
Sonntag		
Montag		
Dienstag		
Mittwoch		
Donnerstag		
Freitag		
Samstag		

Außerdem ist ein Teil dieser Liebe die Wahrheit, das absolute Wissen darum, dass Gott Sie liebt. Es gibt eine Beratungssparte, die sich auf die biblische Theologie und insbesondere auf Gottes Liebe und Hilfsbereitschaft im therapeutischen Prozess bezieht. Christliche Berater sind überzeugt davon, dass sich das Verlassen auf typische Techniken der weltlichen Beratung, wie zum Beispiel Methoden das „Ermächtigen des Patienten“ oder die „Suche nach Eigenliebe“, hohl klingen und das Ziel nicht erreichen. Christliche Berater zählen stattdessen auf die Kraft Gottes, um ihre Patienten zu überzeugen, dass sie tatsächlich liebenswert und der Mühe wert sind. Und manchmal ist für die, die sich als nicht liebenswert erachten, die Erkenntnis, dass Gott sie liebt, genau das, was sie brauchten.

Das Gefühl von Gott geliebt zu werden, ist jedoch nicht das alleinige Wissen von Christen. Menschen aller religiösen Traditionen, die sich des Heiligen bewusst sind, wissen im tiefsten Inneren, dass Gott sie liebt und beschützt. Das bedeutet, dass wir nicht nur in Zeiten von Freude und Feier geliebt werden, sondern auch in Zeiten von Angst, Verlust, Terror und Elend.

Fühlen *Sie* sich von Gott geliebt? Was würde es für Sie und Ihr Leben bedeuten, von Gott geliebt zu werden? Unsere vierte und letzte Säule untersucht das Thema Spiritualität. Wir werden die vielen komplizierten Wege, die zu Gott führen, analysieren, um ein Leben zu schaffen, das im Geist und in der Hingabe zum Heiligen verwurzelt ist.

Die Säule der Liebe im Überblick

Während die Liebe des inneren Kindes bedeutet, unsere eigenen Bedürfnisse erfüllt zu bekommen, bedeutet die Liebe des Erwachsenen-Ichs, die Bedürfnisse anderer zu erfüllen. Beide sind wesentlich für die wahre Liebe.

Die wahre Liebe beginnt damit, sich selbst zu lieben. Der innere Erwachsene liebt und pflegt Sie, wissend, dass Sie wertvoll, der Mühe wert und liebenswert sind (unabhängig davon, was Sie jemals an gegenteiligen Aussagen gehört haben). Libby Roderick singt ein Lied namens *How Could Anyone*, dessen Text lautet: „Wie kann Dir irgendjemand jemals sagen, dass Du weniger als schön bist? Wie kann Dir irgendjemand jemals sagen, Du bist weniger als ganz?“

Sich aus dem Innersten geliebt zu fühlen, macht Sie frei, Liebe nach außen fließen zu lassen. Überschütten Sie Ihren Partner mit Liebe. Überschütten Sie Ihre Kinder und Ihre Eltern mit Liebe. Überschütten Sie Ihre Freunde, Nachbarn und Kollegen mit Liebe. Überschütten Sie Ihre Gemeinde, Ihr Land und Ihre Erde mit Liebe.

Sie werden es zehnfach zurückbekommen. Und, indem Sie Liebe auf diese Weise geben und empfangen, werden Sie zu einer Verkörperung des Göttlichen.

Lesetext

„Falls Du mich liebst"

von Elizabeth Barrett Browning

Falls du mich liebst, lass es aus keinen anderem Grund sein
Außer um der Liebe willen. Sage nicht
„Ich liebe sie für ihr Lächeln, ... ihr Aussehen, ... ihre Art
So sanft zu sprechen, ... für ihre Denkweise,
Die gut mit meiner harmoniert, und die gewiss an so einem Tag
Ein Gefühl angenehmer Entspannung mit sich bring" –
Denn alle diese Dinge selbst, Geliebter, können sich
Möglicherweise verändern oder ändern sich für Dich, – und eine
Liebe, dadurch kunstvoll gefertigt
Kann auch genauso zerbröckeln. Liebe mich auch nicht, weil
Dein eigenes liebevolles Mitgefühl, mir meine Wangen
Getrocknet hat, –
Ein Geschöpf könnte vergessen zu weinen, wenn es
Deinen Trost so lange angenommen hat, und dadurch deine
Liebe verlieren!
Liebe mich nur um der Liebe willen, damit du immerfort
Weiterlieben mögest, bis hinein in die Ewigkeit der Liebe.

Visualisierung

Bereiten Sie Ihren Körper auf Entspannung vor. Strecken Sie Ihre Arme weit über den Kopf. Dann strecken Sie sie zur Seite aus. Lassen Sie die Arme hängen und kreisen Sie Ihren Kopf von einer Seite zur anderen

Seite. Bringen Sie Ihren Körper in eine bequeme Lage und schließen Sie die Augen.

Denken Sie an die Worte, die Sie gerade gehört haben. Woran denken Sie dabei? Hat der Text Gefühle hervorgerufen? Hat er Sie an eine Erfahrung aus Ihrem eigenen Leben erinnert? Lassen Sie alle Empfindungen zu.

Nun achten Sie auf Ihren Körper und darauf, wo Sie sich im Zimmer befinden. Achten Sie auf Ihre Atmung, wie Sie ein- und ausatmen. Spüren Sie die Luft um Sie herum und wie sie sich auf Ihrer Haut anfühlt. Hören Sie auf Geräusche um Sie herum. Nehmen Sie Gerüche wahr. Werden Sie *sinn-lich* und fühlen Sie Ihren Platz in der Umgebung. Fühlen Sie das Gewicht Ihrer Kleidung am Körper. Spüren Sie Ihr Körpergewicht am Boden oder auf dem Stuhl. Atmen Sie dreimal langsam durch. Ihr Bewusstsein geht auf eine Reise.

Stellen Sie sich vor, eine Treppe hinunter zu gehen. Sie gehen hinab, und wenn Sie unten angekommen sind, stehen Sie vor einer Tür. Die Tür öffnet sich und während Sie hindurchgehen, finden Sie sich am Meer wieder, an einem schönen Strand. Es ist später Nachmittag und die Sonne senkt sich dem Horizont zu. Sie schmecken die salzige Luft und fühlen die Gischt des Wassers auf Ihrer Wange. Sie hören die Laute der Möwen in der Luft. Sie spüren den Matsch aus Sand unter Ihren Füßen. Es ist friedlich und ruhig, nur das Meeresrauschen ist Ihre Musik.

Sie fangen an, am Strand entlang zu laufen. Es ist nicht überfüllt und Sie fühlen sich eins mit der Natur. Vor Ihnen entdecken Sie einen kleinen Kreis von Menschen, die sich an den Händen halten. Sie sind versucht, Sie anzusprechen. Während Sie sich der Menschentraube nähern, wird Ihnen bewusst, dass Sie jede Person im Kreis kennen. Jede Person ist jemand, der Sie in diesem Leben geliebt hat.

Sie sehen Menschen, die momentan in Ihrem Leben präsent sind, und Sie sehen Menschen aus der Vergangenheit, die nicht mehr Teil Ihres Lebens sind. Sie sehen verstorbene und noch lebende Menschen. Sie sehen Lehrer, vielleicht Ihre Großeltern, verflossene Partner, alte Freunde, frühere Kollegen – Menschen, die sich um Sie gesorgt, Sie geliebt, Ihr Leben auf irgendeine Weise geformt haben. Die Menschen sehen sie auf den Kreis zukommen und währenddessen öffnen sie den Kreis, damit Sie in ihn eintreten und in der Mitte stehen können.

Da stehen Sie nun und schauen jeder einzelnen Person in die Augen. Sie bewegen sich am Kreis entlang und lassen Ihre Augen auf jedem aus der Vergangenheit und Gegenwart ruhen. Sie fühlen sich von ihrer Liebe überflutet, umringt von lebenswichtiger Güte. Die Liebe umgibt Sie, umhüllt Sie, und Sie absorbieren das Gefühl von Anteilnahme, so dass es auch von Ihnen ausströmt. Schweigend danken Sie jedem dieser Menschen für die Rolle, die er in Ihrem Leben gespielt hat, wie kurz auch immer. Sie danken Ihnen für ihre Liebe.

Nach einer Weile öffnet sich der Kreis, damit Sie hinaustreten können. Sie lassen diesen Kreis der liebenden Menschen hinter sich, während Sie am Strand dorthin zurückkehren, wo Sie hergekommen sind. Sie fühlen deren Liebe aus Ihrem eigenen Körper strömen, Sie mit einem Gefühl von Zärtlichkeit erfüllen. In der Tat, Sie sind so sehr mit Liebe gefüllt, dass Sie sich so leicht fühlen, als ob Sie sich am Strand zurücktreiben lassen könnten. Sie schlendern Ihren Weg entlang der Küste zurück, atmen dabei die salzige Brise ein, fühlen den feinen Sprühnebel vom Meer, hören das Plätschern der Wellen. Sie fühlen sich ausgeruht und voll inneren Friedens.

Wenn Sie nun bereit sind, kehrt Ihr Bewusstsein auf einer Lichtwelle zurück in Ihren Körper. Spüren Sie Ihren Körper im Zimmer. Fühlen Sie, wie Ihr Geist und Körper sich erden und wieder eins werden. Wackeln Sie mit den Fingern und Zehen. Atmen Sie tief durch. Bewegen Sie langsam Ihre Arme und Beine von Seite zu Seite. Atmen Sie noch einmal tief durch. Lassen Sie eine vibrierende Energie sich ihren Weg durch Ihren Körper bahnen und sie wieder beleben. Ich werde bis fünf zählen, und wenn Sie dann bereit sind, können Sie Ihre Augen öffnen. Eins ... zwei ... drei ... vier ... fünf. Sie können Ihre Augen öffnen.

Tagebuch-Fragen

Kernfrage: Lieben Sie sich selbst? Leben Sie mit dem Wissen, dass Sie liebenswert sind? Woran erkennen Sie das?

Wenn Sie auf Ihr Leben zurückblicken: Ihre Ernährung, körperliche Bewegung, Schlafgewohnheiten, Zuhause, Arbeit, Freunde und der gesamte Lebensstil, würden Sie zu dem Ergebnis kommen, dass Sie sich lieben oder nicht? Falls nicht, wie können Sie Ihr Leben ändern, damit es widerspiegelt, dass Sie sich lieben? Oder wie müsste Ihr Leben aussehen, damit Sie wissen, dass Sie sich lieben?

- Was macht Ihnen am Geben von Liebe am meisten Angst?
- Was macht Ihnen am Empfangen von Liebe am meisten Angst?
- Was haben Sie in Ihrer Kindheit über Liebe gelernt?
- Wer ist jetzt Ihr Lehrer für die Liebe ... was lehrt er/sie Ihnen?
- Was lehren Sie andere über die Liebe?
- Welche Versprechungen versuchen Sie gerade in Ihrem Leben zu halten? Wie stehen Sie zu denen?
- Welche Versprechungen haben Sie in Ihrem Leben schon gebrochen? Wie geht es Ihnen damit?

Übungen

Das LAUB-Denkmuster: Versuchen Sie Wege zu finden, diese Technik bei der Säule der Liebe anzuwenden.

Beobachten Sie diese Woche und tragen Sie ein:

SITUATION	LÖSEN	AUFMERKSAMKEIT	UMORIENTEREN	BEWUSST HANDELN/ BEWERTEN
Was ist passiert?	Treten Sie zurück!	Wie habe ich mich zurückentwickelt (inneres Kind)?	Dran denken, dass die Dinge jetzt anders liegen könnten. Ich bin erwachsen.	Wie habe ich Gedanken/Verhalten tatsächlich verändert oder hätte verändern können? Wie hat es funktioniert?

Auflistungen: A. Listen Sie zehn Dinge auf, die Sie regelmäßig tun sollten, um für sich selbst zu sorgen, bisher aber nicht tun. Denken Sie über Dinge nach, die Ihnen wirklich *gut tun* würden (Sport, lange Spaziergänge, Kurzurlaube, Sportveranstaltungen, Meditation und Gebetszeiten, allein ins Kino gehen, singen oder tanzen, Karten spielen, ein langes, heißes Bad, Musik hören, auf die Berge oder das Meer schauen, zum Bespiel). Eine meiner Freundinnen sagte mir, dass sie in ihrer „Freizeit“ Rechnungen bezahlt und auf E-Mails antwortet. Natürlich, diese Aktivitäten müssen erledigt werden, aber sie stehen nicht gerade ganz oben auf der Liste, um die Ressourcen wieder aufzufüllen. Bedenken Sie, dass die Dinge zum Pflegen und Auftanken – was immer das sein mag – mehr als Luxus sind; es sind Notwendigkeiten, die Sie in einem facettenreichen Leben in Gang halten.

Wählen Sie nun zwei Dinge aus Ihrer Liste und versprechen Sie sich selbst, dass sie sie diesen Monat regelmäßig einführen. Halten Sie sich wirklich daran. Wie geht es Ihnen damit?

B. Listen Sie zehn Eigenschaften auf, für die sie Ihre Freunde und Familienangehörige bewundern.

C. Liste Sie zehn Worte auf, um sich selbst zu beschreiben. Wie viele dieser Worte sind positiv? Wie viele dieser Worte sind negativ? Bei jedem negativen analysieren Sie, ob es wirklich wahr ist (ja, ich bin tatsächlich ein launenhafter Mensch) oder ob es eine Lüge ist, die Sie über sich selbst erzählen (ich bin dumm). Wenn es sich um eine Lüge handelt, nehmen Sie die Herausforderung an, wenn sie zur Sprache kommt. Falls es die Wahrheit ist, hinterfragen Sie den Nutzen dieser Eigenschaft. Ist sie irgendwie brauchbar? Ist sie destruktiv und in alten Kindheitstraumata verwurzelt? Stellen Sie sich neben sich und machen Sie eine ehrliche Inventur – was fällt Ihnen auf?

Verbringen Sie Zeit mit Älteren: Es ist so wichtig, Zeit mit Menschen zu verbringen, die ein oder zwei Generationen älter sind als wir. Viele andere Kulturen verehren ihre Alten. Wir stoßen Sie häufiger zurück. Ich ermutige Menschen, Zeit mit Älteren zu verbringen, seien es die eigenen Familienangehörigen oder Fremde aus einem Altenheim. Wir sollten die Bande zwischen den Generationen stärken. Unter den älteren Menschen unserer Gesellschaft zu sein erweitert unsere Sichtweisen über die Liebe für das Leben. Hören Sie einem Älteren zu und erleben Sie, was es an Geben und Nehmen bereithält.

Verbringen Sie Zeit mit Kindern: Ebenso bereichernd ist es, regelmäßig Zeit mit Kindern zu verbringen. Falls Sie keine eigenen Kinder oder Enkel haben, empfehle ich Ihnen, sich ehrenamtlich in einer Kindertagesstätte, Vor- oder Grundschule zu engagieren. Ziehen Sie in Betracht, eine ortsansässige Jugendsportgruppe zu trainieren oder einem Schüler Nachhilfeunterricht zu geben. Vielleicht können Sie sogar vor einer Schulklasse über Ihren Beruf oder ein ungewöhnliches Hobby referieren. Es gibt so viel mit Kindern zu teilen, und mit ihnen zusammen zu sein erweitert unsere Sichtweisen über die Liebe für das Leben. Hören Sie einem Kind zu und erfahren Sie, was dies an Geben und Nehmen bereithält.

Positive Affirmationen: Wählen Sie für sich mehrere Affirmationen aus, die liebenswert und voller Selbstwert sind. Schreiben Sie jede als positive Aussage im Präsens auf eine Karteikarte. Sie mögen diese Aussage momentan vielleicht nicht glauben, aber schreiben Sie sie trotzdem in der Gegenwart. Zum Beispiel, „Ich bin ein schöner Mensch" oder „Ich bin stark und unverwüstlich." Entwerfen Sie verschiedene positive Aussagen, die zu Ihnen passen oder Sie so beschreiben, wie Sie es glauben wollen.

Legen Sie sich die Karten ans Bett und lesen Sie sie jeden Morgen und Abend laut vor, jeweils wenn Sie aufwachen und kurz vor dem Schlafengehen. Halten Sie das eine ganze Woche durch. Beobachten Sie, was passiert.

Liebesbriefe: Schreiben Sie einen Brief an sich selbst von jemandem, der Sie liebt. Erklären Sie darin, warum er oder sie Sie liebt.

- Schreiben Sie in einem Brief an Ihren besten Freund oder Ihre beste Freundin, warum Sie ihn oder sie mögen.
- Schreiben Sie in einem Brief an sich selbst, warum Sie sich lieben und was Sie besonders auszeichnet.
- Schreiben Sie einen Brief an sich selbst als Säugling aus der Perspektive Ihrer Mutter.
- Schreiben Sie einen Brief an sich selbst von Gott, warum Gott Sie geschaffen hat und Sie liebt.

Kapitel 8

Säule IV – Himmelsleiter

Die Menschen sehen Gott jeden Tag, sie erkennen Ihn nur nicht.
– Pearl Bailey

Ich habe einmal mit einer Freundin darüber diskutiert, ob man ohne jegliche Spiritualität ein vollständig erfüllendes Leben führen kann. Sie argumentierte, ja, man kann glücklich sein – sie war vollkommen glücklich – und zwar ohne irgendein spirituelles Leben, ohne ein Gefühl für Gott, ohne religiöse Überzeugung. Obwohl ich ihren Standpunkt verstehen konnte, bin ich letztlich nicht ihrer Meinung. Ich glaube, dass das so genannte „Glücklichsein" ohne spirituelle Grundlage letztlich leer ist. Ohne ein spirituelles Leben als Anker für die Seele – ob Sie sich dessen bewusst sind oder nicht – fehlt etwas.

Ich vergleiche dieses Phänomen mit der folgenden Geschichte. Als ich als Kind in Texas aufwuchs, nahm mein Vater mich immer mit in einen winzig kleinen Laden namens Shanghai Jimmy's, der für sein Chili mit Reis berühmt war. Ich aß Chili und Reis ohne Bohnen oder andere Zutaten und ich liebte es. In der Tat, ich konnte mir kein besseres Chili vorstellen. Jetzt, viele Jahre später, liebe ich immer noch Chili mit Reis, aber ich esse es mit Bohnen, geraspeltem Käse, gehacktem Meerrettich und Mais-Chips und manchmal sogar mit scharfer Sauce. Und wissen Sie was, das Chili ist noch besser geworden. Damals liebte ich mein schlichtes Chili; heute mein üppiges.

Wenn ich die beiden Chilis vergleiche, sehe ich, dass mein heutiges Chili reicher, voller und abwechslungsreicher ist. Meine Geschmacksnerven reichen tiefer und weiter. Ich hätte niemals gewusst, was ich verpasst habe oder was kommen würde.

Sehen Sie, Sie können aufrichtig glücklich und zufrieden sein, und doch gibt es eine ganz andere Ebene des Daseins, die Sie stärker bereichert und zufrieden stellt.

Es ist so, als würde man glauben, dass es nur UKW im Radio gibt. Ihnen macht es Spaß, UKW zu hören; Sie sind vollständig zufrieden damit, UKW zu hören ... aber eines Tages entdecken Sie die Mittelwelle, und Ihnen eröffnet sich eine neue Welt.

Die Leere

Auf der anderen Seite gibt es die, die kein spirituelles Leben haben und eine unglaubliche innere Leere fühlen; sie scheinen alles zu besitzen, was sie sich wünschen und gleichzeitig ist ihnen sehr bewusst, dass etwas Lebendiges fehlt. Sie spüren ein Verlangen, eine Sehnsucht und suchen nach der Antwort auf ihren Schmerz. Der Dichter Rumi, ein Sufi aus dem 13. Jahrhundert, bringt diese Leere auf den Punkt:

> *„Jeder, der nicht in der Nähe von jemandem ist, den er liebt, versteht, was ich sage. Jeder, der sich von einer Quelle entfernt hat, sehnt sich danach zurückzukehren ...“*
>
> *– Rumi*

Einige Menschen versuchen die Leere mit extensivem Einkaufen, Essen, Trinken, Glücksspiel, Sex oder Arbeit zu füllen. Ich habe es selbst erlebt, dass nichts dieses bodenlose Fass füllen kann außer der Verbindung mit dem Heiligen Geist. Nur Gott – und wenn ich Gott sage, meine ich keinen auf einer Wolke sitzenden weißen Mann mit Bart; ich meine alles und jedes, das mit den Geheimnissen des Lebens verbunden ist: Erde und Meereswellen und Babylachen und Frühlingsbrisen und Herbstblätter und leidenschaftliche Gesten und die tiefe durch das Universum fließende kreative Energie, die unser Leben mit Ordnung und Rhythmus versorgt – alles von dieser Energie und mehr, benannt mit vielen Namen und Beschreibungen – nur dieser Gott kann letztlich das Verlangen unserer Seele zufrieden stellen.

Den Kurs festlegen

Doch wie können Sie diesen Gott kennen lernen? Welcher ist der kürzeste Weg? Einige Menschen werden Ihnen ganz einfach sagen, dass es nur einen Weg gibt, natürlich den, den sie selber gehen. Ich glaube jedoch, dass es nicht nur einen „richtigen" Weg zu Gott gibt, nicht den einzigen (Seelen-) rettenden Weg. Ich persönlich glaube, dass es viele Wege gibt, jeder gleich berechtigt, um mit der göttlichen Kraft Verbindung aufzunehmen.

Das erinnert mich an die häufig erzählte Geschichte von drei blinden Männern, die einen Elefanten berühren. Einer sagt, „Ich bin sicher, dass diese Kreatur lang und schlank ist und hinten Haare hat." Er fühlte den Schwanz. Ein anderer sagt, „Nein, Ich kenne die Wahrheit: Diese Kreatur ist robust und dick und breit." Er fühlte den Körper. Der letzte sagte: „Nein, nein, ich bin erleuchtet – diese Kreatur ist breit, aber dünn und trocken und papierähnlich." Er hatte das Ohr angefasst. Jeder fühlte etwas anderes, aber jeder versicherte, dass er die Wahrheit kennen würde. Jeder hatte teilweise Recht. Die Wahrheit war, dass es sich um ein und denselben Elefanten handelte. So ist es auch mit Gott, es gibt viele Arten, um die Wahrheit zu erleben, zu beschreiben und zu verkünden, aber es ist stets derselbe Elefant.

Bevor wir mit der Besprechung dieser Säule fortfahren, glaube ich jedoch, ist es wichtig, zwischen Religion und Spiritualität zu unterscheiden. Ich denke, dass beide entscheidend für das Leben des inneren Erwachsenen sind, obwohl sie tatsächlich sehr verschieden sind.

Religion – so wie ich sie verstehe – bedeutet das, was die Menschen geschaffen haben, um mit dem Heiligen Geist Kontakt aufzunehmen. Gemeint sind die Kirchen, Moscheen und Tempel, die Gemeinschaft der Menschen, die Überzeugungen und Glaubensbekenntnisse, die verbindenden Rituale. Religiös zu sein bedeutet, sich zur regelmäßigen Anwesenheit in der organisierten Kirche, Moschee oder dem Tempel Ihrer Wahl zu verpflichten. Es bedeutet die Verbindung zu und das Kümmern um eine Gemeinde von Gleichgesinnten. Es bedeutet die Unterstützung der Institution mit Ihrer Zeit, Ihren Talenten und Ihrem Geld. Es kann auch bedeuten, bestimmte Kleidung zu tragen, bestimmtes Essen zu essen, bestimmte Aktivitäten auszuführen. Und es kann bedeuten, Zeuge zu sein oder gar Teilnehmer der unvermeidlichen Politik einer solchen

Organisation. Religion ist seit jeher eine soziale und historische Kraft unserer Kultur. All dies kann, muss aber nicht, zu einer Beziehung mit dem Göttlichen führen.

Spiritualität auf der anderen Seite – so wie ich sie verstehe – ist die private und persönliche Beziehung, die man zum Göttlichen aufbaut, nur Sie und Gott allein. Es ist nicht nötig, einer „Religion" anzugehören, um diese Beziehung zu haben, es kann aber hilfreich sein. Typischerweise fördert eine spirituelle Praxis Ihre Beziehung mit und Verbindung zu dem Heiligen. Dies können private Rituale des Betens oder der Meditation sein, das Lesen inspirierender Literatur, das Hören von Musik, die Teilnahme an Workshops und spirituellen Kursen, die Entwicklung von spirituellen Freundschaften, Yoga oder andere Arten von Körpertraining, die Verbindung zur Natur. Das maßgeschneiderte spirituelle Leben kann mit einer Bandbreite von Aktivitäten gefüllt sein, die aus unterschiedlichen religiösen Traditionen herrühren.

Die Wissenschaft hat gezeigt, dass *beides*, Religion und Spiritualität, jeweils einen positiven Einfluss auf die Gesundheit, das Wohlbefinden, selbst auf die Lebenslänge haben. Dieser Beweis zeigt, warum diese Säule wichtig ist. (Um nicht zu sagen, dass es das Leben bedeutungsvoller macht.) Das Problem liegt darin, dass Religion und Spiritualität sehr kompliziert sind, manchmal verantwortlich für viel Schmerz und Leid in unserer Welt.

Einige Menschen sagen mir, dass sie spirituell sind, aber die Heuchelei der organisierten Religionen nicht tolerieren können. Andere erzählen mir, dass sie aus sozialen Gründen einer Kirche angehören, aber keine private Beziehung zu (oder auch nur den Glauben an) Gott pflegen. Wiederum andere berichten mir, dass sie Religion und Spiritualität kalt lassen und dass sie keine Verwendung für diesen Unsinn in ihrem Leben hätten. Ich glaube, es ist wichtig herauszufinden, was diese Säule in Ihrem Leben bedeutet, indem wir an den Anfang zurückkehren, das heißt zu untersuchen, mit welchem religiösen Hintergrund Sie aufgewachsen sind. Häufig, was auch immer geschieht, wie mit den meisten Dingen im Leben, bereiten unsere Kindheitserfahrungen die Realitäten unseres Erwachsenen-Daseins vor.

Versuchen Sie Folgendes ...

Stellen Sie die Entwicklung Ihres Glaubens entlang einer chronologischen Linie grafisch dar, mit der Geburt beginnend bis zum heutigen Jahr, die Höhen und Tiefen verbindend, auf und nieder wie eine Gebirgskette (oder stellen Sie sich ein spirituelles EKG vor, falls Sie medizinisch orientiert sind). Beachten Sie die Höhen und Tiefen auf Ihrer Glaubensreise. Gibt es überwiegend Höhen? Überwiegend Tiefen? Wo stehen Sie im Moment?

Die Macht der Vergangenheit

Eine Übung, die ich den Teilnehmern in meinen Gruppen und Workshops gern aufgebe, ist, drei Gottesbilder zu malen: Den Gott aus der Kindheit, den Gott aus der Jugend und den Gott der Gegenwart. Mit erstaunlicher Berechenbarkeit malen die meisten Menschen den Gott ihrer Kindheit als einen strengen, eher grimmigen Typen mit einem weißen Bart, der von den Wolken späht – oft mit einem Lichtblitz in seinen Händen, jederzeit bereit, ihn auf die Sündigen am Boden zu schleudern. Dieser Gott war rachsüchtig, eher böse, und war total unsympathisch. Kein Wunder, dass Erwachsene, die mit diesem Bild von Gott aufgewachsen sind, später Probleme mit organisierter Religion haben.

Leider verschließen sich viele Menschen, die negative Erfahrungen mit den Regeln gemacht haben oder sogar Angst hatten vor dem, was die Religion ihnen als Kinder zu bieten hatte, vor dem ganzen Thema. Anstatt nach einer neuen Beziehung zu Religion oder mit Gott zu suchen, lassen sie einer negativen Assoziation aus der Vergangenheit den freien Lauf. Mit anderen Worten, das verwundete innere Kind wiederholt sich, überzeugt, dass eine Kirche oder Synagoge ein schlechter Ort ist, besetzt von Abwertung und Zorn, gefüllt von fanatischen Menschen.

Genauso ist es, wenn ein Mensch eine schlechte Erfahrung mit einem Elternteil gemacht hat, sagen wir, eine emotional distanzierte, zurückhaltende, oder strenge Mutter hatte, findet eine unbewusste Projektion auf Gott statt, dass dieser himmlische Vater genauso handelt. Wir lernen von unseren Eltern – zumindest denken wir, dass wir es tun – wie die Welt, und vielleicht sogar der Himmel, funktioniert.

Ist es nicht möglich, dass dieser Ballast des inneren Kindes, wie Angst, Schmerz oder Wut, in Ihr psychologisches und emotionales Leben eingreift und so auch Auswirkungen auf Ihr spirituelles/religiöses Leben haben könnte? Vielleicht stellt sich jetzt eine negative Erfahrung mit Religion, oder mit Ihren Eltern, in Ihren Weg, sich auf ein spirituelles Leben einzulassen.

Oder möglicherweise war es nicht so sehr eine offenkundig negative Beziehung zur Religion, sondern eher eine oberflächliche oder nicht zufrieden stellende Erfahrung. Viele Menschen wachsen ohne eine organisierte Religion auf. Als Menschen scheinen wir geneigt zu sein, jemanden jenseits unseres begrenzten Horizonts zu verehren. Selbst unsere Kultur beeinflusst uns, irgendetwas anzubeten, und wenn es sich dabei nur um Geld und Macht handelt. Außerdem, während insbesondere Kinder einen angeborenen Sinn für das Heilige zu scheinen haben, wird dieser, wenn er nicht gefördert wird, mit der Zeit schwächer und schwächer.

Ob Ihre Vergangenheit nun sehr negativ oder eher positiv belastet ist, so liegt es immer noch an Ihnen, sich bewusst dafür zu entscheiden, dass die Dinge sich nun ändern. Es ist Ihre Entscheidung, eine persönliche spirituelle Beziehung mit allem, was heilig ist, zu entwickeln. Sie haben die Möglichkeit, die Last abzuwerfen, vergangene Vermutungen loszulassen und sich an eine neue Art von Erwachsenen-Spiritualität zu binden.

> ***Versuchen Sie Folgendes ...***
>
> Schaffen Sie Ihre eigenen Gottes-Bilder:
> Zeichnen Sie ein Bild von dem Gott Ihrer Kindheit.
> Zeichnen Sie ein Bild von dem Gott Ihrer Jugend.
> Zeichnen Sie ein Bild von Ihrem derzeitigen Gott.
> Wie beeinflussen diese Bilder Ihre jetzige Sichtweise von Spiritualität und Religion? Halten Sie diese Bilder zurück oder haben Sie sie integriert?

Generalüberholung für den Glauben

Als Spezialistin für Beratung in Trauerfällen ist mir aufgefallen, dass viele Menschen nach einem großen Verlust eine neue, neu gestaltete Spiritualität entwickeln. Plötzlich bricht eine Welt zusammen, die bis dahin einen Sinn gemacht hatte, und häufig schließt das den Glauben eines Menschen mit ein. An dieser Stelle bedarf es einer Generalüberholung für den Glauben.

Jeremy war ein 30-jähriger Verkaufsleiter, verheiratet, drei Kinder und alles in allem glücklich mit seinem Leben. Er und seine Familie waren auf dem Heimweg, ironischerweise von einer Beerdigung, als Jeremys Frau Marsha im Auto zusammensackte. Ihr Kopf fiel auf seinen Schoß. Jeremy dachte, dass sie vielleicht erschöpft war von der Beerdigung. Er rief, „Schatz, was ist los?“ Schweigen. „Was ist los?“ Marsha hatte einen Herzanfall. Nach einem dramatischen Manöver, an den Straßenrand zu gelangen, den Notarzt zu rufen, im Rettungswagen in die Notaufnahme zu fahren, starb Jeremys Frau im Krankenhaus. Sie hatten gerade ihren 18. Hochzeitstag gefeiert.

Das war vor über zehn Jahren. Jeremy hat danach einiges mitgemacht. Er hat gelernt zu trauern und drei Kinder allein großzuziehen. Er hat schließlich wieder die Schule besucht und wurde selbst Berater für Trauerfälle, um anderen helfen zu können. Aber sein Glaube war das, was sich am meisten veränderte. In gewisser Hinsicht wurde er weniger naiv, weniger kindlich. Seine Theologie wurde gespickt mit mehr Fragen und weniger Antworten. Aber er sagte mir, „Das bewirkt gute Spiritualität; es gibt keine Antworten, aber dafür immer besser werdende Fragen."

Er hat mir außerdem gesagt, „Es hat meinen Fokus und mein Bild von Gott dahingehend verändert, dass Gott einer ist, der mit Dir ringt und mit Dir in Deinem Schmerz spazieren geht." Und obwohl es jetzt einen Riss in seiner kosmischen Hülle gab, sagte er mir, diente dieser dazu, mehr Licht hereinzulassen.

Nach einem Tod, einer Scheidung oder dem Verlust des Arbeitsplatzes wird häufig der Glaube infrage gestellt, überarbeitet, verloren und wieder gefunden. Unser Gerüst dehnt sich aus. Für einige bricht das Gerüst erst einmal zusammen. Es muss möglicherweise unter Schmerzen wieder aufgebaut werden. Aber gewiss kann der Prozess des Zweifelns und des Ringens letztlich zu erneutem Glauben führen.

Glücklichweise bedarf es nicht eines großen Verlustes, um eine spirituelle Veränderung herbeizuführen. Unsere spirituellen und religiösen Leben können tiefer, stärker, komplizierter, reicher werden ganz einfach durch unsere Entscheidung, dass es so sein soll. Es passiert nicht willkürlich, sondern durch Wahl und Entschlossenheit. Ich glaube daran, dass die, die ernsthaft suchen, finden werden.

Die Erinnerung an Religion

David kam in einem schrecklichen Zustand zu mir. Er trank zu viel Alkohol und rauchte zu viel Marihuana, hatte Probleme, sich bei der Arbeit zu konzentrieren, und war gerade von seiner Freundin vor die Tür gesetzt worden. Er sprach von einer inneren Leere, einer Sehnsucht nach „mehr" in seinem Leben. Im Laufe unserer Arbeit fragte ich David, ob er sich vorstellen könnte, nach einer Kirche zu suchen. Er ist in keinem bestimmten Glauben erzogen worden, folglich ist ihm noch nicht einmal der Gedanke gekommen, die Suche nach einer religiösen Gemeinde in Betracht zu ziehen. Doch dadurch, dass er glücklicherweise keinen negativen Ballast aus der Vergangenheit bezüglich Religion mit sich schleppte, willigte er ein, zu einem Sonntagsgottesdienst zu gehen und sich anzuschauen, was dort passierte.

Obwohl er sich anfänglich merkwürdig vorkam, ging David zu Gottesdiensten in verschiedenen Kirchen, um zu forschen und zu experimentieren. Schließlich fand er eine Gemeinde, in der er sich willkommen fühlte; er war erstaunt über die Dimension der Verbundenheit, die sein Leben bereicherte. Gleichzeitig reduzierte er den Alkoholkonsum und hörte vollständig auf, Marihuana zu rauchen. Er hatte eine Religion für sich gefunden, doch sein spirituelles Leben entwickelte sich langsamer. Er erzählte, dass er sich beim Beten komisch vorkam. Es fiel ihm noch schwer, seine Dankbarkeit für den Segen in seinem Leben gegenüber einem Gottheit zum Ausdruck zu bringen. Er war sich unsicher, was er über Gott dachte. Aber er war offen dafür, ein spirituelles Leben zu entwickeln, sowie er offen war, eine neue Religion zu entdecken. Und obwohl er viele Fragen und Zweifel hatte, war er bereit, diese beiseite zu schieben, um das warme, umhüllende, friedliche Gefühl zu erfahren, das er in der Kirche hatte.

An den Glauben gLAUBen

Manchmal passt das, womit wir aufgewachsen sind, nicht mehr zu uns. Wie eine Schlange, die sich während ihres Wachstums häutet, müssen wir Gedanken ablegen, die nicht mehr funktionieren oder uns im Wege stehen und uns zurückhalten. Das ist der Zeitpunkt, auch die Religion zu überdenken.

Martha ist katholisch erzogen worden und erinnert sich, panische Angst vor den Nonnen gehabt zu haben, die ihr mit einem Lineal auf die Hände schlugen, wenn sie sich nicht benahm. Als Erwachsene versuchte sie mit ihrer Religion zurechtzukommen, aber sie konnte nie die Verbindung herstellen. Sie heiratete. Sie erzog ihre Kinder ohne Religion. Doch als sie älter wurde, wurde ihr bewusst, dass etwas in ihrem Leben fehlte und sie begann, ihren Glauben zu überprüfen.

Mit der LAUB-Methode *löste* sie sich, trat zurück von der Situation und sah, dass es eine Lücke gab. Sie erkannte, dass ihre negativen Kindheitserfahrungen mit den Nonnen seitdem praktisch ihr gesamtes religiöses Leben beeinflusst hatten. Sie sah, dass ihr Ballast mit der katholischen Kirche die Ursache war, jegliche Form von Religion zu verweigern – sogar die religiöse Erziehung ihrer Kinder.

Martha hatte sich durch ihr Bewusstsein dafür, dass die Dinge nun anders lagen, *umorientiert* zu ihrem inneren Erwachsenen. Sie war nicht mehr das ängstliche Kind, das dem gelehrten Dogma ausgeliefert war. Sie war eine erwachsene Frau, die ihre eigenen bewussten Entscheidungen treffen konnte. Sie konnte forschen und auswählen, womit sie sich wohl fühlte. Sie fragte sich selbst, „Ist es nicht möglich, dass ich heute eine vielschichtigere Vorstellung von Gott und Religion haben kann?"

Folglich *bewertete* sie alles, indem sie sich auf eine spirituelle Reise begab. Sie erforschte östliche Religionen und moderne Philosophien genauso wie traditionelle westliche Religionen. Sie fing an zu beten und war glücklich, ein ausgeprägtes spirituelles Leben zu entwickeln.

Dennoch fehlte ihr immer noch etwas, und für sie war das die religiöse Gemeinde, der sie sich zugehörig fühlen konnte. Ein persönliches spirituelles Leben zu führen war toll, aber sie befürchtete, durch das einsame Praktizieren einer Art von spirituellem Narzissmus zum Opfer zu fallen. Sie brauchte eine Gruppe Gleichgesinnter, um die Reise gemeinsam anzutreten.

Nach einer langen Suche landete sie im Alter von 56 Jahren schließlich in der religiös-liberalen Tradition der Unitarier-Universalisten-Kirche. Sich als „wiedergefundene Katholikin" beschreibend (ohne den Katholizismus kritisieren zu wollen, denn viele Menschen haben auch gegenüber anderen Traditionen eine negative Haltung), erklärte sie, dass sie sich fühlte, als wäre sie zu guter Letzt heimgekehrt, als sie die Unitarier-Kirche fand.

Hier gab es eine Gruppe von Menschen, die die Fragen und Zweifel ebenso würdigten wie die Antworten. Hier gab es offene und komplette Menschen.

Und für Martha bestätigte sich der letzte Schritt der LAUB-Methode, zu *bewerten*, in dem Ergebnis ihrer offenen Suche, einen Ort und eine Praxis gefunden zu haben, die Tiefe und Bedeutung in ihr Leben brachten. Es ist niemals zu spät, sich auf die Reise nach der richtigen religiösen Gemeinde für einen selbst zu begeben. Die Belohnung ist den Aufwand wert.

Auf der Reise zu einer Gemeinde und Göttlichkeit ist es nützlich zu wissen, dass es unterschiedliche Arten gibt, zu seinem Glauben zu stehen. Es gibt zwei klare Positionen – Inneres-Kind-Spiritualität und Innerer-Erwachsener-Spiritualität – beide sind wesentliche Aspekte in der Beziehung zu dem Heiligen.

Die Spiritualität des inneren Kindes

Das innere Kind ist, was den Geist angeht, offen und voller Bewunderung. Es ist nicht sonderlich an Beweisen, wissenschaftlichen Belegen, Logik oder Vernunft interessiert. Spirituelles Leben beinhaltet ein gewisses Maß an Glauben – das ist ein Sprung, der vielleicht wider jede Logik und Vernunft steht, aber auf einem tiefen „Wissen" beruht. Das innere Kind hat keine Angst vor solch einem Sprung, da es daran gewöhnt ist, aus dem Bauch heraus zu handeln.

Und von diesem Standpunkt aus zu handeln, einem Ort der reinen Intuition, kann extrem emotional sein. Wenn Sie vom Geist berührt und mit Gnade erfüllt sind, und wenn Sie das Wunder mit der Verletzlichkeit des inneren Kindes erleben, kann es Sie zu Tränen rühren und Ihnen den Atem nehmen.

Mit Gott wie ein Kind umzugehen bedeutet, dass wir uns für Trost, Stärke, Orientierung und Hilfe an Gott wenden. Mit offenen Händen im Bittgebet rufen wir Gott um Unterstützung an und sehnen uns nach der Liebe, die nur durch diesen himmlischen Elternteil geboten werden kann.

Deborah ist eine Frau, bei deren zwölfjährigem Neffen kürzlich ein Lymphom diagnostiziert wurde. Sie war anfangs von ihrem eigenen Leid, Schmerz und Angst übermannt worden. Dann machte sie sich den Schmerz und die Angst ihrer Schwester zu eigen gemacht. Schließlich wurde ihr bewusst, dass sie die Situation nicht alleine bewältigen konnte. Trotz Unterstützung von Freunden und Familie brauchte sie Verstärkung aus einer Quelle jenseits dieser Welt. Ihr innerer Erwachsener machte ihr schließlich klar, dass sie Hilfe brauchte, und zwar in diesem Fall göttliche Hilfe. Sie fing an, täglich in die Kirche zu gehen und ihre Gebete zu intensivieren. Das Ergebnis, sagte sie, war erstaunlich. Es kam ihr vor, als übergebe sie die Last an Gott, wissend, dass sie die Folgen nicht kontrollieren konnte. Es war befreiend und gleichzeitig beruhigend, eine heilige „Schulter" zum Anlehnen zu haben.

Während die Spiritualität des inneren Kindes – die Fähigkeit, sich vollkommen auf Gott zu verlassen – manchmal heilend sein kann, sollte sie nicht mit der Weihnachtsmann-Theologie, wie ich es nenne, verwechselt werden. Sie können Gott nicht für alles anbeten und hoffen, dass jedes Gebet erhört wird: So wie zum Bespiel, „Lieber Gott, bitte lasse mich im Lotto gewinnen." Gott ist kein Flaschengeist. Und Gott um Hilfe anzuflehen, die eigene Mutter während ihres Kampfes gegen den Krebs zu retten, und sie stirbt dennoch, bedeutet nicht, dass Gott verschwunden ist oder Ihre Gebete ignoriert.

Gott ist mit uns, selbst wenn es nicht danach aussieht. Vielleicht ist alles Teil von Gottes Plan, vielleicht auch nicht. Letztlich wissen wir nicht wirklich, warum die Dinge so passieren, wie sie es tun. Ich habe gewiss nicht die Antworten, aber ich habe gelernt, Geheimnisse zu tolerieren oder sogar zu schätzen. Ich weiß, dass Gott, wie auch immer, anwesend ist, als Unterstützung und Trost, um unsere Gebete für Stärke und Führung zu beantworten, um uns zu lieben und zu umsorgen, in guten wie in schlechten Zeiten.

Die Spiritualität des inneren Erwachsenen

Wenn Sie Ihr spirituelles Leben auf dem Niveau des inneren Kindes belassen, werden Sie nie erfahren, was es bedeutet, ein Leben zu leben, das in Spiritualität eingebettet ist. Ihre spirituelle Erfahrung zu erweitern, den Erwachsenen in Ihnen zu aktivieren, verlangt, Gottes Partner zu werden, als ein Co-Schöpfer auf diesem Planet.

Ich würde nicht so weit gehen und sagen, dass wir Gott „Ebenbürtige" wären; ich würde sagen, dass die Perspektivenverschiebung hin zur Mündigkeit darin besteht, sich selbst „wie" Gott zu betrachten, einen Imitator von Gott – einen Schöpfer und ein mitfühlendes Wesen. William Ellery Channing, ein großer Philosoph und Theologe des 19. Jahrhunderts, hat 1828 eine Predigt gehalten mit dem Titel *Likeness to God (Ähnlichkeit mit Gott)*. Er sagte:

> *Es ist auch offensichtlich, dass die Ähnlichkeit zu Gott die wahre und einzige Vorbereitung auf die Freude an diesem Universum ist. In dem Maße, wie wir uns an die Gesinnung Gottes annähern und ihr gleichen, werden wir mit der Schöpfung in Einklang sein; denn in diesem Maße besitzen wir die Grundlagen, aus dem das Universum entstanden ist; wir tragen die Vollkommenheit in uns, deren Ergebnisse und Erscheinungen in Schönheit, Großartigkeit, Ordnung, gütiger Anpassung und grenzenlosen Zielen zu*

finden sind. Einer verwandten Seele offenbart sich Gott in seinen Werken.

Stellen Sie sich uns als mit der größten Kraft im Universum verwandte Seelen vor. Dann können wir eine Fortsetzung Gottes werden, ein Kanal für Gottes Werk, Mitstreiter für Frieden, Liebe, Gerechtigkeit, Wahrheit und Heilung. Wir werden zu gleichartigen Seelen von Gott und haben einen gemeinsamen Auftrag.

Als ich das erste Mal diese Predigt las, war ich über den Gebrauch des Wortes „verwandte Seele" erstaunt. Es ist ein Wort, das kaum noch benutzt wird, aber für mich eine besondere Resonanz hat. Ich erinnere mich, wie viele junge Frauen, von Lucy Maud Montgomerys Büchern über *Anne von Green Gables* bezaubert gewesen zu sein. Ich erinnere mich, dort zum ersten Mal dem Begriff „verwandt" und dem Ausdruck „verwandte Seelen" begegnet zu sein.

Ich muss zugeben, dass ich seinerzeit nicht so sorgfältig gelesen habe, wie ich es hätte sollen. Ich habe mir nie die Mühe gemacht, das Wort in einem Wörterbuch nachzuschlagen. Aus dem Zusammenhang nahm ich an, dass es ähnlich, freundlich oder bekannt bedeutete. (Und erst später verstand ich, dass „bekannte Seelen" dem Ganzen eine andere Richtung geben würde.)

Ich habe niemals wirklich die Verbindung zwischen der von mir vermuteten Bedeutung von Gleichheit oder Ähnlichkeit und ihrer tatsächlichen Definition hergestellt. Aber irgendwann habe ich begriffen, dass die Beziehung, die dieses Wort beschreibt, über bloße Freundschaft hinausgeht und Verwandtschaft meint. Nachdem ich diese Ähnlichkeiten in der Bedeutung und dem Ursprung der Wörter erkannt hatte, war ich verwundert über die vielen Menschen, die sagten, dass sie mit Gott (oder Jehova oder Buddha oder Allah) oder seiner Botschaft bekannt seien. Haben sie verstanden, dass das, was sie tatsächlich über die Beziehung zu Gott ausdrückten, viel tiefer ging als sie dachten?

In meiner täglichen Arbeit habe ich gelernt, auf den Sprachgebrauch der Menschen zu achten. Und obwohl ich nicht die stereotype Therapeutin bin, die sich auf jede Wortwahl stürzt, um nach tiefen dunklen Geheimnissen zu suchen, ist Sprache wichtig. Es ist interessant, wie viel unsere Sprache über die Realität und unsere Wahrnehmung dieser verrät. Unsere Augen können für so viele Dinge geöffnet werden, wenn wir aufmerksamer werden – für unsere Gedanken, Taten und Worte.

Was uns einst fremd erschien, kann langsam vertrauter werden, mehr ein Teil von uns selbst werden, und wie viel stärker sind wir mit anderen verbunden als wir immer dachten.

In meiner Kirche habe ich jemanden die folgende Passage aus Robert Fulghums *It Was on Fire When I Lay Down on It* vorlesen hören. Hier enthüllt er die Antworten eines griechischen Gelehrten auf die Frage nach dem Sinn des Lebens:

> *„Als ich ein kleines Kind war, während des Krieges, waren wir sehr arm und haben in einem abgelegenen Dorf gelebt. Eines Tages habe ich auf der Straße die zerbrochenen Teile eines Spiegels gefunden. Ein deutsches Motorrad war an dieser Stelle zerschellt. Ich versuchte, alle Teile zu finden und sie zusammenzusetzen, doch das war nicht möglich, deshalb behielt ich nur das größte Stück. Dieses hier. Und durch das Schaben an einem Stein habe ich es abgerundet. Ich habe es als Spielzeug benutzt und war fasziniert von der Tatsache, dass ich Licht in dunkle Stellen reflektieren konnte, die sonst kein Sonnenlicht sahen – tiefe Löcher und Felsspalten und dunkle Schränke. Es wurde ein Spiel für mich, die unerreichbarsten Winkel zu beleuchten, die ich finden konnte. Ich behielt den kleinen Spiegel, und als langsam ich größer wurde, hatte ich noch meine Freude daran, ihn in ungestörten Momenten heraus- und die Herausforderung des Spiels anzunehmen. Als ich erwachsen wurde, begriff ich, dass es nicht nur ein Kinderspiel war, sondern eine Metapher für das, was ich mit meinem Leben machen könnte. Ich fing an zu verstehen, dass ich nicht das Licht oder die Lichtquelle war. Aber Licht – Wahrheit, Verstehen, Wissen – ist vorhanden, und es wird in vielen dunklen Ecken nur scheinen, wenn ich es reflektiere."*

Wenn man ein Gesandter Gottes ist, ein Mittler des Wohlwollens, bedeutet die Mission, Licht auf die Schattenseiten zu werfen. Aber Gott ist mehr als nur eine Kraft außerhalb des Selbst, etwas Größeres, für das man ein Sprecher wird. Die Spiritualität des inneren Erwachsenen lernt, dass Gott in einem selbst weilt, dass man von innen nach außen mit Gott verbunden ist.

Innere Göttlichkeit

Mit den anderen Säulen haben wir innen begonnen und uns nach außen vorgearbeitet. Mit der Säule der Verantwortung haben Sie gelernt, Ihr Innerstes zu beherrschen und die Verantwortung für sich selbst zu übernehmen, bevor Sie sich nach außen wenden und ein Forum für ein engmaschiges Netz der Verantwortung für andere werden können. Mit der Säule der Reife haben Sie gelernt zu vergeben und sich selbst zu akzeptieren – einschließlich aller Schwächen – bevor Sie anderen vergeben und die Gefühle auf eine höhere Ebene heben können. Und mit der Säule der Liebe haben Sie gelernt, sich zuerst selbst zu lieben, bevor Sie diese Liebe anderen zufließen lassen können. Zuerst die Orientierung nach innen zu suchen, ist ein gesunder Grundsatz. Sogar die Fluggesellschaften empfehlen, im Notfall zuerst die eigene Sauerstoffmaske anzulegen, bevor sie anderen helfen.

Mit der Säule der Spiritualität jedoch beginnen wir damit, uns etwas Größerem außerhalb von uns selbst bewusst zu werden. Durch den Blick außerhalb des Selbst, jenseits des Selbst, stellen wir die Verbindung zum Heiligen Geist her, die uns später zurück zum Inneren führen kann, zu dem Funken Göttlichkeit, der in uns glimmt. Jede Woche erinnert uns die Segnung der All Souls Kirche in New York City an Folgendes: „Denn das Licht Gottes scheint auf uns und aus uns heraus."

Es ist der Erwachsene in uns, der jenes Paradox erkennt, dass diese Lebensquelle das Selbst auf eine höhere Ebene hebt und gleichzeitig in ihm ist, dass das Königreich Gottes jenseits und doch in Dir weilt. Doch das deckt sich nicht mit der Vorstellung der heutigen Zeit, dass Sie Gott sind. Ich frage Sie, „Haben Sie die Bäume, die Jahreszeiten, die Sterne, das Universum erschaffen?" Nein, aber eine Energiemacht hat es getan. Und Sie sind ein Teil dessen.

Eine Frau, die mir über ihre Gedanken zur Spiritualität geschrieben hat, stimmt folgenden Zeilen zu:

> *Obwohl ich es manchmal brauche, Gott als liebende Vater-/Mutterfigur zu betrachten, gefällt mir die Vorstellung, Göttlichkeit in mir zu besitzen. Ich habe niemals wirklich darüber nachgedacht, bis eine meiner Lehrerinnen mich mit folgenden Worten herausgefordert hat: „Was bedarf es, damit Du glaubst, dass Du*

göttlich bist?" Zu dem Zeitpunkt habe ich gesagt, dass ich genug Schwierigkeiten mit der menschlichen Seite hätte! Doch mit der Zeit begriff ich, dass mir dieselbe Wahrheit in der Grundschule gelehrt wurde, dass wir „Tempel des Heiligen Geistes sind."

Heute weiß ich, dass jeder von uns Gott im Inneren besitzt, dass auch wir von dem Göttlichen berührt sind, „im Bildnis und in Ähnlichkeit geschaffen." Heute glaube ich wirklich, dass jeder von uns, unabhängig davon, wie schlecht oder sündhaft wir erscheinen mögen, Gott in sich trägt. Es ist unsere Wahl, diese Anwesenheit zurückzuhalten, nicht anzuerkennen oder wahrzunehmen.

Ich betrachte Gott als all das Gute auf der Welt, all die Liebe, die jeder von uns besitzt und ins Unendliche vergrößern kann. Ich betrachte und kenne Gott als die Quelle der Liebe, Inspiration und Kreativität. Ich sehe Gott als das Bindeglied, das unsichtbare Band. Somit hat mir mein Aufwachsen ermöglicht, Gott weit jenseits dessen zu sehen, was irgendeine Kirche oder religiöse Organisation mich lehren konnte. Ich sehe einen Gott ohne Grenzen, und diese Anwesenheit ist in mir!

Das Bewusstsein über diese innere Anwesenheit führt zu enormer Kraft und Stärke in Ihrem Leben. Ich habe einmal eine alte Wiederholung der Serie *Die Leute von der Shiloh Ranch* (glauben Sie's oder auch nicht) gesehen und in dieser Folge wurde dem Helden, Marshall Matt Dillon, in den Rücken geschossen. Sie haben ihn zur Behandlung mit dem Zug nach Denver gebracht, als dieser von Räubern überfallen wurde. Der „Doc" weigerte sich, Matt zu operieren, weil er sich zu alt fühlte, nicht die richtigen Instrumente hatte und so weiter ... aber die Zeit wurde knapp und sie waren noch immer nicht auf dem Weg nach Denver. Dann hat ein Pfarrer im Zug dem Arzt sinngemäß gesagt, „Natürlich können Sie nicht allein die Operation durchführen. Aber wenn Sie sich von Gott helfen und ihn durch sie arbeiten lassen, werden Sie in der Lage sein, den chirurgischen Eingriff vorzunehmen." P.S. Doc führte die Operation durch und Matt überlebte sie mit Bravour, gerade rechtzeitig, um den Bösewicht zu erschießen und den Zug zu retten. Der Punkt hier ist natürlich, dass Sie, wenn Sie sich mit Gott in Ihnen verbinden, eine

Kraft entwickeln, Berge zu überwinden, die ansonsten nicht bezwingbar wären. Aber wie verbinden Sie sich mit der ehrfürchtigen Kraft im Inneren? Wie lernen Sie Gott kennen? Wie erleben Sie die Anwesenheit des Göttlichen? Wie öffnen Sie sich für ein spirituelles Leben?

Eine Beziehung aufbauen

Ich gehörte einmal einer Gebetsgruppe an, die sich monatlich traf. Jedes Mal, wenn wir uns versammelten, begannen wir mit einer gezielten Eröffnungsfrage: „Wie ist heute Deine Beziehung zu Gott?" Jeden Monat beantwortete jeder von uns diese Frage anders. Eine Beziehung zu Gott zu haben bedeutet, sich zuerst seiner Anwesenheit bewusst zu werden ... sein Schaffen in dem lächelnden Gesicht eines Kindes zu sehen, seine Stimme in dem durch die Baumkronen tanzenden Wind zu hören, seine Gnade in einem saftigen reifen Sommerpfirsich zu schmecken.

Ich habe eine Freundin, die sagt, dass sie nicht auf Gott aufmerksam werden oder mit ihm sprechen kann, weil sie weder die Zeit noch die Energie hat. Sie hat den aufreibenden Job, auf ein zwei- und ein vierjähriges Kind aufzupassen. Sie glaubt, eine ruhige heilige Stätte haben zu müssen, eine Rückzugsmöglichkeit, um das Heilige anrufen zu können. Ich sage, dass sich Gott nicht ausschließlich im Himmel befindet. Er fordert keine spezielle fromme Ansprache. Gott ist anwesend, wenn Dein Zweijähriger ein Erdnussbuttersandwich auf dem Tisch zermanscht. Rede dann mit Gott. Gott ist anwesend, wenn Deine Vierjährige sich weigert, ihre Schuhe und Strümpfe anzuziehen, bevor sie zur Vorschule geht. Rede dann mit Gott.

Gott ist anwesend bei dem zum Tode verurteilten Häftling, ob er die Tat begangen hat oder auch nicht. Gott ist anwesend im Chaos und in der Ordnung. Gott ist anwesend in der Dunkelheit und im Licht. Warten Sie nicht, bis Ihre Welt heilig ruhig und geordnet ist, bevor Sie den ewigen Grund allen Seins suchen. Sie können Gott in Warteschlangen erkennen. Sie können mit Gott sprechen, während Sie an einer Ampel stehen. Sie können beim Zähneputzen beten oder beim Duschen. Es gibt keinen Grund zu warten.

Aber was schließlich passieren wird, wenn Sie erst einmal angefangen haben, die Anwesenheit Gottes überall wahrzunehmen, sich der Dinge bewusster und dankbarer zu werden für das Sonnenlicht und die frische Luft und die Frühlingsblumen, wenn Sie erst einmal fühlen, dass Gott Sie leitet und stützt, dann scheinen die schnellen dazwischen geschobenen Gebete nicht mehr genug zu sein. Ihnen wird bewusst, dass Sie „qualitative Zeit“ mit Gott brauchen. Sie müssen dieser wichtigen Beziehung die Priorität geben.

Spirituelle Praxis

Als ich einmal an einer Diskussionsrunde für Frauen teilnahm, sprachen wir über die „Verpflichtungen“ in unseren Leben, unsere Verträge, die Versprechungen, die wir halten (oder auch nicht). Die meisten sprachen über Verpflichtungen gegenüber ihren Kindern, ihren Ehemännern, ihrer Arbeit. Dann gab eine Frau leise zu, dass eine ihrer wichtigsten Verpflichtungen die gegenüber Gott sei.

Ich erinnere mich, von ihrem Kommentar sehr berührt gewesen zu sein. In unserer vornehmlich weltlichen Gesellschaft übersehen wir häufig unser Abkommen mit Gott, während andere Kulturen, insbesondere die des Mittleren Ostens, spirituelle Praktiken in ihren Alltag einfließen lassen haben. Diese Frau fuhr fort, dass ihre Verpflichtung Gott gegenüber für sie bedeutete, ein liebender und freundlicher und ehrlicher Mensch zu sein. Es bedeutete außerdem, sich der spirituellen Praktik zu verpflichten, täglich zu einer bestimmten Zeit mit Gott zu sprechen (Gebet) und Gott jeden Tag zu einer bestimmten Zeit zuzuhören (Meditation).

Ein Teil der Spiritualität des inneren Erwachsenen bedeutet, eine tiefe spirituelle Verpflichtung einzugehen – die Verpflichtung zu einem Leben voller Heiligkeit, zu einer religiösen Institution und zu einer regelmäßigen Erziehung, die Verbindung mit dem Heiligen aufzunehmen.

Ein Aspekt spiritueller Praxis ist das Gebet. Aber was genau bedeutet das Gebet? Ich habe einmal mit einem jungen Mann gesprochen, der für Ängste und Depressionen anfällig war, und ich habe ihm gesagt, dass in seiner Seele kein Platz für irgendeine Existenz jenseits seines Selbst zu sein scheint. Er hat das sofort bejaht. Er sagte mir, „Aber ich habe keine Vorstellung, wie ich beten kann. Ich habe das Beten niemals gelernt.“

Nun, Psalme und das Vaterunser zu rezitieren ist in der Tat wunderbar, aber ist das der einzige Weg zu beten? Ist das die einzige Art, von Gott erhört zu werden? Ich persönlich glaube nicht. Ich habe diesem jungen Mann geraten, einfach eine Unterhaltung mit Gott zu führen. „Reden Sie mit ihm wie Sie mit Ihrer Frau oder einem Freund reden würden. Sagen Sie einfach, ‚Hey, Gott, wie läuft es so?‘“

Das Gebet als spirituelle Praxis ist eine Auszeit von dem Wahnsinn dieser Welt und eine Zeit, um sich in der Tiefe der Seele zu zentrieren. Es ist die Zeit, um sich in Ruhe mit dem zu verbinden, was in dieser Welt zählt. Es bietet die Möglichkeit, in die Mitte zu gehen und zu fokussieren. Sie können Gebete der Dankbarkeit widmen. Sie können für andere, die in Not sind, beten. Sie können für Stärke, Anleitung und Führung beten. Letztlich geht es beim Beten nicht so sehr darum, was Sie bekommen, sondern darum, was aufgrund dessen aus Ihnen wird. Aber um das zu spüren, müssen Sie sich regelmäßig die Zeit für diese Pause in Ihrem Lebensrhythmus nehmen.

Versuchen Sie, sich zehn Minuten nach dem Aufwachen oder vor dem Schlafengehen zu nehmen. Sie werden feststellen, dass diese Zeit Ihnen irgendwann heilig wird, eine bewusste Phase der Reflektion, die für Ihre Erholung und Ihre Regeneration notwendig ist. Vielleicht werden Sie an einem bestimmten Punkt mehr wollen – zwanzig Minuten täglich für Meditation. Eine Stunde. Gewiss, es braucht die Bereitschaft und Disziplin, dies möglich zu machen genauso wie regelmäßig Sport zu treiben. Stellen Sie sich diese Zeit einfach als gesunden Sport für die Seele vor.

Andere spirituelle Praktiken schließen das Fasten, die Beachtung von Feiertagen, freiwillige Dienste und ehrenamtliche Tätigkeiten ein. Welche Rituale auch immer Sie entwickeln, um Ihre Seele zu erweitern und die Verbindung zu einem heiligen Geist herzustellen sind passend für Ihre spirituellen Praktiken.

Sie müssen an Ihrer Beziehung zu Gott ebenso arbeiten wie an jeder Beziehung zu einem geliebten Menschen. Und so wie in jeder Beziehung bedarf es Zeit, Aufmerksamkeit, Fokus und Setzen von Prioritäten. Ich will nicht behaupten, dass dies in unseren beschäftigen und ausgebuchten Leben leicht ist. Und gewiss werden Sie inneren Widerständen begegnen, wenn Sie an all die nervtötenden und unangenehmen Erinnerungen denken, die Religion und Gottessprache für gewöhnlich hervorriefen. Das ist der Zeitpunkt, wenn Sie die vier LAUB-Schritte hervorkramen sollten, um Sie von der Vergangenheit zu lösen und Sie zurück in die Gegenwart zu holen und zu erinnern, dass die Dinge heute anders sein können.

Die Belohnung, so glaube ich, ist ein tiefer Frieden, der dem Leben leuchtende Momente verleiht. Eine persönliche Beziehung zu Gott, dem großen Geist des Lebens, und eine Verpflichtung gegenüber einer religiösen Gemeinde kann uns über die mögliche Schinderei und den Kleinkram unserer Leben hinwegtragen. Was mich anbelangt, das Pflegen meiner eigenen religiösen und spirituellen Gärten macht mir die Gnade in meinem Leben bewusst und hilft mir zu spüren, dass ich nicht allein bin. Natürlich gibt es immer einiges Unkraut zu jäten, manchmal bin ich auch einfach zu müde, um den Garten zu pflegen. Aber die potenzielle Ernte für jeden von uns, wenn wir die Qualitäten unseres inneren Erwachsenen kultivieren, wie zum Beispiel Disziplin und Offenheit, die die Vergangenheit würdigen, aber von ihren Beschränkungen frei sind, ist eine Gabe, die hilft, unser Dasein zu verankern.

Spirituell gefestigt

In seinem Buch *Who Needs God* schreibt Harold Kushner, dass Freud einmal aufgefordert wurde, die Psychoanalyse in einem Satz zusammenzufassen, und darauf antwortete, „Wo Es ist, lass Ego sein." Ich habe gedacht, dass dies eine sehr erwachsene Position ist, da er die freie Wahl über den Instinkt stellt. Kushner schrieb, dass, wenn er die Bibel in einem Satz zusammenfassen sollte, dieser lautete: „Tue nicht, was Du fühlst; tue das, was Gott Dich machen lassen möchte." Auch eine sehr erwachsene Perspektive, wie ich hinzufügen möchte.

Wie erkennen Sie, was Gott Sie machen lassen möchte? Nun, Sie können davon ausgehen, dass Sie Gott generell liebend und vergebend und ehrlich und hilfsbereit sehen möchte. Außerdem können Sie davon ausgehen, dass es etwas Bestimmtes gibt, das Gott für Sie, und nur für Sie, vorgesehen hat. Wenn Sie qualitativ hochwertige Zeit mit Gott verbringen, wenn Sie an der Beziehung zu Gott arbeiten, wenn Sie sich Zeit zum Zuhören nehmen, werden Sie schließlich ein Gespür für seine Führung und Anweisung entwickeln. Sie werden Ihre Berufung fühlen oder „hören".

Die „Berufung" ist nicht nur für Pfarrer vorgesehen, wie so oft angenommen wird. Es kann eine Berufung zur Medizin, dazu, Menschen zu helfen, zum Künstler, Schriftsteller, Vater oder Mutter, Wissenschaftler, dazu, ein sozial engagierter Mensch zu sein – die Möglichkeiten sind endlos. Nur wenige Menschen haben mystische Berufungen, Wälder in Brand zu setzen, oder haben Visionen am Nachthimmel. Die meisten erhalten ihre Berufung dadurch, dass sie auf die leise innere Stimme hören, auf die Stimme der Intuition, die Stimme Gottes, die uns unaufhörlich anstößt und leitet. Sie wissen, dass es sich um eine Berufung handelt, wenn sich ein bestimmtes Gefühl in Kopf, Herz und Seele festsetzt und nicht weichen will. Selbst wenn Sie es abstellen wollten, bleibt es.

Natürlich können Sie einer Berufung widerstehen, wie es viele Menschen tun. Sie denken vielleicht: „Oh, nein, das kann ich unmöglich machen; es ist zu riskant/blöd/beängstigend/gefährlich/unmöglich." Viele Menschen verbringen ihre Zeit damit, ihre spirituellen Potenziale brach liegen zu lassen, nur weil sie ihrer Berufung nicht folgen. Der freie Wille bietet uns die Möglichkeit zu entscheiden, ob wir das, was von uns gefordert wird, tun oder nicht.

Ihre Berufung kann, muss aber nicht in einer tatsächlichen beruflichen Karriere enden – es kann auch ein wichtiges Hobby oder eine ernsthafte ehrenamtliche Verpflichtung sein. Und Berufungen ändern sich im Laufe der Jahre, in denen Sie sich verändern und wachsen. Es gibt nicht unbedingt die eine große Berufung; es können viele kleine Berufungen sein.

Nutzen Sie wirklich Ihre von Gott gegebenen Talente? Folgen Sie Ihren Berufungen? Leben Sie Ihre spirituellen Potenziale?

Höhen und Tiefen

So wie in jeder Beziehung wird es Zeiten geben, in denen Ihre spirituellen Praktiken gut laufen und Sie das Gefühl haben, spirituell in sich zu ruhen und im Einklang mit Ihrem Leben zu stehen. Und dann wird es andere Zeiten geben, in denen Sie sich entfremdet, distanziert, entfernt von Gott fühlen. Wenn Sie dann seinem Rat lauschen, werden Sie nur Schweigen hören. Das ist in Ordnung. Haben Sie keine Angst, natürliche Rhythmen sich entwickeln zu lassen ... natürliche Höhen und Tiefen.

Es ist wichtig, sich zu erinnern, dass sich Religion und Spiritualität mit der Zeit *verändern*. P.D. James schreibt, „Es ist eine Bedingung des Glaubens, dass er hin und wieder verloren geht, oder zumindest verlegt wird." Religion und Spiritualität sind fließend. Damit meine ich, dass Sie zu einem bestimmten Zeitpunkt in Ihrem Leben vielleicht in einer religiösen Institution aktiv sind, zum Beispiel im Gemeindevorstand Verhandlungen führen, und zu anderen Zeiten schaffen Sie es vielleicht noch nicht einmal an den wöchentlichen Gottesdiensten teilzunehmen. Gleichfalls fühlen Sie sich in bestimmten Zeiten zum Beispiel nahe bei Gott. Sie können möglicherweise auf beständige Gebete, Meditation, Waldspaziergänge vertrauen. Doch zu anderen Zeiten, fühlen Sie sich vielleicht distanziert, sogar entfremdet von Gott und sehen sich nicht in Lage zu beten.

Ich habe eine Pastorin zu ihrer Gemeinde sagen hören, „Wenn Ihr spirituelles Leben in fünf Jahren genauso aussieht wie an dem heutigen Tag, dann ist etwas falsch." Ihr Innerstes verschiebt und vertieft sich, während sich das Leben weiter ausbreitet, Sie weiter von Ihren Erfahrungen geprägt werden und sich Ihre Perspektive während Sie älter werden, verschiebt.

Der stützende Geist

Ein gläubiges Leben zu führen, selbst mit seinen unvermeidlichen Höhen und Tiefen, ermöglicht uns, weiterzumachen und intensiv zu leben trotz der Tatsache, dass das Leben irgendwann zu Ende ist. Der Tod ist keine freie Wahl – egal was wir uns vormachen. Die Reverend Forrest Kirche beziehungsweise ihr Pfarrer und Urheber, sagt: „Religion ist unsere menschliche Antwort auf die doppelte Realität, am Leben zu sein und sterben zu müssen."

Viele Religionen konzentrieren sich auf das, was nach diesem Leben passieren könnte, sei es das ewige Leben im Himmel, ewige Verdammnis oder das Rad der Wiedergeburt. Für viele bringt eine andere göttliche Welt Hoffnung und Trost in diese Welt. Natürlich, keiner von uns weiß *wirklich*, was nach unserem Tode passieren wird (ausgenommen Nahtoderfahrungs-Berichte). Aber einen Glauben zu haben, Gott zu vertrauen, trägt Sie durch die Ungewissheit und bestärkt das Gefühl, dass alles, irgendwie, gut sein wird. Das ist ein beruhigender, unterstützender Gedanke für Ihr inneres Kind und ebenso für Ihr Erwachsenen-Ich.

Falls Sie immer noch Schwierigkeiten haben, sich ein spirituelles Leben für sich selbst vorzustellen, denken Sie an Gott als Ihre Zündflamme. Ihr richtiger Ofen ist vielleicht nicht an, aber die Zündflamme glimmt noch im Inneren und kann jederzeit große Hitze produzieren. Alles, was Sie tun müssen, ist den Brenner anzuschalten und die Zündflamme produziert richtige Wärme. Selbst wenn Sie keinen Beweis für ein Feuer sehen, die Zündflamme brennt unaufhörlich im Innersten.

Mit anderen Worten: Es ist wichtig, auf die Suche zu gehen und den richtigen Weg zu finden. Es gibt viele Wege zur Wahrheit, viele Fenster zum Licht. Die spirituelle Reise – welche Formen auch immer sie annehmen und wo auch immer sie Sie letztlich hinführen wird – ist, glaube ich, eine elementare Reise, erwachsen zu werden und dieses Abenteuer Leben lebenswert und bedeutungsvoll zu machen.

Die Säule der Spiritualität im Überblick

Die Leere – eine existenzielle Angst, die dunkle Seite der Seele, der wir alle irgendwann ins Gesicht sehen müssen – wird mit der Hilfe einer göttlichen Anwesenheit tolerierbar. Sich mit diesem kraftvollen Frieden zu verbinden, einen heiligen Geist kennen zu lernen, der sowohl in uns als auch jenseits unserer selbst weilt – von dem wir ein Teil sind, bringt Seelenfrieden. Diese Heiligkeit findet man in privaten spirituellen Bereichen und in öffentlichen religiösen Gemeinden.

Es ist an der Zeit, alten Negativismus abzulegen, der Sie in einem weltlichen Gefängnis gefangen gehalten hat. Es ist an der Zeit, nach einem neuen Weg zu suchen, der Geheimnisse und Möglichkeiten einschließt.

Das innere Kind wird von Gott getröstet. Das innere Kind findet Bewunderung und Erhabenheit in Gottes Universum. Der innere Erwachsene wird zum Partner Gottes im Schaffen, Dienen und Erleuchten dunkler Orte.

Arbeiten Sie an Ihrer Beziehung zu Gott – arbeiten Sie daran trotz der unvermeidlichen Höhen und Tiefen. Machen Sie Ihren Glauben zu einer Priorität und nehmen Sie die Aufforderung an, einen spirituellen Weg zu verfolgen. Sie werden es niemals bereuen.

Lesetext

„Über das Beten“

von Gordon B. McKeeman

Wie begegnet man einem Geheimnis?

Vorsichtig –
lass uns vorsichtig vorgehen, dann,
zu dem Ende unserer Gewissheit,
zu der Grenze all unseres Wissens,
zu dem Rand der Ungewissheit,
zu dem Umkreis des Unbekannten,
das uns umgibt.

Ehrfürchtig –
lass uns mit dem Gefühl von Ehrfurcht und Wunder gehen,
dem Gefühl, einem mächtigen Heiligtum zu begegnen
dessen Blitz den Himmel streicht,
dessen Beharrlichkeit Asphalt mit grünen Trieben teilt,
dessen Wunder an jedem Ort und in jedem Moment
anwesend sind.

Hoffnungsvoll –
aus dem Bedürfnis nach Ganzheit in unseren Leben,
der Versöhnung von Geist und Herz,
der Überschneidung des Zeitlosen mit Zeit.

Ruhig –
denn keine Worte können das Unaussprechliche erklären
oder die Anwesenheit herbeirufen,
die selbst in unserer Abwesenheit anwesend ist.

Aber was soll ich sagen?

Alles –
jeder Ärger, jede Hoffnung, jede Angst, jede Freude,
jedes Anliegen, jedes Wort, das aus der Tiefe unseres
Seins kommt
oder vielleicht,
nichts – keine Beschwerde, kein Anliegen,
kein Flehen,
keine Danksagung, kein Lobpreisen, keine Schuld,
keine Vortäuschung zu wissen oder nicht.

Einfach in der Anwesenheit des Geheimnisvollen sein,
schamlos – schmucklos – angstfrei.

Und, am Ende, sag' – Amen

Visualisierung

Beginnen Sie, indem Sie Ihren Körper darauf vorbereiten, sich zu entspannen. Strecken Sie die Arme hoch über dem Kopf aus. Dann strecken Sie sie zur Seite. Lassen Sie die Arme fallen und rollen Sie den Kopf langsam von einer Seite zur anderen. Bringen Sie Ihren Körper in eine angenehme Position und schließen Sie die Augen.

Denken Sie an das, was Sie eben gelesen haben. Woran denken Sie dabei? Hat der Text ein Gefühl in Ihnen ausgelöst? Hat der Text Sie an eine Erfahrung aus Ihrem eigenen Leben erinnert? Akzeptieren Sie jede Botschaft, die der Text Ihnen mitteilt.

Und jetzt konzentrieren Sie sich auf Ihren Körper und wo im Raum Sie sich gerade befinden. Achten Sie auf Ihren Atem, wie sie ein- und ausatmen. Achten Sie auf die Luft um Sie herum und wie sie sich auf Ihrer Haut anfühlt. Lauschen Sie den Geräuschen, die Sie um sich herum wahrnehmen. Achten Sie auf Gerüche. Werden Sie *sinn-lich* im wahrsten Sinne des Wortes, erfassen Sie Ihre Umgebung und welchen Platz Sie in ihr einnehmen. Fühlen Sie das Gewicht der Kleidung auf Ihrem Körper. Fühlen Sie das Gewicht Ihres Körpers auf dem Fußboden oder dem Stuhl. Atmen Sie dreimal tief ein und aus. Ihr Bewusstsein geht auf eine Reise.

Stellen Sie sich sich selbst wie einen flachen Ballon, völlig luftleer vor. Dann stellen Sie sich vor, wie an Ihrem Rücken eine Leitung hängt.

Sie sehen in der Nähe eine Maueröffnung, durch die Licht dringt. Führen Sie die Leitung zur Wand und „schließen" Sie sich an diese göttliche Maueröffnung an. Beobachten Sie, wie sich Ihr Körper mit heiliger Luft und Energie füllt, den flachen Ballon aufbläst. Absorbieren Sie Gottes Stärke, Frieden, Liebe und Kraft, die sie auflädt. Sonnen Sie sich in dieser heiligen Energie und lassen Sie sie Ihren Körper durchtränken. Dann lösen Sie sich von der Öffnung, behalten die Energie und das Wissen, dass Sie sich anschließen können, wann immer Sie wieder aufgeladen werden müssen.

Jetzt, sobald Sie bereit sind, kehrt Ihr Bewusstsein auf einer Welle des Lichts in Ihren Körper zurück. Fühlen Sie Ihren Körper in dem Raum, in dem Sie sich befinden. Fühlen Sie, wie Ihr Körper Bodenhaftung bekommt und in seine Umwelt integriert ist. Wackeln Sie mit den Fingern und Zehen. Atmen Sie tief ein. Bewegen Sie sanft Ihre Arme und Beine von einer Seite zur anderen. Atmen Sie noch einmal tief ein. Spüren Sie, wie ein starker Energiestrom durch Ihren Körper fließt und Ihnen neue Kraft verleiht. Ich zähle jetzt von eins bis fünf und wenn Sie dann bereit sind, nachdem ich bis fünf gezählt habe, können Sie die Augen öffnen. Eins ... zwei ... drei ... vier ... fünf. Sie können jetzt die Augen öffnen.

Tagebuch-Fragen

Kernfrage: Glauben Sie an eine spirituelle Anwesenheit in dieser Welt, die Sie liebt und unterstützt?

- Haben Sie jemals einen „Glaubens-Freudensprung" gemacht? Wann und wie?
- Wie setzen Sie Ihren Glauben in konkrete Handlung um?
- Erlauben Sie sich, wütend auf Gott zu sein?
- Was steht Ihnen im Weg, eine Beziehung mit einer höheren Macht zu entwickeln?
- Wie verändert sich Ihr Leben durch Ihren Glauben? Was könnte anders sein?
- Wie sehen Ihre spirituellen Praktiken aus? Wie können Sie sie vertiefen?
- Was sind Ihre Gaben/Talente zum Teilen? Teilen Sie sie?
- Welches ist Ihre Mission im Leben?

- Wozu sind Sie berufen? Woher wissen Sie es? Leben Sie es?
- Wie wird Ihre Energie wiederhergestellt? Machen Sie das regelmäßig?

Übungen

ErLAUBen Sie sich, sich zu verändern: Suchen Sie nach Wegen, diese Technik auf die Säule der Spiritualität anzuwenden.

Beobachten Sie diese Woche und tragen Sie ein:

SITUATION	LÖSEN	AUFMERKSAMKEIT	UMORIENTEREN	BEWUSST HANDELN/ BEWERTEN
Was ist passiert?	Treten Sie zurück!	Wie habe ich mich zurückentwickelt (inneres Kind)?	Dran denken, dass die Dinge jetzt anders liegen könnten. Ich bin erwachsen.	Wie habe ich Gedanken/Verhalten tatsächlich verändert oder hätte verändern können? Wie hat es funktioniert?

Besuchen Sie einen Friedhof: (Ich mache keinen Scherz ... einen historischen Friedhof, wenn möglich.) Gehen Sie zwischen den Grabsteinen spazieren. Lesen Sie Namen derer, die vor Ihnen gelebt haben und gestorben sind. Dies ist keine morbide Aktion; es ist eine Art, Ihr eigenes Leben in die Relation zu setzen, das Banale zu banalisieren. Lernen Sie, dass Sie auch eines Tages auf einem Friedhof enden werden (oder an einem vergleichbaren Platz). Haben Sie keine Angst, sich Ihrer Sterblichkeit zu stellen. Zu wissen, dass Sie sterben werden kann Ihr Leben mit Zielen anstatt mit Planlosigkeit füllen. Was gedenken Sie mit diesem einen wertvollen wilden Ritt Ihres Lebens zu tun, bevor er vorbei ist? Was möchte Gott, dass Sie damit tun?

Nehmen Sie an Gottesdiensten teil: Nehmen Sie im Laufe der folgenden sechs Monate an sechs unterschiedlichen Gottesdiensten bei unterschiedlichen Konfessionen und Religionen teil. Stellen Sie sich sich selbst als Reporter vor, als jemanden, der aus der Ferne beobachtet. Was nehmen Sie als gutes Gefühl wahr? Was fühlt sich merkwürdig und unbehaglich an? Was sind es für Menschen, die an diesen Gottesdiensten teilnehmen? Was bedeutet diese Erfahrung für Sie?

Beten: Beten Sie und beten Sie und dann beten Sie wieder. Beten Sie nicht zu Gott als Weihnachtsmann im Himmel, der Ihnen Heiligabend einen Wunsch erfüllt. Sprechen Sie mit Gott und bitten Sie um Führung, Frieden, Stärke, Verständnis. Das mag unglaublich schwierig sein. Falls ja, dann tun Sie so „als ob". Mit anderen Worten, beten Sie, selbst wenn Sie nicht daran glauben oder es verstehen. Tun Sie so als ob. Fragen Sie andere, ob und wie sie beten. Sprechen Sie mit Menschen. Gehen Sie auf Entdeckungsreise. Lesen Sie Bücher über das Beten. Täglich. Bauen Sie es in Ihren täglichen Ablauf mit ein. Achten Sie auf die Wunder, die geschehen.

Auflistungen: Führen Sie fünfzig Segensfälle aus Ihrem Leben auf, für die Sie dankbar sind. Erachten Sie diese als Gunst, unverdiente Geschenke in Ihrem Leben, für die Sie sich bedanken sollten. Holen Sie gedanklich weit aus. Wenn Sie über diese Liste nachdenken, was sagt sie über Sie aus? Fällt es Ihnen schwer, Segnungen aus Ihrem Leben aufzuführen? Ist es schwierig, einer heiligen Kraft für diese Geschenke zu danken?

Eine Ansichtskarte an Gott: Gestalten Sie eine Danksagungskarte für Gott, eine Valentinskarte oder so ähnlich. Sie können gerne unterschiedliche Materialien benutzen, um diese Karte/Collage der Dankbarkeit, dem Dank an das Heilige für die Gunst in Ihrem Leben auszugestalten. Wie der Autor Sam Keen weise bemerkte, „Je mehr Sie ein Kenner der Dankbarkeit werden, desto weniger sind Sie das Opfer von Ablehnung, Depressionen und Verzweiflung."

Teil III

Das Beste von beiden

Kapitel 9

Integration von innerem Kind und innerem Erwachsenen

Glauben Sie daran, dass das Leben lebenswert ist und Ihr Glaube wird Ihnen den Beweis liefern.

– William James

Er saß an meinem Küchentisch. Er war ein Mann, den ich seit meiner Kindheit kannte. Er war immer so ernst, so förmlich gewesen. Er hatte sich ein Leben als berühmter Arzt aufgebaut und war zudem Chefarzt eines renommierten Krankenhauses. Als ich hörte, dass er im Alter von 57 in Frührente ging, dachte ich, so wie jeder andere auch, er würde ohne seine Arbeit verloren sein. Er würde wahrscheinlich depressiv, träge, wurzellos werden.

Doch stattdessen überraschte er uns alle. Er hatte die beste Zeit seines Lebens. Er erzählte mir: „Mir wurde bewusst, dass ich niemals Spaß in meinem Leben hatte. Jetzt hole ich die Zeit nach." Er verbringt nun die Tage mit seinen Enkelkindern auf dem Fußboden spielend. Er geht zum Golfen, liest Bücher, trifft Freunde zum Mittagessen, reist. Im Alter von 57 hat er endlich die besten Seiten seines inneren Kindes mit den besten seines inneren Erwachsenen verflochten.

Das Wunderkind

Der innere Erwachsene *braucht* ohne Zweifel das innere Kind, insbesondere das innere Wunderkind. Sie erinnern sich, das ist der Teil des Selbst, der Spaß, Ehrfurcht, Enthusiasmus, Kreativität und Freude nährt. All diese Aspekte sind wesentlich für die geistige Gesundheit. Ohne sie laufen wir Gefahr, finster dreinzuschauen, die Last der Welt auf unseren Schultern zu fühlen oder im schlimmsten Fall, dem Trend zu Zynismus zum Opfer zu fallen. Der Zynismus brüstet sich mit seinem arroganten Negativismus.

Haben Sie jemals den Filmklassiker *Miracle on 34th Street* gesehen? Die junge Natalie Wood spielt ein Mädchen, die so praktisch veranlagt ist, dass sie nicht an den Weihnachtsmann glaubt. Ihre Mutter hat sie mit einer „realistischen" Einstellung zum Leben großgezogen. Sie ist ein Beispiel von einem Kind, das ironischerweise mehr Erwachsenen-Ich-Anteile in ihrem System hat als Kind-Ich-Elemente. Am Ende des Films jedoch erkennt sie das Wunderkind in sich.

Das Wunderkind vertreibt die Skepsis aus unseren Gedanken, bietet uns neue Unschuld. Es stellt eine schwer fassbare Qualität von Geheimnissen in unserem Alltag wieder her. Es macht uns produktiver, neugieriger und lebendiger. Es lässt uns träumen. Erinnern Sie sich, das Wunderkind ist eine idealisierte Form der Kindheit. Viele von uns mögen eine so magische Kindheit tatsächlich gar nicht erlebt haben, aber die idealisierte Essenz ist für uns immer noch verfügbar.

Glücklicherweise ist es niemals zu spät, das Wunderkind in Anspruch zu nehmen. Ich aß mit einer Freundin zu Mittag, als sie mir die unbändige Freude beschrieb, die sie als Kind hatte, wenn sie in der Kirche sang: „Ich habe Bilder von mir als Kind vor Augen, in denen ich im Chor singe und es diese glückliche Versunkenheit gibt, für Gott zu singen ... aber das ist im Laufe der Jahre verloren gegangen. Ich habe dieses Bild von mir selbst verloren. Ich fange an, es mir zurückzuholen, jetzt, wo ich trocken bin und mein Leben auf die Reihe kriege. Ich finde meinen Weg zurück zu diesem Gefühl, diesem Aufblitzen des kleinen Mädchens – sie ist immer noch in mir – das in ihrer Lobpreisung an Gott so glücklich war. Es kommt zurück."

Meiner Freundin ist die Ironie, dass sie sich beim „Erwachsenwerden" mit ihrem inneren Kind wieder verbinden konnte, bewusst geworden. Häufig ist es im Reifen und im Erwachsenwerden, dass wir uns bewusst entscheiden können, zurückzugehen und das Beste aus einer idyllischen, romantisierten Vergangenheit zu bewahren. Das innere Kind (das Wunderkind) bringt eine erfrischende Sicht für jede der vier Säulen: Für die Verantwortung bringt es Leichtigkeit und Freiheit, damit wir nicht von Verpflichtungen übermannt werden; für die Reife bringt es Überraschung und Abenteuer, damit wir nicht an Ernsthaftigkeit ersticken; für die Liebe bringt es Leidenschaft und Verspieltheit, damit wir nicht in Verpflichtungen versinken; und für die Spiritualität bringt es Ehrfurcht und Verehrung, damit wir nicht von religiöser Routine abstumpfen.

Versuchen Sie Folgendes ...

Wenn Sie sich extrem gestresst fühlen, nehmen Sie sich eine Auszeit und lassen Sie Ihr inneres Kind die Führung übernehmen. Gehen Sie hinaus und spielen Sie. Wann sind Sie das letzte Mal zum Beispiel beim Schaukeln gewesen? Wann waren Sie das letzte Mal in einem witzigen Kinofilm (versuchen Sie, sich einen Film der Marx Brothers auszuleihen)? Wann haben Sie Verkleiden gespielt oder Räuber und Gendarm? Mit Fingerfarben gemalt? Einen Matschkuchen gebacken? Sind in einen Herbstlaub-Haufen gesprungen? Denken Sie an Ihr Lieblingsspiel aus der Kindheit und spielen Sie es. Werden Sie kreativ. Seien Sie albern. Machen Sie mal Pause.

Das Problemkind

Sie erinnern sich, wie in Kapitel 1 und 2 besprochen, ist das innere Kind mehr als das Wunderkind. Das innere Kind ist manchmal auch ein Problemkind – das verletzte, misshandelte, vernachlässigte Kind, dessen Schmerz die Gegenwart weiterhin vergiftet. Es ist dieses Kind, das selbstsüchtig, wütend, ängstlich und hitzig ist. Berücksichtigen Sie Folgendes: So wie das Wunderkind sich manchmal zeigen muss und Dinge auflockert, muss sich das Problemkind gelegentlich zeigen und einen Wutanfall bekommen (solange der innere Erwachsene in der Nähe ist, um Grenzen zu setzen und sicherzustellen, dass die Dinge nicht außer Kontrolle geraten).

So wie der innere Erwachsene und das Wunderkind ein fabelhaftes Team bilden, so tun es auch der innere Erwachsene und das Problemkind. Zunächst einmal hat der innere Erwachsene einen wunderbaren Einfluss auf das Problemkind. Er erinnert das aufsässige Kleinkind/den Jugendlichen vorsichtig daran, dass es vielleicht an der Zeit ist, nicht mehr nur mit sich selbst beschäftigt zu sein, etwas geduldig zu sein, trotz der Ängste mutig zu handeln. Sie müssen die beiden nur dazu bewegen miteinander zu reden.

Versuchen Sie Folgendes ...

Das nächste Mal, wenn Sie wirklich Angst haben, traurig oder enttäuscht sind oder sich schlecht behandelt fühlen, nehmen Sie eine Auszeit. Eltern benutzen eine Variante dieser Technik, wenn ihre Kinder Wutanfälle bekommen. Erlauben Sie sich eine kurze Zeit, ihrem Problemkind freien Lauf zu lassen. Gehen Sie in Ihr Zimmer und weinen, schreien Sie, werfen Sie mit Kissen und veranstalten Sie eine große Selbstmitleids-Party. Wimmern Sie wie ein Baby. Heulen Sie wegen Ihrer Verletzungen. Kriegen Sie einen Koller und lassen Sie alles heraus. Danach stellen Sie die Autorität des Erwachsenen-Ich wieder her und benutzen das LAUB-Gedankensystem, um sich effektiv um das Problem zu kümmern. Vergessen Sie nicht, Grenzen zu setzen!

Den Dialog entwickeln

Eine Frau verriet mir einmal, dass sie häufig eine bewusste Unterhaltung zwischen ihrem inneren Erwachsenen und ihrem inneren Kind führte. Meistens passierte es, sagte sie, wenn Sie Sport trieb. Sie erzählte, „Mein inneres Kind jammert, ‚aber ich will nicht Laufen gehen. Ich bin müde‘. Und mein innerer Erwachsener sagt dann: ‚Das ist Pech, aber Du wirst Deine Turnschuhe anziehen und wir werden draußen eine Runde laufen.‘ Ich höre nur zu, wenn sie sich darüber unterhalten und dann stelle ich fest: ‚Es ist in Ordnung, wenn Du nicht willst, aber wir werden trotzdem zum Laufen gehen.‘ Das bedeutet Reife für mich."

Natürlich, ich war dreißig, bevor ich diese Lektion begriffen habe ... als ich mein erstes Kind zur Welt brachte. Ich hatte seit über zwanzig Stunden in den Wehen gelegen und hatte große Angst. Durch meine schon vorher vorhandene Überempfindlichkeit und Aversion gegen alles Medizinische war ich ein Wrack. Ein schwitzendes, zitterndes Etwas voller Nervosität und Angst. Ich wollte, dass es endlich vorbei war (soviel zur spirituellen Erscheinung Gottes während der Geburt).

Während dessen bekam ich Fieber und die Ärzte waren damit beschäftigt, das Baby schnell zu entbinden, da sein Herzschlag sich durch das Fieber beschleunigte. Aber zuerst wollten sie ausschließen, dass ich keine Halsentzündung hatte – Sie wissen, wie das gemacht wird: Dieser schreckliche Spatel, der Sie würgen lässt, wenn sie ihn tief in den Rachen schieben? Als die Ärztin mit dem Spatel zu mir kam, umklammerte ich meinen Mund und jammerte, „Nein, ich kann nicht." Sie versuchte es noch mal und ich verweigerte mich. Sie versuchte es ein drittes Mal und ich schüttelte nur mit dem Kopf und winselte. Dann brauste sie auf, „Gütiger Gott, Sie sind im Begriff *Mutter* zu werden."

So wie mein Mann den Vorfall erinnert, reagierte ich, als hätte ich einen Schlag ins Gesicht bekommen. Ich dachte bei mir: „Sie hat recht." (Mein innerer Erwachsener sagte zum inneren Kind, „Reiß Dich zusammen.") Ich öffnete meinen Mund, akzeptierte den Tupfer, würgte entsprechend, und fuhr fort, mich weiter um die Geburt meiner Tochter zu kümmern. Mein Mann hatte mich nie zuvor so plötzlich verändert gesehen.

Natürlich besteht der Trick darin zu lernen, den inneren Erwachsenen auf Kommando aktivieren zu können. Seinerzeit brauchte ich die Gynäkologin, um mir die Augen zu öffnen. Ich lerne jedoch, mich immer häufiger mit der LAUB-Technik selbst zu motivieren. Ähnlich habe ich einmal mit einem Paar an Eheproblemen gearbeitet. Der Mann hatte seine Frau häufig beleidigt; im Wesentlichen reagierte er aus der Perspektive eines ängstlichen Kindes. Ich sagte ihm, dass seine Worte herablassend und unangemessen wären. Er dachte darüber für einen Moment nach und sagte, „Sie haben recht. Ich vermute, dass ich nur jemanden brauchte, der mir sagt, dass ich aufhören soll." Ich antwortete ihm: „Nein, Sie brauchen mich nicht dafür. *Sie* wissen, wann Sie die Grenze überschritten haben. *Sie* wissen im tiefsten Inneren, wann Sie aufhören sollten." Wir sollten keine von außen aufgezwungenen Grenzen nötig haben – Kinder brauchen das. Der innere Erwachsene weiß, wie er sich selbst die Grenzen setzen kann.

Grundsätzlich muss der Erwachsene in uns mit dem inneren Kind kommunizieren, wie zum Beispiel „Beruhigen wir uns und machen wir, was nötig ist. Lassen wir die Opferhaltung beiseite. Es ist an der

Zeit voranzuschreiten. Geduld. Führe hier keinen Tanz auf. Höre auf zu schmollen." Ihr inneres Kind muss mit dem Erwachsenen-Ich ebenfalls in den Dialog treten, Dinge sagen wie „du solltest dich mal entspannen. Lass uns den Tag freinehmen oder einen Urlaub planen. Du musst etwas ‚runterkommen und Spaß haben." Ehrlich, sie können die besten Freunde werden, wenn Sie sie zum Reden bringen!

Ein neues Bild

In Kapitel 6 zum Thema Reife sprachen wir darüber, wie der innere Erwachsene die Vergangenheit tatsächlich in einem neuen Licht sehen kann, mehr darin erkennen kann als er sich ursprünglich vorgestellt hat. Dieses Konzept ist es wert, noch einmal vor Augen geführt zu werden, da es ebenfalls die Verkörperung dessen ist, wie der innere Erwachsene mit dem inneren Kind auf eine positive und hilfreiche Art zusammenarbeiten kann, einer Art, die uns erlaubt, Ereignisse aus der Vergangenheit neu zu interpretieren.

Es ist als nehmen Sie die Teile der Vergangenheit und setzen Sie zu einem neuen Puzzle zusammen. Wie Virginia Woolf gesagt hat, „Ordnen Sie, wie Ihnen die Teile in die Hände fallen." – der Punkt ist, dass Sie sich aussuchen können, wie Sie diese ordnen. Der innere Erwachsene nimmt das innere Kind bei der Hand und sagt, „Lass uns die Teile anders sortieren. Schauen wir mal, welches neue Bild wir kreieren können." Der innere Erwachsene weiß, sollte man meinen, wie man „spinnt".

Ein 49-jähriger homosexueller Mann, Charles, suchte mich auf, da er immer noch Probleme hatte, die schmerzvolle Erinnerung zu verkraften, dass sein Vater ihn im Alter von neun Jahren im Stich gelassen hatte. Charles Vater hatte sich offensichtlich in eine andere Frau verliebt, hatte daraufhin seine Ehefrau und die beiden Söhne verlassen und sich nicht mehr blicken lassen. Charles hatte bis zum heutigen Tag, rund vierzig Jahre später, nie wieder etwas von ihm gehört. Er war sich noch nicht einmal sicher, ob er tot oder lebendig war. Er erzählte mir, dass er sich wie ein „Brandopfer" fühle, so verbrannt durch die Umstände seines Lebens, dass er sie anscheinend nicht überwinden konnte.

Seine Verlustängste bescherten ihm ungemeine Qualen und Sorgen. Er fragte mich: „Wie können meine schmerzhaften Erinnerungen einfach Erinnerungen an Schmerz werden?“ Mit anderen Worten: wie konnte er lernen, sich von dem emotionalen Inhalt seiner Vergangenheit zu lösen? Wie konnten seine Erinnerungen die übliche Wirkung sein?

Mit meiner Hilfe arbeitete Charles mit der LAUB-Technik. Er nahm zu seinem inneren Erwachsenen Kontakt auf. Er probierte andere Übungen aus dem Vier-Säulen-Programm aus. Wir sprachen über seine Vergangenheit. Wir berührten das verletzte Kind. All dies half bis zu einem bestimmten Grad, aber erst als ich ihn nach dem *Nutzen* seiner schweren Kindheit fragte, fing er an Fortschritte zu machen.

Ich fragte Charles, welche Aspekte in ihm, welche Teile dessen, was er heute war – insbesondere die guten Seiten – ein direktes Ergebnis des Verlassenwerdens durch den Vater waren. Er war zuerst erstaunt und konnte meine Frage nicht begreifen. Aber dann dämmerte es ihm. „Ich verstehe, was Sie meinen“, sagte er. „Ich bin ein sensiblerer, leidenschaftlicherer Mann, weil ich gebrannt bin. Und ich helfe anderen; ich bin in schweren Zeiten eine Stütze für andere, weil ich das erlebt habe.“ Charles war sehr aktiv in einem Projekt zur Betreuung Behinderter und arbeitet ehrenamtlich in dem Heim für Obdachlose vor Ort. Wenn seine Kindheit nicht so gewesen wäre, wie sie es war, wäre er möglicherweise zu einem ganz anderen Menschen herangewachsen, vielleicht nicht so warmherzig.

Er grübelte, „Ich habe niemals darüber nachgedacht, dass die Aspekte in mir, die ich als Stärken erachte, meine Goldvorkommen, direkt auf meinen Schmerz und meine Vergangenheit zurückgeführt werden können.“

In der Tat, als ich ihm eine Fantasiefrage stellte, überraschte er sich selbst mit seiner Antwort. Ich fragte: „Wenn ich einen Zauberstab hätte und die Vergangenheit ändern könnte, das aber auch Ihr heutiges Ich verändern würde, und damit sind alle Aspekte in Ihnen gemeint, würden Sie wollen, dass ich Ihre Kindheit verändere?“

Unglaublich, nachdem er einige Minuten darüber nachgedacht hatte, antwortete er „nein.“ Als er seine Vergangenheit neu geordnet hatte und sie als Verbindung zu seinem derzeitigen Selbst sah (ein bisschen ängstlich, aber liebenswert und selbstlos), brauchte er sie nicht mehr zu betrauern. Als er die Teile der Vergangenheit zu einem neuen Puzzle zusammengesetzt hatte, gefiel ihm das Bild, das er sah. Stellen Sie sich das Ganze so vor, als wäre die Vergangenheit ein Sandkorn im Getriebe das sich letztlich im Laufe der Zeit zu einer Perle gewandelt hat. Versuchen Sie, Ihre Sandkörner als werdende Perlen zu betrachten.

Sorgen Sie dafür, dass Ihr innerer Erwachsener diese Veränderung bewirkt, so dass Sie sich nicht so sehr auf „Oh, diese traurige und schreckliche Sache ist mir passiert – ich leide!“ fokussieren, sondern anfangen, sich mit „Ja, diese traurige Sache ist passiert, aber sieh, wie es die Richtung meines Lebens verändert hat und mich zu dem gemacht hat, was ich bin“ zu verbinden. Fangen Sie an, Schmerz als einen Weg des inneren Wachstums zu betrachten und Sie werden zu einer neuen Perspektive gelangen.

Versuchen Sie Folgendes ...

Schreiben Sie einen Brief von Ihrem inneren Erwachsenen an Ihr inneres Kind. Ihr innerer Erwachsener bietet eine Perspektive, die Ihr inneres Kind niemals hatte und zwar, die Zukunft oder wie sich die Dinge entwickelt haben. Erzählen Sie Ihrem inneren Kind, was passiert ist, nachdem Sie erwachsen geworden sind. Erzählen Sie Ihrem aus der Vergangenheit verletzten Selbst, wie Sie sich entwickelt haben und wie Sie gewachsen sind durch das, was Sie erlebt haben. Besprechen Sie alles Aspekte Ihrer Entwicklung, die von diesem verletzten Kind herrühren, auch die guten Seiten (insbesondere die guten) und schauen Sie, wie sie an die Vergangenheit anknüpfen.

Der Vorteil der Integration

Um letztlich ein gut ausgeglichenes Gefühl von Frieden und Ganzheit zu erreichen, müssen wir das Beste *aller* inneren Welten verbinden. Ohne den inneren Erwachsenen könnte das innere Kind in einem ziellosen Dasein enden und der innere Erwachsene könnte ohne das innere Kind in einer freudlosen Existenz landen.

Stellen Sie sich das so vor: Das innere Wunderkind ist im Grunde wie ein Dessert. Aber wenn Sie ständig Süßigkeiten essen würden, bekämen Sie nicht die Nährstoffe, die Sie zum Wachstum brauchen. Das verletzte innere Kind ist wie Ihr Gemüse. Einiges mag nicht so lecker sein wie ein Nachtisch, aber es bietet Vitamine und Mineralien für das Wachstum. Der innere Erwachsene ist die lebenswichtige Fleisch- und Kartoffelmahlzeit. Natürlich, wenn Sie die ständig essen würden, ohne jegliches Dessert, würde Ihr Ernährungsplan nach einiger Zeit einseitig und uninteressant werden. Sie brauchen alles; Sie brauchen Ausgewogenheit; Sie brauchen Ganzheit.

Wenn das innere Kind und der innere Erwachsene vereint und integriert sind, sind sie eine Quelle von Regeneration und neuer Vitalität, eine Quelle der Vollkommenheit.

Das Bild der Integration, das ich benutze, um diese Verschmelzung von innerem Erwachsenen und innerem Kind zu verdeutlichen, ist ein Baum. Die Wurzeln des Baumes sind die Spiritualität, sie verankern den Baum in der Erde, halten ihn stark und geerdet. Der Baumstamm ist die Liebe, die solide Mitte des eigenen Lebens. Die Zweige sind Verantwortung und Reife zugleich, sie weben das große Netzwerk von Unterstützung und Stärke. Das innere Wunderkind wird von den Blättern symbolisiert – viel Wehen und Tanzen im Wind, schöne Blätter, die zeitweise frisch und grün und zeitweise eine leuchtende Farbpalette sind. Das verletzte innere Kind wird durch den nackten Baum dargestellt. Obwohl die Blätter fallen und verwehen, kommen sie im Frühling zurück, erneuert, in frischer Form.

Eine wichtige Anmerkung: Während das Gewicht des Baumes in seinem Stamm und seinen Zweigen liegt, wird er letztlich von den Blättern gestützt, die das interne System versorgen. Entsprechend wird ein Baum, der keine regenerierenden Blätter hat, sterben. Der Baum ist eine komplexe Pflanze, die all ihre Einzelteile braucht, um vollständig und lebendig zu sein. Gleichfalls, wenn Sie eine Komponente des Selbst vermissen, zum Bespiel das Wunderkind, das verletzte Kind, die Säulen des inneren Erwachsenen: Verantwortung, Reife und Spiritualität – wenn Sie irgendeine davon vermissen, dann sind Sie unvollständig. Ihr Baum wird nicht überleben. Jeder Teil ist wesentlich für das Puzzle Ihres Lebens. Jeder Strang ist ein unerlässlicher Aspekt dessen, was Ihr einzigartiges Muster ausmacht.

Der innere Erwachsene in Einklang mit dem inneren Kind beabsichtigt, den Geschmack an allen Geschenken, die das Leben zu bieten hat, zu finden – verbinden Sie sich mit dieser Energiequelle. Lassen Sie sich von Ihrem inneren Erwachsenen und Ihrem inneren Kind gemeinsam die Freude des Lebens zeigen.

Nutzen Sie Ihre Zeit sinnvoll

Eine Art, Ihr Leben zu würdigen und zu lieben, ist, es nicht zu verschwenden. Wie viele von uns schlagen Zeit einfach „tot" – reichlich Zeit, nutzlose Zeit? Ich habe einen Bekannten, der das Gefühl hatte, sein Leben sei nicht ausgefüllt. Er überschlug, wie er seine Zeit verbrachte und realisierte, dass er wöchentlich Stunden um Stunden mit Fernsehen verbrachte. Dann gab er, quasi als Experiment, das Fernsehen für einen Monat auf. Der Unterschied, sagte er, war überwältigend. Ihm war nicht bewusst, wie sehr das Fernsehgucken sein Hirn auslaugte und auch sein Leben im Allgemeinen. Ich will hier kein Fernsehkritiker sein (alle Dinge in Maßen), aber eine unverhältnismäßige Menge an Fernsehen ist eine Verschwendung wertvoller Zeit. Mein Bekannter stellte fest, dass er eine unglaubliche Menge an Freizeit hatte, seitdem er das Fernsehen aufgegeben hatte, was sollte er damit jetzt anfangen?

Er entschied sich, etwas zu tun, was er schon als Kind machen wollte. Er holte die Blockflöte hervor. Er nahm Unterricht. Er übte stundenlang. Er schloss sich einem Orchester an. Er gab kleine Konzerte. In der Tat, er hatte soviel Spaß an seiner neuen Leidenschaft, dass er nie wieder Fernsehen wollte! Er verbringt jetzt seine Freizeit damit, Musik zu machen und zu nationalen Musikkonferenzen zu reisen, um andere Musiker kennen zu lernen. Sein Leben ist erfüllter. Beachten Sie, dass er dieses Interesse erst entwickeln konnte, nachdem er den Schritt machte, das Leben zu lieben und die Droge seiner Wahl aufzugeb, die ihn abstumpfen und die Konzentration verlieren ließ – nämlich das Fernsehen.

Vor ein paar Jahren im Sommer las ich Stephen Coveys *Die sieben Wege zur Effektivität*. Wie der Titel impliziert, handelt das Buch davon, sich im Leben Prioritäten zu setzen und sich daran zu halten. In diesem Buch macht er den schönen Vorschlag, eine Erklärung für die persönliche Lebensphilosophie niederzuschreiben. Sie haben vielleicht von Unternehmensphilosophien im Geschäftsleben gehört. Häufig werden sie in Broschüren zusammengefasst und auffallend dargestellt oder verkündet. Üblicherweise erfindet die Gruppe einen prägnanten Satz, der die übergreifenden Ziele zusammenfasst. Die Philosophie der nationalen Organisation Mothers Against Drunk Driving's (MADD) lautet beispielsweise: „Unsere Mission ist es, Trunkenheit am Steuer zu stoppen, die Opfer dieses Gewaltverbrechens zu unterstützen und zu verhindern, dass Minderjährige trinken." Oder das Mount Washington Hotel in Bretton Woods, New Hampshire, erklärt: „Unsere Verpflichtung als Personal und Management liegt darin, jedem Gast eine wirklich erinnerungswürdige Erfahrung zu bieten, eine, die ihre Erwartungen übersteigt und sie verführt, uns immer wieder zu besuchen."

Es könnten auch mehrere Erklärungen sein, sogar ein ganzer Absatz, der die Mission einer Gruppe zusammenfasst. Ich habe in dem Newsletter einer ortansässigen Schule gelesen: „Unsere Mission: Das Lernen ist eine Reise. Wir widmen uns dem Erwachen von Neugierde und dem Schaffen von Akzeptanz und Respekt für jedes Individuum. Wir werden durch die Höhen und Tiefen einer sich stets verändernden Welt bedeutungsvolle akademische Erfahrung zur Verfügung stellen."

Wie sieht es nun aus mit dem Gestalten einer Missionserklärung für Ihr Leben? Eine Erklärung für die Lebensmission zu schreiben bedeutet, sich Zeit zum Reflektieren und zum Priorisieren zu nehmen und in ein oder zwei Sätzen das Ziel und die Bedeutung und die Mission Ihres Lebens auf den Punkt zu bringen. Soll man durch die Reise schlafwandeln? Sicherlich nicht. Erwachen Sie. Seien Sie anwesend. Ergreifen Sie die Gelegenheit und genießen Sie es. Vielleicht wird Ihnen eine Missionserklärung dabei helfen auf das zu fokussieren, was Sie tun sollten.

Versuchen Sie Folgendes ...

Schreiben Sie eine persönliche Lebensphilosophie. Schreiben Sie ein, zwei Sätze, die Ihr Leben und die Richtung, in die es gehen soll, zusammenfassen. Lassen Sie darin das Leitmotiv für Ihr Leben widerspiegeln oder es daraus entwickeln.

Für die Lebenslust

Gelegentlich sind die Menschen erstaunt, manchmal sogar entsetzt, dass ich Beraterin für Trauerfälle bin. „Ist es nicht schrecklich deprimierend?“ fragen sie. Und sie gucken mich an, als wäre ich mit den Spinnweben des Sensenmanns in Berührung gekommen.

Es ist hin und wieder schon herzzerreißend, Geschichten von traumatischen Erlebnissen und plötzlichem Verlust und tragischen Todesfällen zu hören. Ich werde von jedem Menschen, mit dem ich arbeite, tief beeinflusst. Doch was es zur bedeutungsvollen und hilfreichen Arbeit macht, ist, dass ich es gleichzeitig ausgesprochen inspirierend finde. Ich sehe vom Leben gebrochene Menschen, die sich plötzlich verändern. Ich sehe Menschen durch das Tal des Schattens laufen und nicht nur wieder auftauchen, sondern mit neuer Kraft und neuen Perspektiven wieder ins Licht zurücktreten.

Außerdem finde ich, dass der Tod den Staub aus meinem eigenen Leben vertreibt. Er hält mich davon ab, auch nur eine einzige Sache als selbstverständlich zu betrachten. Glauben Sie mir, wenn Sie mit einem hinterbliebenen Elternteil zusammen sitzen, dessen Herz gebrochen ist, und sie dann zu Ihren eigenen Kindern nach Hause kommen, wollen Sie sie nur noch festhalten und niemals gehen lassen. Es spielt keine Rolle, dass das Haus in Unordnung ist, dass sie ihre Hausaufgaben nicht gemacht haben und dass ihre Schuhe und Socken im Wohnzimmer verteilt liegen ... wenigstens sind sie am Leben.

Einen Beruf gewählt zu haben, der mich regelmäßig zwingt, dem Tod ins Gesicht zu sehen, bestärkt mich darin, wie wertvoll das Leben ist. Die meisten Menschen scheinen sich des ehrfürchtigen Geschenks, das das Leben wirklich ist, nicht bewusst zu sein. Sie betäuben sich mit Alkohol und Drogen und Völlerei. Sie werden immun gegen tiefe Gefühle. Sie rauschen wie ein Wirbelwind der Geschäftigkeit durchs Leben, kaum anhaltend, um wahrzunehmen, welch ein Geschenk ihnen gemacht wird.

Sind Sie süchtig nach Arbeit, nach Drogen, entfliehen Sie der Realität dieses einen wertvollen Lebens? Ergreifen Sie die Gelegenheit und genießen Sie jeden Tag als wäre er Ihr letzter? Als ich auf der High School war, spielte ich in einer Produktion unserer Theatergruppe die Rolle der Frau Webb aus Thornton Wilders klassischem Stück *Unsere kleine Stadt*. Als Frau Webb war ich Mutter von Emily, die im Wochenbett stirbt. Im dritten Akt des Stückes hat Emily die Gelegenheit, einen Tag nochmals zu leben. Sie darf nicht nur einen Tag ihrer Wahl wieder erleben, sondern muss sich selbst dabei beobachten.

Emily sucht sich einen schönen Tag aus, ihren zwölften Geburtstag, aber ihr ist nicht bewusst, wie schmerzvoll das aus ihrer heutigen Perspektive wird. Während des Rückblicks sieht sie, wie blind die Menschen mit ihren Geschenken umgehen. Sie fleht ihre Mutter an, „Oh, Mama, bitte schau mich für eine Minute an, als ob Du mich wirklich sehen könntest." Sie ist überwältigt von deren offensichtlicher Gleichgültigkeit gegenüber den Ereignissen des Lebens und bettelt, zurück in ihr neues Leben mit den Toten gebracht zu werden. Sie sagt:

> *Es geht so schnell. Wir haben keine Zeit uns anzuschauen. Mir war das nicht b e w u s s t. All das, was passiert ist, und wir haben es nicht beachtet! Bring mich zurück – auf den Berg – zu meinem Grab. Aber vorher: Warte! Noch einen Blick! Auf Wiedersehen! Auf Wiedersehen, Welt! Auf Wiedersehen Grovers Corner – Mama und Papa –, auf Wiedersehen tickende Uhren und mein Butternussbaum! Und Mutters Sonnenblumen – und Essen und Kaffee – und frisch gebügelte Kleider und heiße Bäder – und schlafen und aufwachen! – Oh, Erde, Du bist zu wundervoll, um Dich zu begreifen! Begreift irgendein Mensch jemals das Leben, während er es lebt – jede einzelne Minute?*

Nein, die meisten von uns tun es nicht, können es nicht, es sein denn, etwas befreit unsere Sicht. Ich habe kürzlich auf einem Jahrestag der Krebsüberlebenden in meiner Stadt gesprochen, in einem Saal, der mit Männern und Frauen gefüllt war, die um ihr Leben kämpften. Einige von ihnen waren in Remission. Andere erleben möglicherweise die Feier im nächsten Jahr nicht. Nicht ein einziger Mensch dort betrachtet sein Leben als selbstverständlich. Sie genießen die Zeit, wohl wissend, dass sie so flüchtig wie eine Seifenblase ist. Ihre Sicht des Lebens ist klar und enthüllt wesentliche Bedeutung. Viele von uns würdigen etwas erst, nachdem wir es verloren haben oder kurz davor sind, es zu verlieren.

Wenn Sie als Mensch vollständig integriert sind (das innere Kind und der innere Erwachsene), steht es Ihnen frei, das Leben mit Hingabe,

Ehrfurcht und Dankbarkeit zu lieben. Das integrierte Selbst drängt Sie, dieses Leben zu genießen – es ist das einzige, das Sie haben.

Ein Pauschalangebot

Das Leben zu lieben bedeutet natürlich, jeden Schritt der Entwicklungsreise zu genießen, die kleinsten Details als heilige Erfahrung aufzusaugen. Aber es bedeutet auch, die dunkleren Seiten zu akzeptieren (oder sogar zu lieben). Es bedeutet zu wissen, dass Leid, Verlust und Tod unvermeidlich sind. Es bedeutet, dass Ungerechtigkeit und Unrecht täglich auftauchen und der freie Wille für Gräueltaten verantwortlich ist, selbst wenn es zur Vergebung führt. Die Freuden sind überragend, aber der Preis ist hoch, und all das ist das Leben. Die Dunkelheit macht das Leben ebenso wenig schlechter wie das Gute die Schattenseiten auslöscht (obwohl es nur einer Kerze bedarf, um die Dunkelheit zu erhellen).

Freude und Leid, unauflösbar miteinander verbunden, für alle Zeiten verschlungen. Das Leben – erfüllt von Geheimnissen und Rätseln, die wir niemals verstehen können. Das Leben ist voller Fragen, auf die wir nie die Antworten haben werden. Aber es ist alles Teil des Pauschalangebotes. Und selbst unter diesen Bedingungen, würden Sie sich nicht auch für das Leben entscheiden trotz aller Risiken und größten Schmerzen? Würden Sie es nicht auch als ein Sonderangebot erachten, in dieser wertvollen und wundersamen Welt zu leben?

Ein Platz des Friedens

Den inneren Erwachsenen zu stärken und ihn neben dem inneren Kind bestehen zu lassen, wird Ihnen mehr Frieden und Sicherheit bringen als Sie jemals für möglich hielten. Sie werden sich in Ihrer Haut wohl fühlen. Sie werden sich an Ihrem inneren Kind erfreuen und Sie werden stolz darauf sein, Ihren inneren Erwachsenen gefunden zu haben. Sie werden die Gelassenheit Ihres inneren Kindes mit dem Gewicht Ihres inneren Erwachsenen verbunden fühlen. Und damit werden Sie mit einem klaren Bewusstsein schlafen und erwachen, um jeden neuen Tag mit Verheißungen und Möglichkeiten zu begrüßen.

Die Integration im Überblick

Ihr inneres Kind und Ihr innerer Erwachsener *brauchen* einander. Jeder hat einen positiven Einfluss auf den anderen. Also, erhalten Sie den Dialog zwischen ihnen – lassen Sie sie regelmäßig kommunizieren.

Ein kritisches Element der Integration ist es zu erleben, wie sich das verletzte innere Kind zu Ihrem derzeitigen Ich entwickelt hat. Ihr Erwachsenen-Ich kann die wunderbaren, liebenden, liebenswerten, heiligen Aspekte beleuchten, die genau wegen Ihrer Vergangenheit existieren. Vergessen Sie nicht, dass *genau das* alles in *Ihnen* geschaffen hat. Umarmen Sie den gesamten Prozess und seien Sie dankbar.

Wenn Ihr inneres Kind und Ihr innerer Erwachsener vollständig integriert sind, werden Sie ganz auf eine Art und Weise, die zu Gleichgewicht und Frieden führt. An diesem Punkt rückt Ihre Sicht in den Vordergrund, alles, was das Leben zu bieten hat, zu würdigen, und die Belohnung ist reichhaltig.

Lesetext

aus Der Prophet

von Kahlil Gibran

Euere Freude ist euer Leid ohne Maske.
Und derselbe Brunnen, aus dem euer Lachen aufsteigt, war oft von euren Tränen erfüllt.
Und wie könnte es anders sein?
Je tiefer sich das Leid in euer Sein eingräbt, desto mehr Freude könnt ihr fassen.
Ist nicht der Becher, der euren Wein enthält, dasselbe Gefäß, das im Ofen des Töpfers brannte?
Und ist nicht die Laute, die euren Geist besänftigt, dasselbe Holz, das mit Messern ausgehöhlt wurde?
Wenn ihr fröhlich seid, schaut tief in eure Herzen, und ihr werdet herausfinden, dass nur das, was euch Leid bereitet hat, euch auch Freude gibt.
Wenn ihr traurig seid, schaut wieder in eure Herzen, und ihr werdet sehen, dass ihr in Wahrheit um das weint, was euch

Vergnügen bereitet hat.
Einige von euch sagen: „Freude ist größer als Leid", und andere Sagen: „Nein, Leid ist größer."
Aber ich sage euch, sie sind untrennbar.
Sie kommen zusammen, und wenn einer allein mit euch am Tisch sitzt, denkt daran, dass der andere auf eurem Bett schläft.

Visualisierung

Beginnen Sie damit, indem Sie Ihren Körper darauf vorbereiten, sich zu entspannen. Strecken Sie die Arme hoch über dem Kopf aus. Dann strecken Sie sie zur Seite. Lassen Sie die Arme fallen und rollen Sie den Kopf langsam von einer Seite zur anderen. Bringen Sie Ihren Körper in eine angenehme Position und schließen Sie die Augen.

Denken Sie an das, was Sie eben gelesen haben. Woran denken Sie dabei? Hat der Text ein Gefühl in Ihnen ausgelöst? Hat der Text Sie an eine Erfahrung aus Ihrem eigenen Leben erinnert? Akzeptieren Sie jede Botschaft, die der Text Ihnen mitteilt.

Und jetzt konzentrieren Sie sich auf Ihren Körper und wo im Raum Sie sich gerade befinden. Achten Sie auf Ihren Atem, wie sie ein- und ausatmen. Achten Sie auf die Luft um Sie herum und wie sie sich auf Ihrer Haut anfühlt. Lauschen Sie den Geräuschen, die Sie um sich herum wahrnehmen. Achten Sie auf Gerüche. Werden Sie *sinn-lich* im wahrsten Sinne des Wortes, erfassen Sie Ihre Umgebung und welchen Platz Sie in ihr einnehmen. Fühlen Sie das Gewicht der Kleidung auf Ihrem Körper. Fühlen Sie das Gewicht Ihres Körpers auf dem Fußboden oder dem Stuhl. Atmen Sie dreimal tief ein und aus. Ihr Bewusstsein geht auf eine Reise.

Stellen Sie sich vor, eine Treppe hinunter zu gehen. Sie gehen hinab, und wenn Sie unten angekommen sind, stehen Sie vor einer Tür. Die Tür öffnet sich und während Sie hindurchgehen, finden Sie sich am Ufer eines Sees wieder. Sie spüren die Wärme der Sonne auf Ihrem Gesicht. Sie fühlen eine weiche Brise auf Ihrem Körper. Sie fühlen sich sicher und entspannt. Sie atmen herrlich reine Luft ein, tief in Ihre Lungen. Sie bemerken, dass jemand in einem Ruderboot auf das Seeufer vor Ihnen zusteuert. Sie schauen, wer in dem Boot ist und realisieren, dass Sie selbst als Kind es sind. Sie sehen, dass es durchaus fähig ist, an das Ufer zu rudern. Während Sie das beobachten, sehen Sie, dass jemand anderer kommt, um Ihr inneres Kind während ihrer Landung zu begrüßen. Es handelt sich um Ihren inneren Erwachsenen, dem Sie im Schloss schon begegnet sind. Sie sind überrascht, ihn hier zu sehen. Er reicht Ihrem inneren Kind die Hand und hilft ihm aus dem Ruderboot. Sie gehen gemeinsam zur Baumgrenze und geben Ihnen ein Zeichen zu folgen.

Ihr inneres Kind und Ihr innerer Erwachsener halten sich an den Händen und Sie kommen hinzu. Sie bilden einen Kreis und schauen sich gegenseitig in die Augen. Sie lächeln darüber, sich selbst so zu sehen. Sie rücken näher aneinander, zusammengekauert, als Sie plötzlich alle drei zu einem Menschen verschmelzen, und währenddessen, als sie sich ganz fühlen, fangen Sie erstaunlicherweise an, sich in einen Baum zu verwandeln. Sie haben keine Angst.

Zuerst spüren Sie Ihren Körper zum Stamm werden. Dies ist die solide Mitte der Liebe. Dann spüren Sie Wurzeln aus Ihren Beinen sprießen, die Sie im Boden verankern. Dies ist Ihre Basis der Spiritualität. Sie strecken Ihre Arme in die Luft, während sie zu Zweigen werden, die in den Himmel reichen. Diese biegen sich zu einem Schirm von Verantwortung und Reife. Und dann, zu guter Letzt, treiben die Zweige Blätter. Schöne, zarte grüne Blätter, die im Wind tanzen. Diese sind Ihre inneren Kinder.

Sie schauen erstaunt auf sich selbst, wie Sie vollständig integriert und vollkommen in einen Baum transformiert sind, ein Symbol von Stärke und gewaltiger Majestät. Der Baum wird mit dem Alter stärker und schöner. Sie fühlen sich vollkommen integriert und ganz. Sonnen Sie sich für einen Moment in diesem wundersamen Zustand. Dann transformieren Sie sich schrittweise zurück in Ihren eigenen Körper.

Jetzt, wenn Sie bereit sind, kehrt Ihr Bewusstsein auf einer Welle des Lichts in Ihren Körper zurück. Fühlen Sie Ihren Körper in dem Raum, in dem Sie sich befinden. Fühlen Sie, wie Ihr Körper Bodenhaftung bekommt und in seine Umwelt integriert ist. Wackeln Sie mit den Fingern und Zehen. Atmen Sie tief ein. Bewegen Sie sanft Ihre Arme und Beine von einer Seite zur anderen. Atmen Sie noch einmal tief ein. Spüren Sie, wie ein starker Energiestrom durch Ihren Körper fließt und Ihnen neue Kraft verleiht. Ich zähle jetzt von eins bis fünf und wenn Sie dann bereit sind, nachdem ich bis fünf gezählt habe, können Sie die Augen öffnen. Eins ... zwei ... drei ... vier ... fünf. Sie können jetzt die Augen öffnen.

Tagebuch-Fragen

- Auf einer Skala von 1 bis 10, wie viel *Spaß* haben Sie in Ihrem Leben? Wie können Sie wöchentlich mehr Spaß einfließen lassen?
- Hatten Sie in Ihrer Kindheit/Jugend spezielle Hobbys, Talente, Interessen, Aktivitäten, die Sie verfolgt haben? Bilden diese Interessen noch einen Bestandteil Ihres Lebens?
- Welche kreativen Dinge machen Sie in Ihrem Leben? Kreieren Sie regelmäßig etwas aus dem Nichts? Wie fühlen Sie sich, wenn Sie etwas Kreatives schaffen? Was, denken Sie, kostet es Ihre Seele, wenn Sie nicht kreativ sind?
- Wenn Sie eine Waage wären, würden Sie sagen, dass Sie im Gleichgewicht sind (emotional, körperlich, spirituell)? Welchem Bereich müssen Sie mehr Aufmerksamkeit schenken? Was hält Sie davon ab?
- Sind Sie heute der erwachsene Mensch, den Sie sich als Kind vorgestellt haben?
- Was ist der Sinn Ihres Lebens?

Übungen

Seien Sie kreativ: Denken Sie darüber nach, was Sie kreieren können. Stellen Sie sich ein Projekt vor. Möglicherweise entscheiden Sie sich, für Anregungen einen Bastelladen aufzusuchen. Vielleicht werden Sie Materialien aus der Natur sammeln und etwas Neues daraus machen. Gestalten Sie einen Steingarten. Bepflanzen Sie einen Blumenkasten. Schaffen Sie etwas Kreatives, das es vorher noch nie gegeben hat. Schreiben Sie ein Gedicht. Malen Sie ein abstraktes Bild voller leuchtender Farben. Lassen Sie den alten Ballast los, die alten Muster, die Ihnen sagen, Sie seien ein schrecklicher Künstler oder ein unfähiger Handwerker. Nehmen Sie sich die Zeit, eine neue Fertigkeit zu lernen, die Ihnen in Ihrer kreativen Mission hilfreich sein kann. Denken Sie breitgefächert. Werfen Sie das Netz weit aus. Seien Sie kreativ.

Listen Sie Ihre Verwundbarkeiten auf (reaktivertes verletztes Kind): Diese können von Zeit zu Zeit wieder auftauchen. Führen Sie zehn Arten auf, wie Ihr innerer Erwachsener die Empfindlichkeit Ihres inneren Kindes mindern und es trösten kann. Ein chinesisches Sprichwort lautet, „Was immer flexibel und fließend ist, hat die Tendenz zu wachsen. Was immer blockiert und starr ist, hat die Tendenz zu sterben." Sorgen Sie dafür, dass Ihr innerer Erwachsener die Fesseln der Vergangenheit löst und sie für all das würdigt, was sie war. Werden Sie wie das Gras, das sich im Wind neigt.

Fernsehfreie Woche: In der Schule meiner Kinder wurde kürzlich eine fernsehfreie Woche eingeführt (das bedeutet, auch keine Videos). Anfänglich war ich besorgt. Ich verlasse mich auf diesen elektronischen Babysitter wie jedermann, deshalb weiß ich, wie schwierig es ist, diese kleine Hilfe aufzugeben. Ich vermutete, dass es für mich schwieriger sein würde als für sie. Aber wir haben uns dazu verpflichtet und es durchgehalten. Was passiert ist? Meine Kinder lasen. Sie malten. Sie spielten gemeinsam draußen. Sie spielten mit dem Hund. Sie dachten sich Spiele aus. Ich war erstaunt. Es war letztlich gar nicht schwierig. Wir haben unsere Fernsehzeiten seitdem drastisch reduziert. Testen Sie es für sich. Es steht Ihnen vielmehr von Ihrem eigenen Leben zur Verfügung, wenn Sie aufhören, das anderer zu beobachten.

„Nachrichten-Diät": Dr. Andrew Weil empfiehlt in seinem Buch *Spontanheilung* ein „Nachrichten-Fasten". Er behauptet, dass die meisten Nachrichten sowieso oberflächlich seien und darüber hinaus vieles davon einen negativen Einfluss auf die mentale Gesundheit habe (durch wiederholte Konfrontation mit Gewalt, Traumata). Also, keine Zeitungen, keine Nachrichtenmagazine und keine Fernsehnachrichten (klar, wenn Sie die vorherige Übung durchführen, gucken Sie diese Woche sowieso kein Fernsehen!). Betrachten Sie dies als Methode, die Verbindung zu Ihrem inneren Kind herzustellen. Bleiben sie im Jetzt. Verbinden Sie sich mit Ihrem Leben. Fühlt es sich unangenehm an?

Führen Sie sich zum Mittagessen aus: Gehen Sie mit sich selbst zum Mittagessen aus wie mit einem Freund. Stecken Sie Ihre Nase nicht nur in ein Buch während des Essens. Schauen Sie sich wirklich um und beobachten Sie die Menschen. Schmecken und genießen Sie das Essen wirklich. Denken Sie über sich selbst nach, vielleicht über Ihre Kindheit. Schwelgen Sie in Erinnerung. Denken Sie an die schönste Zeit Ihres Lebens. Machen Sie Zukunftspläne. Haben Sie wilde Fantasien.

Erzählen Sie sich einen Witz! Genießen Sie Ihre eigene Gesellschaft. Seien Sie glücklich, mit sich selbst zusammen zu sein.

Schreiben Sie ein Haiku: Ein Haiku ist ein formelles japanisches Gedicht mit folgender strenger Form: Insgesamt 17 Silben; Zeile 1 hat fünf, Zeile 2 hat sieben und Zeile 3 hat fünf Silben. Es gibt keine Ausnahmen. Schreiben Sie ein Haiku über Ihr Leben.

Zeile 1: ______________________________

Zeile 2: ______________________________

Zeile 3: ______________________________

Mischen Sie die nächste Party auf: Das nächste Mal, wenn Sie auf einer Party sind, versuchen Sie das übliche Geplauder und Getratsche aufzumischen. Versuchen Sie Menschen zu fragen: „Was ist der Sinn Ihres Lebens?“ Sie könnten behaupten, dass Sie an einem Projekt arbeiten oder einen Artikel schreiben oder eine Umfrage durchführen. Beobachten Sie, wie die Menschen reagieren, ob sie darüber lachen oder es ernst nehmen. Es könnte die beste Party werden, die Sie jemals besucht haben!

Stellen Sich sich einen Lebensrückblick vor: Teil A. Stellen Sie sich vor, Sie wären achtundachtzig Jahre alt und würden im Sterben liegen. Stellen Sie sich vor, wie Sie aussehen, gekleidet sind, sich anhören und sich fühlen mögen. Blicken Sie zurück auf Ihr Leben. Was war bedeutungsvoll in Ihrem Leben? Welche Leistungen haben Sie vollbracht? Gibt es Dinge, die Sie sich wünschen getan zu haben? Was waren die größten Einschnitte in Ihrem Leben und wo haben sie Sie hingeführt? Sind Sie zufrieden mit dem Leben, das Sie geführt haben? Was bereuen Sie? Glauben Sie, Ihre Versprechen erfüllt zu haben? Haben Sie das Leben geführt, das für Sie vorgesehen war? Wie erinnert man sich an Sie? Welches Erbe hinterließen Sie?

Schreiben Sie jetzt Ihre eigene Lobrede.

Teil B. Nun stellen Sie sich vor, dass Sie in der Gegenwart wären, heute im Sterben liegen würden. Stellen Sie sich die gleichen Fragen wie oben. Würden Sie sie genauso beantworten? Welche Arbeit muss geleistet werden zwischen dem Sterben heute und dem mit achtundachtzig Jahren, damit Sie stolz auf Ihr Leben sind? Nutzen Sie Ihre Potenziale? Worauf warten Sie?

Schreiben Sie Ihre Lobrede als würden Sie heute sterben müssen. Wie ist es Ihnen mit dieser Übung ergangen?

Nachwort

Und der Tag kam, als das Risiko, in einer Knospe geschlossen zu bleiben, schmerzlicher war als das Risiko zu erblühen.
– AnaÏs Nin

Ich sagte zu meiner Tochter, die seinerzeit sechs Jahre alt war, als ich Ihr die Haare bürstete, „Wusstest Du, dass Du einen Erwachsenen in Dir hast?“

Sie warf einen Blick auf ihren Bauch und schüttelte den Kopf. Dann dachte sie noch etwas darüber nach und kommentierte, „Oh, krass.“

„Was ich meine ist, dass Du in Dir drinnen all das Werkzeug hast, um stark, mutig und schlau zu sein. Es ist dort in Dir drinnen und Du musst Dich nur damit verbinden.“ (Wer weiß? Wenn Sie an Wiedergeburt glauben wie mehr als der halbe Planet, *war* sie vielleicht tatsächlich ein Erwachsener in ihrem letzten Leben.)

Aber sie verdrehte nur ihre Augen, so wie sie es tut, wenn sie fragt: „Wo ist Gott?“ und ich sagte: „Überall.“ Die Abstraktion beider Konzepte ist einfach zu hoch für ihr Entwicklungsstadium. Ich kann ihr genauso wenig beweisen, dass sie einen inneren Erwachsenen hat, wie ich beweisen kann, dass Gott existiert – den Sonnenaufgang an einem sonnigen Sommertag zu beobachten, ist jedoch schon genug Beweis für mich! Einige Dinge können nur mit dem Glauben akzeptiert werden und nur mit ihm allein.

Ich bete, dass sie sich im Laufe ihres Aufwachsens mit dieser inneren Quelle verbinden wird – ich weiß, dass sie diese Quelle nicht enttäuschen wird.

Und ich weiß, dass Sie, wenn Sie sich mit Ihrem inneren Erwachsenen verbinden – Ihrem höchsten und besten Selbst – es sie auch nicht enttäuschen wird.

Starten Sie das Programm!

Das Konzept des inneren Kindes hat einen gewaltigen Einfluss auf die allgemeine Gesundheit unserer Nation gehabt. Es hat uns gelehrt, unseren Wunden aus der Vergangenheit zu lecken und hat uns geholfen, die Aufregung und Neugierde von Vierjährigen zu wahren. Aber in der echten Welt, können und sollten Sie nicht stets den Stand eines Vierjährigen beibehalten. Vierjährige sind mit sich selbst beschäftigt und impulsiv. Somit reicht das Kind-Ich-Konzept letztlich nicht aus, lässt uns in der Entwicklung stagnieren, die Neugierde unbefriedigt.

Auf den inneren Erwachsenen in sich Anspruch zu erheben, ist das fehlende Gegenstück. Wenn wir das tun, bewegen wir uns emotional voran und entdecken reichere, reifere Möglichkeiten zu leben.

Wenn Sie das Vier-Säulen-Programm durchführen, werden Sie psychologisches und spirituelles Wachstum erfahren. Und wenn Sie die vier LAUB-Schritte anwenden, werden Sie sich von alten Gewohnheiten und blinden Flecken befreien, um das gesamte Ausmaß Ihrer Kraft zu entwickeln. Die Durchsetzung Ihrer Erwachsenenautorität über sich selbst und Ihr Verhalten wird Sie zu einem authentischen Erwachsenen machen. Das Wachstum wird nicht immer sanft, sondern manchmal explosiv vor sich gehen. Und manchmal werden Sie sich fühlen, als ob Sie eher schrumpfen als wachsen. Wenn das passiert, lassen Sie sich nicht entmutigen. Stellen Sie sich das Ganze wie die Bewegung von Pfeil und Bogen vor. Der Bogen muss zurückgezogen werden, bevor er nach vorn schießen, in die Zukunft fliegen kann.

Lesen Sie dieses Buch nicht nur; setzen Sie es in die Praxis um. Es ist ein großer Unterschied, ob Sie über das Schwimmen lesen oder tatsächlich ins Wasser tauchen. Wagen Sie den Sprung. Ich rate Ihnen, zurückzublättern und die Übungen zu versuchen, falls Sie es noch nicht getan haben. Führen Sie wirklich Tagebuch; halten Sie inne und führen Sie die Visualisierungen durch. Natürlich, einige werden Ihnen mehr entsprechen als andere, aber versuchen Sie sie alle. Vielleicht spüren Sie keine unmittelbaren Ergebnisse, aber bleiben sie am Ball.

Das Programm wird funktionieren, wenn Sie es starten. Es bietet mehr Ideen als die Hacken Ihrer knallroten Pumps zusammenzuschlagen und zu singen: „Nirgendwo ist es so schön wie zu Hause“, um zu begreifen, dass das, was Sie suchen, in Ihnen ist und immer dort war.

- Analysieren Sie die vier Säulen und übertragen Sie sie auf Ihr Leben: Verantwortung, Reife, Liebe und Spiritualität.
- Wenden Sie die vier Schritte der LAUB-Technik an (Lösen, Anerkennen, Umorientieren, Bewerten).
- Machen Sie die „So tun als ob“-Übungen.
- Schreiben Sie die Affirmationen für Ihren inneren Erwachsenen auf.
- Führen Sie Tagebuch.
- Probieren Sie die Übungen jedes einzelnen Kapitels aus.
- Führen Sie die Visualisierungen durch, insbesondere die aus Kapitel 4, in der Sie Ihren inneren Erwachsenen treffen.
- Entwickeln Sie spirituelle Gewohnheiten.

Letztlich geht es in dem Vier-Säulen-Programm darum, ein Leben bedeutungsvoll zu gestalten und ihm ein Ziel zu geben. Das schaffen Sie nicht, wenn Sie nur mit sich selbst beschäftigt sind. Es geschieht dadurch, dass Sie Ihr Selbst auf eine andere Ebene heben. Ich habe gehört, dass man ein ziemlich kleines Paket ausmacht, wenn man ausschließlich in sich selbst verwickelt ist. Jede der Säulen ermutigt Sie, zuerst auf Ihr Inneres zu fokussieren, um dann über Ihre eigenen Belange hinauszuwachsen, Ihren Horizont zu erweitern. Jede der Säulen führt Sie zu Verbindungen außerhalb Ihres Selbst, die Ihnen helfen, ein unterstützendes, ineinander greifendes Netz zu bilden. Wenn Sie das verfolgen, gewinnen Sie Einsicht in Ihr eigenes Leben und das Leben an sich. Ziehen Sie aus einem Haus mit Spiegeln (in dem Sie lediglich Ihre eigene Reflektion sehen) in ein Haus mit Fenstern (in dem Sie die Welt um sich herum betrachten können).

Schreiben Sie Ihre Geschichte neu

Der Lackmustest, mit dem Sie Verbindung zu Ihrem inneren Erwachsenen aufnehmen, ist bestanden, wenn Sie diese Frage positiv beantworten: „Können Sie für Ihre Kindheit, wie schmerzvoll sie auch immer gewesen sein mag, und alles, was Ihnen widerfahren ist, dankbar sein, weil es Sie wesentlich zu dem gemacht hat, was *Sie* sind?“ Mit anderen Worten, wenn Sie wirklich glücklich mit sich sind und sich in Bezug auf alle vier Säulen mit Ihrem Entwicklungsstand gut fühlen – Ihrer

Reife und Ihrem Verantwortungsbewusstsein, Ihrer Fähigkeit zu lieben und Ihrer Spiritualität – sollten Sie wissen, dass Sie einzigartig und besonders sind, *und zwar aufgrund Ihrer Erfahrungen.* Wenn Sie eine andere Kindheit gehabt hätten, wären Sie nicht der Mensch, der Sie heute sind.

Und falls Sie die entscheidende Frage noch nicht zustimmend beantworten können, dann bitte ich Sie, sich für dieses Ziel zu öffnen. Kontinuierliche Offenheit und ausdauernde Versuche, zu wachsen und den Horizont zu erweitern, werden Sie letztlich dorthin führen.

In der Zeitschrift *Family Therapy Networker* beobachtet Frank Pittman in seiner Kritik des Kinofilms *Shakepeare in Love*: „Shakespeare hat für uns Charaktere geschaffen, die ihren eigenen Unterhaltungen oder Monologen zuhören, sich selbst beobachten und eine Bewusstseinserweiterung darüber gewinnen konnten, wer sie waren und was sie taten und gezielt eine Veränderung herbeiführen konnten...nicht durch die Gnade ihrer Vergangenheit, ihrer Hormone oder Götter, sondern durch die Fähigkeit, sich selbst ‚neu zu erleben'." Das können wir auch! *Dieses Buch* bietet Ihnen das Navigationssystem, um genau das zu tun.

Haben Sie keine Angst, Ihre Geschichte zu erweitern. Lassen Sie Ihre Geschichte mehr als die schlechten Dinge sein, die Ihnen widerfahren sind. Lassen Sie Ihre Geschichte von Wiedergutmachung und Transformation handeln. Lassen Sie Ihre Geschichte vielschichtig, sich ewig entfaltend sein. Haben Sie keine Angst, die Paradigmen Ihres Lebens zu ändern, ein neues Vokabular zu entwickeln. Selbst Scrooge hat sich in der letzten Stunde verändert. Brauchen Sie den Besuch dreier Geister, um Ihnen die Augen zu öffnen?

Es gibt ein Sprichwort aus dem Talmud: „Wir sehen die Dinge nicht, wie sie sind. Wir sehen sie, so wie *wir* sind." Mit anderen Worten, die Wahrnehmung ist die Realität. Alles, was Sie im Leben sehen, wird durch die Linse gefiltert, wer Sie sind, wie Ihre Vergangenheit war und was Ihr Glaube ist. Das Vier-Säulen-Programm hilft, Ihre Sicht zu reinigen. Es verhilft Ihnen zu einer klareren Sicht.

Wenn Sie an Veränderung gLAUBen

Eine mögliche Sorge ist, dass Ihre Erfahrung folgendermaßen zusammengefasst werden könnte, wenn Sie das Programm beendet haben: „Großartig, ich wachse, aber wie sieht es mit den anderen aus?“ Wenn ein Mensch anfängt, Verbindung zu seinem inneren Erwachsenen aufzunehmen, nimmt er die Menschen um sich herum, die das nicht tun, möglicherweise deutlicher wahr. Das kann, um es vorsichtig zu formulieren, zu Spannungen führen.

Eins von zwei möglichen Ergebnissen ist wahrscheinlich: Entweder beeinflussen Sie sie oder distanzieren sich von ihnen. Zum Beispiel, als Mary Beth mit dem Vier-Säulen-Programm anfing, hat sie ihre Informationen mit ihren Freunden und ihrer Familie geteilt. Sie sprach über das, was sie gelernt hat; sie überzeugte ihre Schwester, sich für einen Workshop anzumelden. Sie wurde selbst eine Lehrerin für das, was sie gerade selbst für sich entdeckt hatte. Und ihre Lieben waren empfänglich. Aber vergessen Sie nicht, Sie können Ihnen nur die Ideen, die Ihnen geholfen haben, vorstellen. Danach müssen Sie loslassen. Sie können sie nicht verändern. Ehrlich, verschwenden Sie nicht Ihre Zeit, das zu versuchen. Lassen Sie mich das wiederholen: *Sie können sie nicht verändern.* Sie können nur sich selbst ändern.

Judy hat für sich direkt das Klischee bestätigt bekommen, dass „man ein Pferd zwar an die Tränke führen kann, doch trinken muss es selbst.“ Ihre Familie war einfach nicht an dem interessiert, was sie zu teilen hatte. Sie konnte sie nicht verändern, sie versuchte es auch gar nicht, und sie wollten sich nicht von sich aus ändern. Somit beschloss sie, dass sie sich von einigen Menschen aus ihrem Leben distanzieren musste. So schmerzlich wie es war, ihr wurde bewusst, dass sie keine Zeit mehr hatte, sich mit Menschen zu umgeben, die entweder an ihrer Opferhaltung festhielten oder zu unreif, verantwortungslos, unsicher oder sonst wie „giftig“ für sie waren. Sie nennt sie „Negativisten“. Wenn jemand zu negativ ist, weiß sie, raubt es ihr die eigene Energie. Es ist so, als ob deren emotionales Gift ausläuft, um ihre eigene Gefühlswelt zu verseuchen. Sie musste ihre Zeit mit Menschen begrenzen und hat demzufolge einige Freunde verloren und sich von einigen Familienmitgliedern distanziert.

Als Gegenmittel zu diesem Dilemma hat Judy neue Menschen in ihr Leben einbezogen. Sie zieht ähnlich denkende Menschen an, die großen Wert auf persönliches Wachstum und Entwicklung legen. Diese Freunde unterstützen sie auf ihrer Reise und ergänzen ihre gesamte Lebensqualität.

Wer weiß? Vielleicht wird Ihr Bespiel von Wachstum irgendwann jemanden auf eine Art und Weise inspirieren, die Sie sich nicht vorstellen können. Nelson Mandela schreibt über die Inspiration:

> *Unsere tiefste Angst ist nicht, dass wir unzulänglich sind. Unsere tiefste Angst ist, dass wir unermessliche Macht besitzen. Es ist unser Licht, nicht unsere Dunkelheit, die uns am meisten Angst bereitet. Wir fragen uns selbst, „Wer bin ich, um brillant, großartig, talentiert und fabelhaft zu sind?" Tatsächlich, wer sind Sie, um es nicht zu sein? Sich klein zu machen dient dieser Welt nicht. Es hat nichts Erleuchtendes wenn Sie schrumpfen, damit andere sich in ihrer Gegenwart nicht unsicher fühlen müssen. Wir sind geboren worden, um die Herrlichkeit in uns zu manifestieren. Sie ist nicht nur in einigen von uns; sie ist in jedermann. Und während wir unser eigenes Licht leuchten lassen, geben wir anderen unbewusst die Erlaubnis, das Gleiche zu tun. Wenn wir von unserer eigenen Angst befreit sind, befreit unsere Anwesenheit automatisch andere.*

Wagen Sie es, große Träume zu haben, und sich des Lebens *bewusst* zu werden. Viele von uns gehen wie im Trance durch das Leben, schlafwandeln durch all die bedeutenden und unbedeutenden Momente unserer Leben. Oder wie eine Frau zu mir sagte, „Ich glaube, ich bin eigentlich für die meiste Zeit meines Lebens im Koma gewesen. Bis jetzt." Im Alter von 57 Jahren arbeitet sie noch immer an ihrem inneren Erwachsenen, lernt, sich selbst zu lieben und sich des Lebens bewusst zu werden. Es ist niemals zu spät. Wenn die Sonne aufgeht, jeden neuen Tag erwachen lässt, gibt es immer Hoffnung für die Zukunft.

Bevollmächtigen Sie sich selbst

Also fragen Sie sich, „Was *mache* ich hier?" „Was *mache* ich aus dieser kurzen Zeit, die ich auf diesem Planeten habe?" Und wenn Sie keine befriedigende Antwort darauf finden, dann gehen Sie auf die Suche, um es herauszufinden. Die Zeit ist reif. Warten Sie nicht. Erweitern Sie Ihr Spektrum an Möglichkeiten. Wie William Congreve sagte, „Verschieben Sie es nicht auf morgen, weise zu sein, die morgige Sonne wird für Sie vielleicht niemals aufgehen."

Jedes Leben ist so wertvoll und potenziell stark. In dem Disney-Film *Mulan* weist der Eroberer darauf hin, „Ein Reiskorn kann die Waagschale zum Kippen bringen. Ein Mann (oder eine Frau) kann den Unterschied zwischen Sieg und Niederlage ausmachen." Und so war es, denn Mulan selbst rettete China.

So kann es Ihnen auch ergehen. Retten Sie sich selbst und dann treten Sie hinaus in die Welt. Sie sind von Bedeutung. Sie machen den Unterschied. Behaupten Sie Ihr Erwachsenen-Ich. Es wartet in Ihnen, um die Kraft zu vereinen.

Sie *können* dieses transzendente Selbst beanspruchen und pflegen, das Licht auf die dunklen Schattenseiten von Geist und Seele wirft. Sie *können* Ihre Problemkinder zähmen, so dass sie sich zu benehmen wissen. Alle Kinder sehnen sich im tiefsten Inneren nach konsequenter Disziplin, die im Grunde ein Ausdruck höchster Liebe ist. Sie haben die Säulen in sich, auch wenn sie brachliegen. Zusammen können wir die schlafenden Giganten wecken.

Ich hoffe, dieses Buch konnte der Ausgangspunkt sein, sich auf die aufregende Reise Ihrer Selbstfindung zu begeben. Ich hoffe, es konnte Ihr Weckruf für Wachstum sein, solange noch Zeit dafür ist. Haben Sie Geduld. Aber trauen Sie sich, nach dem Rettungsring zu greifen. Das Ergebnis wird Ihnen das Leben bringen, das Sie immer leben wollten und das Sie so sehr verdienen.

Nehmen Sie die Magie, das Geheimnis, die Ehrfurcht, Kreativität und Sensibilität Ihres inneren Kindes und bringen Sie das mit der Weisheit, dem Mut, der Disziplin und der Stärke Ihres inneren Erwachsenen in Einklang. Und tauchen Sie gemeinsam tief in den Fluss des Lebens ein.

Ich wünsche Ihnen viel Segen auf Ihrer Reise.

Literatur

Albom, Mitch: „Dienstags bei Morrie – die Lehre eines Lebens" (Goldmann, 2002)

Covey, Stephen: „Die sieben Wege zur Effektivität" (Heyne, 1996)

Covey, Stephen: „So leben Sie – Die sieben Wege zur Effektivität" (Campus, 2000)

Dalai Lama und Cutler, Howard: „Die Regeln des Glücks" (Lübbe, 1999)

Peck, M. Scott: „Der wunderbare Weg" (Goldmann, 1988)

Stichwortverzeichnis